Esoterische Philosophie
WEISHEIT DER ZEITALTER

Geburt und Wiedergeburt

Gottfried von Purucker

Titel der Originalausgabe:

The Esoteric Tradition
Theosophical University Press, Covina, California
© 1935 by G. de Purucker

Autorisierte Übersetzung der englischen Originalausgabe

Die deutsche Ausgabe umfaßt folgende Bände:
*Sichtbare und unsichtbare Welten
Der Mensch in der Unendlichkeit
Mit der Wissenschaft hinter die Schleier der Natur
Geburt und Wiedergeburt
Tod – was kommt danach?
Mysterienschulen und Lehren*

2. Auflage 1994
ISBN 3-924849-36-6

Alle Rechte, insbesondere Übersetzungsrechte, vorbehalten.
Ohne ausdrückliche, schriftliche Genehmigung des Verlages ist
es nicht gestattet, das Buch oder Teile daraus in irgendeiner
Form durch Fotokopie, Mikrofilm oder ein anderes Verfahren
zu vervielfältigen oder zu verbreiten.

© 1988 Studiengesellschaft Esoterische Philosophie, Hannover

Titelbild: Karin Prinz
Layout, Satz: Heidrun Bethge, Matthias Winter
Reproduktion: Hannes Frischat
Druck: Weserdruckerei Rolf Oesselmann GmbH, Stolzenau
Gedruckt auf säurefreiem Papier

Printed in Germany
Verlag Esoterische Philosophie GmbH, Hannover

Verlag
Esoterische Philosophie

Esoterische Philosophie
WEISHEIT DER ZEITALTER

Geburt und Wiedergeburt

Unumstößliche Gründe für die Wiedergeburt als Naturtatsache

Gottfried von Purucker

Prof. Dr. Gottfried von Purucker
1874–1942

INHALT

Vorwort   11

1. Kapitel   17

Die Lehre von der Wiederverkörperung
in den verschiedenen Zeitaltern – I

Präexistenz, Wiederverkörperung, Wiedergeburt, Palingenesis, Transmigration, Metempsychose, Reinkarnation und Metensomatose definiert und beschrieben. Die Beziehung des sich wiederverkörpernden Egos zu Obigem. „Neu ins Leben eintreten" – eine universale Lehre. Skeptiker machtlos, die Wiedergeburt zu widerlegen. Die Ägypter, metempsychotische Reinkarnation und Herodot. Warum haben die Ägypter ihre Toten mumifiziert? Der Ursprung der Ägypter. Die „Encyclopaedia Britannica" und Metempsychose: eine Berichtigung. Josephus, die Pharisäer und Reinkarnation. Das universale System und Philo Judäus.

2. Kapitel   65

Die Lehre von der Wiederverkörperung in den verschiedenen Zeitaltern – II

Das Verschwinden der Lehre von der Wiederverkörperung im 6. Jahrhundert. Verstreute Gruppen, die sie beibehielten: die Albigenser, Katharer, Bogomilen. Die Lehre, wie sie unter den ersten Christen gelehrt wurde, belegt durch Zitate von Origenes, Hieronymus und Klemens. Hinweise auf die Lehre von der Wiederverkörperung in der Bibel. Spätere Bekenntnisse zu irgendeiner Form metempsychotischer Wiederverkörperung: Giordano Bruno, van Helmont, Swedenborg, Goethe, Lessing, Herder. Beispiele für moderne Auffassungen und modernes Mißverstehen der Lehre. Die Lehre von der Wiederverkörperung in den orphischen Lehren.

3. Kapitel   113

Geburt und Wiedergeburt – I

Ursachen der Wiedergeburt. Liebe, eine große wiedervereinigende Kraft von Leben zu Leben. Der unpersönliche Eros des Kosmos. Die größere Wiedervereinigung am Ende des Manvantaras. Die Denkkraft formt unser zukünftiges Schicksal auf Erden. Die Reinkarnation erklärt, was aus unverbrauchten Energien wird, die im Erdenleben erzeugt wurden. Was ist Vererbung? Das Geschlecht ist nichts Grundlegendes. Erklärung des

Inhalt 9

Eintritts des Egos in einen männlichen oder einen weiblichen Körper. Die Ehe aus der Sicht der Esoterischen Philosophie. Haß und Liebe: zwei große magnetische Kräfte. „Keine Erinnerung an frühere Leben" ist kein Argument gegen die Reinkarnation.

4. Kapitel 159

Geburt und Wiedergeburt – II

Wie der Charakter geformt wird. Kummer und Leid: Beweise für das mitleidsvolle Herz der Natur. Was reinkarniert. Das Gesetz betreffs der Länge der devachanischen Zeitspanne. Warum wir devachanische Ruhe brauchen. Verzicht auf die devachanische Ruhe und Verkürzung dieser Zeit möglich. Die devachanische Art des Charakters hier auf Erden. Betrachtung ungewöhnlicher Fälle: der Tod kleiner Kinder; vorzeitiger Tod von Erwachsenen: durch Krankheit, Gewalt, Selbstmord; geistig Behinderte von Geburt an. Reinkarnation der Tiere. Der Mensch wird das, wonach er sich sehnt. Wiederverkörperung, die Lehre einer neuen Chance.

5. Kapitel 213

Leben in Theorie und Praxis – I

Der Materialismus des 19. Jahrhunderts, einer Ära von Widersprüchen. „Die Mahâtma-Briefe an A. P. Sinnett" gewähren Einblick in die Natur jener Zeit. Das 20. Jahrhundert hat einen

Wechsel der Anschauung erlebt. Theologische und wissenschaftliche Meinung des Westens über das „Leben". „Leben" und „Tod" sind zwei Prozesse. Die Lehre von Swabhâva. Erklärung des Ausdrucks „monadischer Strahl". Der „neue Mensch" ist das Karma des „alten Menschen". „Leben" und „Tod" sind unlösbar miteinander verwoben.

6. Kapitel   253

Leben in Theorie und Praxis – II

Das Leben hat kein von der Materie getrenntes Dasein. Theorien der Mechanisten und Vitalisten. Animismus. Kein Abgrund zwischen Materie und Geist. Tabelle der Strahlen verschiedener Frequenzen, die das allmähliche Verschmelzen ätherischer Substanz mit materieller Substanz illustrieren. Was ist Leben *an sich*? Anfang und Ende sind illusorische Träume. Die Natur in fortgesetzter Geburt. Tod ist lediglich ein Abstreifen der Körper. Was der Tod in der Zukunft für uns sein wird. Tod und Schlaf sind eins. Die Quelle unseres inneren Lebens ist die göttliche Monade.

Anhang   291

Literarischer Leitfaden

Vorwort

Zeitalter beenden ihren Lauf, neue beginnen sich anzukündigen. Der Umbruch vom Alten zum Neuen bringt stets gravierende Änderungen nicht nur der äußeren Verhältnisse mit sich, auch das Denken des Menschen erfährt eine Neuorientierung. Aus diesem Grunde sind Werke wie das vorliegende äußerst notwendig, denn das *Neue Zeitalter*, das sogenannte „Wassermannzeitalter", beginnt seinen Lauf in einem unübersehbaren Tempo, und schon befinden wir uns inmitten technischer und geistiger Revolutionen, deren ganzes Ausmaß noch nicht abzusehen ist.

Wir werden in Zukunft immer mehr wissen; ob wir dabei „weiser" werden, wissen wir nicht ... Woran liegt das? Einer der größten Fehler unserer heutigen Zeit und Weltanschauung liegt darin, in einem gewissen „Schubkasten-System" zu denken. Das heißt, in den einen Schubkasten wurde die Wissenschaft gezwängt, in einen anderen die Religion und in den nächsten die Philosophie. So lassen diese drei Denkmöglichkeiten des menschlichen Bewußtseins wenig Kommunikation und Koordination untereinander zu. Gerade hierin aber liegt die Tragik unserer Zeit, denn Wissenschaft, Religion und Philosophie sind die drei Schößlinge des menschlichen Geistes (Kunst und Musik sind hierin eingeschlossen), und nur vereint befähigen sie den Menschen, die *gesamte* Natur in bezug auf Wahrheit, Erkenntnis und letztlich auch in bezug auf Weisheit zu erfassen. Wir können also immer nur einen „Teil" der Wahrheit, eine „Teil"-Erkenntnis erlangen, nicht aber wirkliche

Weisheit gewinnen, solange wir in diesem Schubkasten-System denken. Die Natur selbst macht uns dies als Beispiel klar: Nur in dem Ineinander- und Miteinanderwirken aller Gesetzmäßigkeiten ist dieses grandiose Zusammenspiel aller Naturreiche, kosmisch wie irdisch, möglich, und wir als Menschen sind darin eingebettet.

Blättern wir in den Annalen der Menschheitsgeschichte zurück, finden wir genügend Beweise, die ein übergeordnetes, grundlegendes Lehrsystem zur Basis haben. Es könnte als „Religion-Philosophie-Wissenschaft" bezeichnet werden. Das Ägyptische Totenbuch, die alten Schriften der Hindus, die Upanishaden, die Bhagavad-Gîtâ oder die nordische Edda, um nur einige Beispiele zu nennen, geben genügend Hinweise auf ein allumfassendes Lehr- und Gedankengebäude, mit dessen Hilfe der Mensch die „Ursachen" des Seins, die Verzahnung und Vernetzung aller miteinander- und ineinanderwirkenden kosmischen Kräfte zu erkennen in der Lage ist. Dieses allumfassende, alles in sich schließende Lehrgebäude war zu allen Zeiten bekannt und existiert auch heute in Form der „Esoterischen Philosophie", die ihren Ausdruck entsprechend unserer Zeit und Sprache findet. Sie unterscheidet sich in den inneren Aussagen nicht von den Überlieferungen vergangener Zeitalter, denn in ihrer Essenz beschreibt sie die Vorgänge, die Wirkungsweisen der Natur, die in den sich periodisch verändernden Manifestationen doch stets nach gleichen Gesetzen verfährt.

Zu welchen erhabenen Erkenntnissen könnte die heutige Wissenschaft kommen, würde sie sich dieses überlieferte Wissen, die „Weisheit der Zeitalter", zunutze machen! Die Errungenschaften moderner Wissenschaft sind in vielen Bereichen mit dem reinen Intellekt kaum mehr erfaßbar, ihre Reichweiten haben die Grenzen des normal Meßbaren längst überschritten: Im Gegensatz zu der Esoterischen Philosophie forscht die Wissenschaft bis jetzt jedoch im wesentlichen lediglich nach dem Phänomenal-Sichtbaren der Erscheinungswelt. Die Esoterische Philosophie geht weit darüber hinaus und fragt nach dem „Warum", dem Noumenon, denn in dem „Nicht"-Materiellen ist Weisheit, ist das wahre Lebenselixier zu finden, in ihm liegen die Erklärungen zum Beispiel für die Gesetze der Physik, der Chemie, ja jeder Naturwissenschaft. Aus welchen Gründen die Wissenschaftler die unsichtbaren und immateriellen Daseinsbereiche auch heute noch offiziell ignorieren, obwohl sie täglich mit ihnen arbeiten und von ihrem Vorhandensein überzeugt sein müßten, bleibt im Dunkeln. Wieviel Elend in einer von Angst erfüllten Welt könnte verschwinden, würden die Gesetzmäßigkeiten allen Daseins „ursächlich" erkannt werden! Ethik und Moral, wirkliches Verantwortungsbewußtsein gegenüber Mensch und Natur würde wieder seinen dem Menschen zukommenden Platz einnehmen.

Plato hatte recht: „Ideen regieren die Welt." Und so, wie der Geist des Menschen neue Ideen empfängt und überholte verwirft, schreitet die Menschheit vorwärts. In diesem Sinne ist die Esoterische Philosophie mehr als ein Wegweiser in eine erhabenere Zukunft. Sie setzt da an, wo Religion, Wissenschaft und geisteswissenschaftliche Denkrichtungen stagnieren. Die von ihr ausgehenden, revolutionierenden Impulse werden noch zu wenig erkannt, doch werden sie sich im Laufe der Zeit über alle Dogmen und kurzlebigen Theorien sowie Hypothesen erheben, denn es gibt nur einen Prüfstein für Wahrheit: *Universalität*.

Mit dem vorliegenden Werk, das insgesamt sechs Bände umfaßt, beabsichtigte der Verfasser, seinen Beitrag als Meilenstein auf dem Weg in das Neue Zeitalter zu leisten. Jeder zu dem Gesamtwerk gehörende Band kann als für sich abgeschlossen betrachtet werden, jedoch ergibt es erst in seiner Vollständigkeit ein abgerundetes Bild über die universalen Zusammenhänge, die maßgebende Bereiche menschlichen Denkens umfassen. Die weiteren Bände tragen die folgenden Titel: „Sichtbare und unsichtbare Welten", „Der Mensch in der Unendlichkeit", „Mit der Wissenschaft hinter die Schleier der Natur", „Tod – was kommt danach?" und „Mysterienschulen und Lehren".

Die dem Verfasser zugeschriebene „Einmaligkeit" beruht auf tiefem und umfassendem Wissen und drückt sich ebenfalls in seinem fundamentalen Werk „Grundlagen der Esoterischen Philosophie" aus, das in zwei Bänden erschienen ist und die tieferen Bereiche wahrer Esoterik berührt. Es wird als das Herz- und Kernstück der Esoterischen Philosophie angesehen. Auch sei auf ein weiteres umfangreiches, zweibändiges Werk desselben Verfassers hingewiesen, die „Studien zur Esoterischen Philosophie". Die in sich abgeschlossenen kürzeren Artikel bieten eine willkommene Ergänzung zu den „Grundlagen der Esoterischen Philosophie", aber auch zu dem vorliegenden Gesamtwerk.

Mit diesen nun erstmals auch dem deutschen Sprachbereich zugänglich gemachten umfangreichen Werken ist jedem nach tieferem Wissen verlangenden Leser ein Schlüssel in die Hand gegeben, den er nur noch umzudrehen braucht. Doch – und das ist Gesetz – er muß in der „richtigen" Weise umgedreht werden!

Vorwort

Der wahre Wissenschaftler ist aufgerufen, die Grenzen seiner Denkmöglichkeiten auszudehnen in die Realität der verursachenden Kräfte. Vorurteile, Dogmen, unbewiesene Hypothesen und Theorien haben keinen Raum mehr in einer Zeit, da sich die Grenzen des rein Materiellen immer stärker zu den mehr immateriellen Welten, Räumen, Kräften oder Energien hin öffnen.

Die Lehren der Esoterischen Philosophie sind der Hoffnungsträger für die Menschheit. Sie lassen den Sinn des Lebens erkennen, und aufgrund dieses „Erkennens" lernen wir, verantwortlich zu handeln und vor allem verantwortlich zu „denken". Denn Ursache und Wirkung bedingen einander, wodurch jeder einzelne, individuell oder kollektiv, an seinem eigenen Schicksal und dem der Menschheit webt.

Die Welt zu verstehen heißt, sich selbst zu verstehen. Daher lautet die Aufforderung aller großen Weltenlehrer, nach innen zu gehen, den Blick nach innen zu wenden; denn Wahrheit erkennen heißt sich selbst erkennen.

Hannover, Juli 1988

Hermann Knoblauch
Bärbel Ackermann

1. Kapitel

Die Lehre von der Wiederverkörperung in den verschiedenen Zeitaltern – I

Die allgemeine Lehre von der Wiederverkörperung oder der Wiedergeburt ist unter allen Völkern auf Erden eine der am weitverbreitetsten. Ebenfalls gehört sie zu den ältesten Glaubensbekenntnissen, die je von Menschen systematisch formuliert wurden. In allen Zeitaltern und in jeder Menschenrasse ist sie in der einen oder anderen ihrer verschiedenen philosophischen oder religiösen Darbietungen gelehrt worden. Wie eine sorgfältige Analyse der Geschichte dieser Lehre deutlich zeigt, sind es immer die größten Genies gewesen, die sich zu ihr hingezogen fühlten und die infolgedessen diese wunderbare Lehre als Teil des Herzens oder Kernes ihres eigenen philosophischen oder religiösen Systems gelehrt haben.

Die allgemeine Lehre, die das gesamte Gebiet der vorgeburtlichen und nachtodlichen Geschichte der „Seele", oder besser, des sich wiederverkörpernden Egos umfaßt, enthält eine Anzahl unterschiedlicher mystischer Aspekte oder Teile, von denen zu den verschiedenen Zeiten jeweils einer oder mehrere in der Lehre besonders betont worden sind. Im Verlauf der Zeitalter gewann zuweilen die eine oder andere dieser Formen oder Aspekte der allgemeinen Lehre, hier „Wiederverkörperung" genannt, so sehr an Bedeutung, daß ihre übrigen Formen oder Aspekte tatsächlich verdrängt wurden, und zwar aus dem Grunde, weil der große Hintergrund der essentiellen Esoterischen Philosophie mehr oder weniger aus den Augen verloren worden war – eine Tatsache, die in jedem einzelnen historischen Fall eine Verdunkelung, ja, ein völliges Vergessen der allumfassenden Wurzellehre herbeiführte. Dieser historische Verlust der fundamentalen oder allgemeinen Lehre – gewöhnlich begleitet durch Überbetonung einer einzelnen Form oder eines Aspektes der allgemeinen Lehre – ist verantwortlich für die Unterschiedlichkeit der Darbietungsform und für die wesentlichen Fehler, die die Lehre über die nachtodlichen Erlebnisse des menschlichen Egos in den verschiedenen archaischen Weltliteraturen erfahren hat.

I

Wer die verschiedenen in den Enzyklopädien und Lehrbüchern aller Art enthaltenen religiösen und philosophischen Literaturen, ja auch einige der exoterischen Werke der Esoterischen Philosophie liest oder Wörterbücher und Lexika über das Thema der Reinkarnation usw. befragt, findet in all diesen Informationsquellen eine Anzahl für dieses Thema in Frage kommender Worte so angewandt, als wären sie tatsächlich synonym. Die Gewohnheit, diese verschiedenen Worte so zu betrachten, als besäßen sie eine mehr oder weniger vollständige Bedeutungsgleichheit, ist sowohl für die Schriftsteller als auch für deren Leser bequem gewesen. Vielleicht ist gegen diese Gewohnheit nichts Besonderes einzuwenden, solange sie in unbestimmten und allgemeingehaltenen Schriften angewandt wird und sofern klar verstanden wird, daß es dennoch spezifische Bedeutungen für und hinter jedem dieser Worte gibt, die ihnen anhaften. Das bedeutet: Jedes dieser Worte, wenn genau und richtig angewandt, besitzt seine eigene besondere oder spezifische religiös-philosophische Bedeutung und Reichweite. Doch selbst dann, wenn sie in allgemeiner und großzügiger Weise ausgelegt werden, kann in ihnen die umfassende Idee erkannt werden, daß lebende Wesenheiten, soweit es ihre mittlere Natur betrifft, in manifestiertes Erdenleben zurückkehren, nachdem ihnen der Tod mit seiner nachfolgenden devachanischen Periode eine mehr oder weniger lange Zwischenzeit unsagbaren Friedens, der Ruhe und der Freude in den nachtodlichen Verhältnissen oder dem nachtodlichen Zustand gewährt hat.

Einige dieser Worte, die oft als praktisch synonym angewandt werden, sind:

1. Präexistenz
2. Wiederverkörperung
3. Wiedergeburt
4. Palingenesis
5. Transmigration
6. Metempsychose
7. Reinkarnation
8. Metensomatose (das letzte Wort ist sozusagen ein Anhängsel an die anderen sieben).

Während diese sieben oder acht verschiedenen Worte in freiem Sinne so angewandt werden können, als bezeichneten sie Synonyme oder praktisch dieselbe Sache, bedeutet dennoch nicht eines dieser acht Worte das gleiche wie ein anderes aus der Reihe. In exakten Schriften muß in der Wahl dieser Worte also sehr sorgsam umgegangen und dasjenige ausgewählt werden, das die besondere Phase der Lehre behandelt und am genauesten zum Ausdruck bringt. Ja, es ist nicht zuviel gesagt, daß jedes dieser Worte tatsächlich ein Schlüssel ist, welcher eines der Tore der zusammengehörenden siebenfältigen Mysterienlehren aufschließt. Diese handeln von den faszinierenden Erlebnissen, die dem exkarnierten Ego widerfahren, nachdem es seinen physischen Körper abgelegt, das Kâma-loka verlassen und seine Wanderung durch die Sphären begonnen hat. Es erscheint daher ratsam und nützlich, zumindest eine kurze Analyse und Übersicht der betreffenden unterschiedlichen Worte zu geben, bevor zu den anderen Themen übergegangen wird, die in diesem und den folgenden Kapiteln enthalten sind.

Die in dem Wort „Präexistenz" enthaltene Idee ist sehr leicht zu erklären, da Inhalt und Bedeutung einfach und unkompliziert sind. Präexistenz bedeutet lediglich, daß die menschliche Seele nicht erst durch ihre gegenwärtige Geburt ins Erdenleben zur Verkörperung oder Existenz gelangt ist. Mit anderen Worten: Präexistenz bedeutet, daß das menschliche Ego schon existiert hat, bevor es auf Erden von neuem geboren wurde. Dies ist die spezifische Bedeutung, die das Wort enthält, obwohl selbst diese einfache Idee natürlich eine Anzahl von Nuancen oder Schattierungen beinhaltet.

Der englische Neuplatoniker des 17. Jahrhunderts, Henry More, hatte infolge seiner philosophischen Ansichten und Anschauungen natürlich seine eigenen Vorstellungen über eine Vor-Existenz oder Präexistenz der Seele und schrieb darüber. So findet sich zum Beispiel in den „Philosophischen Gedichten" in seiner „Psychozoia"* folgendes:

> „Von der Menschenseelen Präexistenz möcht' ich singen,
> möchte noch einmal, mich schnell erinnernd, alles durchleben,
> was vorbei ist, seit wir anfangs begannen.
> Doch allzu seicht ist mein Sinn, zu stumpf mein Verstand,
> den tiefen Kernpunkt in Verse zu bringen.
> Du aber, der mehr als ein Mensch,
> du geweihte Seele des teuren Plotin,
> sag mir, was wir Sterblichen sind,
> und sage, was wir einstmals gewesen!"

Henry More läßt hier den großen neuplatonischen Lehrer in folgender Weise antworten:

> „Ein Strahl ist der Mensch, ein Funke des Göttlichen
> in einem Kleid aus Ton, umhüllt von irdischen Nebelschleiern.
> Ein kostbar' Tropfen ist er aus dem Meere der Ewigkeit,
> der niedersank in die Tiefe, wo er am Boden zerrann.
> Wir fielen, als wir am Anfang heimlich versuchten,
> uns zu lösen von der einen großen Heimstatt aller,
> und durch den Bruch eine neue Freiheit gewannen.
> Dieser Staatsstreich dünkt uns ein lustiger Spaß."**

Das zweite Wort in der hier zuvor gegebenen Reihe, „Wiederverkörperung", bedeutet lediglich, daß die lebende Wesenheit oder das sich wiederverkörpernde Ego zu gewisser Zeit nach dem Tode einen neuen Körper annimmt. Das Anlegen eines neuen Körpers

---

* Die „Psychozoia" ist das erste Buch oder Gedicht in einer Reihe von vier Gedichten; das gesamte Werk trägt den Titel „Platonica oder ein Platonischer Gesang der Seele".

** Was Origenes und andere über Präexistenz zu sagen hatten, ist auf späteren Seiten dieses und des folgenden Kapitels kurz dargestellt worden.

auf unserer Erde schließt also für das wiederverkörpernde Ego die Verkörperung auf anderen, unsichtbaren Plänen nicht aus. Mit anderen Worten: Das sich wiederverkörpernde Ego kann auch außerhalb unserer Erde Körper annehmen. „Wiederverkörperung" besagt etwas mehr, als daß die Seele nur präexistiert, denn die hier noch hinzugefügte Idee ist die, daß die Seele einen neuen Körper annimmt. Doch dieser besondere Aspekt oder diese Form der allgemeinen Lehre von der Migration oder der Wanderung lebender Wesenheiten sagt weder etwas über die Art des Körpers aus, den das sich wiederverkörpernde Ego von neuem annimmt, noch darüber, ob dieser Körper hier auf Erden angenommen wird oder anderswo, ob also der neue Körper physisch sichtbar oder unsichtbar in den unsichtbaren Reichen der Natur sein wird. Dieser Aspekt besagt nur, daß sich das Lebenszentrum, das sich wiederverkörpernde Ego oder die Monade, wiederverkörpert. Dieser Gedanke ist die Essenz der spezifischen Bedeutung dieses Wortes.

„Wiedergeburt", das dritte der aufgezählten Worte, ist ein weiterer Ausdruck von sehr verallgemeinerter Bedeutung. Sein Sinn ist lediglich das „Wieder-zur-Geburt-Kommen". Somit schließt der Ausdruck besondere Erklärungen oder Einzelheiten in bezug auf Typus oder Art der Wiederverkörperung aus. Die Ähnlichkeit zwischen der in diesem Wort enthaltenen Idee und der zu dem Ausdruck „Reinkarnation" gehörenden ist zwar groß, sie unterscheiden sich jedoch sehr voneinander.

Die vierte Form oder der vierte Aspekt der allgemeinen Lehre ist „Palingenesis": eine griechische Zusammensetzung von der Bedeutung „Wieder-ins-Dasein-Treten" oder „Wieder-Werden". Die hierin liegende Idee kann durch das Beispiel einer Eiche veranschaulicht werden, die ihren Samen, die Eichel, hervorbringt, welche ihrerseits eine neue Eiche erzeugt. Diese neue Eiche enthält dasselbe Leben, das ihr von der Mutter- oder Vater-Eiche gegeben wurde. Diese Veranschaulichung findet sich in den philosophischen Literaturen der „Alten", die um das Mittelmeer herum gelebt haben. Die Übertragung eines identischen Lebens in zyklisch wiederkehrenden Phasen ist also die spezifische Bedeutung des Wortes „Palingenesis". Vielleicht könnte die in ihm enthaltene Bedeutung auch als fortgesetzte Übertragung identischen Lebens bezeichnet werden, durch die bei jeder Umwandlung eine neue Manifestation oder Folge hervorgebracht wird. Diese verschiedenen Resultate sind in jedem Fall eine Palingenesis oder ein „Neuwerden" des gleichen Lebensstromes.

Um Verwirrung aufgrund der großen Ähnlichkeit der angeführten Worte zu vermeiden, ist es angebracht, nochmals klar und deutlich darauf hinzuweisen, daß es sich bei diesen lediglich um einzelne *Aspekte* oder *Phasen* der allgemeinen Lehre von der Wiederverkörperung handelt, so daß das nachtodliche Schicksal oder Abenteuer des sich wiederverkörpernden Egos nicht nur eine dieser Phasen, sondern tatsächlich alle von ihnen umfaßt. Dies kann jedoch kaum von den Monaden gesagt werden, die in einem der niederen Naturreiche eingeschlossen sind, da diesen angesichts ihres weniger entwickelten Charakters nur gewisse Phasen, Formen oder Aspekte zugeschrieben werden können.

Das fünfte Wort ist „Transmigration", ein Wort, das, nebenbei bemerkt, ebenso mißverstanden wird wie das Wort „Metempsychose". Aufgrund des allgemeinen Mißverstehens der alten Literaturen werden heute diese beiden Worte dahingehend falsch verstanden, als bedeuteten sie, daß die menschliche Seele zu gewisser Zeit nach dem Tode ins Tierreich übergeht (besonders dann, wenn ihr Karma während des physischen Lebens schwerbeladen oder übel war) und danach auf Erden in einem Tierkörper wiedergeboren wird. Die eigentliche Bedeutung dieser Aussage in den alten Literaturen bezieht sich jedoch auf das Schicksal der Lebensatome, und sie hat daher keine Beziehung zu dem Schicksal der menschlichen Seele als einer Wesenheit. Das Mißverstehen dieser Lehre von seiten der Europäer beruht zum Teil auf der Tatsache, daß sie von orientalischen, lateinischen und griechischen Schriftstellern als eine esoterische Lehre betrachtet und daher in exoterischer Literatur nie vollständig enthüllt wurde.

Die menschliche Seele kann ebensowenig in einen Tierkörper übergehen und inkarnieren, wie der psychische Apparat eines Tieres aufwärts in menschliches Fleisch inkarnieren kann. Warum? Weil im ersten Fall das Tiervehikel der menschlichen Seele keine Ausdrucksmöglichkeit für die ausgesprochen menschlichen Kräfte, Fähigkeiten und Neigungen bietet, die in ihrer Gesamtheit und aufgrund ihrer evolvierten Merkmale einen Menschen erst zum Menschen machen. Auch kann umgekehrt die Seele eines Tieres nicht in einen menschlichen Körper eingehen, weil der unüberschreitbare Abgrund von psychischer und intellektueller Natur, der die beiden Reiche, das Menschenreich und das Tierreich, trennt, jeglichen Durch- oder Übergang von dem einen hinauf zu dem anderen, das ihm in jeder Hinsicht so sehr überlegen ist, verhindert. Für den normalen Menschen besteht keine Anziehung zum Tierischen hin, und für das unentwickelte Tiergemüt und die Tierseele ist es unmöglich, einen geeigneten Platz für ihre Niederlassung in dem zu finden, was für sie eine wahrhaft göttliche Sphäre ist, die sie infolgedessen nicht betreten kann. Es wäre gegen das Naturgesetz, und zwar aus demselben Grunde,

in den verschiedenen Zeitaltern – I

wie Feigen nicht auf Disteln wachsen und Trauben nicht vom Kirschbaum gepflückt werden können. Eine menschliche Seele, oder besser, das sich wiederverkörpernde menschliche Ego sucht Inkarnation in einem menschlichen Körper, in einer menschlichen Hülle, weil es anderswo keine Anziehung für dieses Ego gibt. Menschlicher Same erzeugt menschliche Körper; menschliche Seelen erzeugen menschliche Seelen, also sich selbst. Wird das Wort „Transmigration" jedoch auf die menschliche Seele angewandt, hat es die folgende spezifische Bedeutung: Die lebende Wesenheit wandert oder geht von einer Beschaffenheit in eine andere über, in einen anderen Zustand oder auf eine andere Ebene, je nachdem, wie der Fall gerade liegen mag, ganz gleich, ob sich diese andere Ebene in den unsichtbaren Bereichen der Natur oder in den sichtbaren Reichen befindet und ob der Zustand oder die Beschaffenheit hoch oder niedrig ist. Die spezifische Bedeutung des Wortes „Transmigration" schließt also nichts weiter in sich als die Veränderung eines Zustandes, einer Beschaffenheit oder einer Ebene, das heißt ein Überwechseln der lebendigen Wesenheit von einem Zustand, einer Beschaffenheit oder einer Ebene in eine andere. Tatsächlich enthält das Wort die vereinigte Bedeutung von Evolution und Karman, mit anderen Worten, von karmischer Evolution, die den Pfad angibt, den die Monade verfolgt, indem sie von Sphäre zu Sphäre wandert, vom Geist in die Materie und wieder zurück zum Geist, und im Verlaufe ihrer Pilgerreise in Vehikel auf Vehikel oder Körper auf Körper eintritt.

Wird das Wort „Transmigration" auf die Lebensatome angewandt – worauf die Bemerkungen der Alten in Hinsicht auf die niederen Naturreiche bezogen werden sollten –, bedeutet dies, kurz gesagt, daß die Lebensatome, die in ihrem Aggregat die niederen Prinzipien des Menschen zusammensetzen, bei und nach der Veränderung, die wir Menschen „Tod" nennen, in andere Körper wandern, übergehen oder transmigrieren. Zu diesen werden die Lebensatome psycho-magnetisch hingezogen, seien diese Anziehungen nun hoch oder niedrig. Gewöhnlich sind sie niedrig, weil ihre eigene evolutionäre Entwicklung in der Regel weit davon entfernt ist, fortgeschritten zu sein. Nichtsdestoweniger sollte bedacht werden, daß die Lebensatome die inneren und äußeren Vehikel oder Körper des Menschen zusammensetzen. Infolgedessen gibt es verschiedene Grade oder Klassen dieser Lebensatome. Sie reichen von den physischen aufwärts (oder nach innen) zu den astralen, dann zu den rein vitalen, danach zu den emotionalen, denen die psychischen und mentalen folgen. Dies ist, allgemein ausgedrückt, die Bedeutung von „Transmigration".

Doch die Lehre über das Schicksal der Wesenheit wird in der „Metempsychose" fortgesetzt und entwickelt; eine griechische zusammengesetzte Vokabel, die kurz mit „Beseelung auf Beseelung" oder „Wechsel von Seele auf Seele" wiedergegeben werden kann. Dies besagt nicht nur, daß die monadische Essenz, das Lebens- und Bewußtseinszentrum oder die Monade, in bezug auf die physische Geburt präexistent ist und daß die Seelenwesenheit sich wiederverkörpert, sondern die Bedeutung ist ebenfalls die, daß sich die Monade während des Verlaufes ihrer äonenlangen Pilgerreise durch die Sphären oder Welten mit verschiedenen Ego-Seelen bekleidet oder für ihren eigenen Selbstausdruck solche Ego-Seelen in sich erschafft, die aus ihr hervorfluten. Es besagt ferner, daß jede dieser Ego-Seelen ihr charakteristisches, individuelles Leben oder ihre „Seele" hat, die, nachdem ihre Lebenszeit beendet ist,

in den verschiedenen Zeitaltern – I

für ihre Ruhezeit wieder in den Schoß der Monade zurückgezogen wird. Nach der Ruhezeit geht sie dann wieder daraus hervor und begibt sich auf eine neue zyklische Pilgerfahrt. Es sind die Erlebnisse, die dieser Wesenheit bei ihrer An- oder Übernahme von „Seele" auf „Seele" widerfahren, die in ihrer Gesamtheit unter dem Wort „Metempsychose" zusammengefaßt sind.

Es sollte noch hinzugefügt werden, daß der Ausdruck „Metempsychose" wesentlich mehr enthält, als dargelegt wurde. Der hier nicht gegebene Teil der Lehre gehört jedoch zu dem verborgenen, geheimen oder esoterischen Bestand der Alten Weisheit und kann daher verständlicherweise nicht in einem veröffentlichten Werk enthalten sein.

Aus der Aufzählung ist klar ersichtlich, daß die gegebenen Worte enge und feste Beziehungen zueinander haben. Zum Beispiel transmigriert offensichtlich jede Seele auch bei ihrer Metempsychose in dem besonderen Sinne dieses Wortes. Gleichfalls hat jede transmigrierende Wesenheit auch ihre Metempsychosen oder Seelenwechsel. Doch diese Beziehungen oder das Ineinandergreifen von Bedeutungen darf nicht mit der spezifischen Bedeutung, die jedem einzelnen dieser verschiedenen Worte zugehört, durcheinandergebracht werden. Die wesentliche Bedeutung von Metempsychose kann vielleicht dadurch kurz gekennzeichnet werden, daß eine Monade im Verlauf ihrer evolutionären Pilgerfahrten durch die Sphären und Welten periodisch ein neues „Seelengewand" oder eine „Seelenhülle" aus sich hervorbringt. Dieses Hervorbringen und der Gebrauch von „Seelen" oder „Seelenhüllen" im Verlaufe der Zeitalter wird Metempsychose genannt.

In der hebräischen Kabbala gibt es einen alten mystischen Aphorismus, der besagt: „Ein Stein wird eine Pflanze, eine Pflanze wird ein Tier, ein Tier wird ein Mensch, und ein Mensch wird ein Gott." Dies bezieht sich nicht auf die Körper der jeweiligen Stufen, denn wie könnte es einem menschlichen physischen Körper möglich sein, ein Gott zu werden? Die äußerst tiefe Bedeutung hinter diesen Worten ist die, daß die evolvierende Wesenheit im Innern der physischen Umhüllung lernt und wächst und von Lebenshaus zu Lebenshaus, von Hülle zu Hülle fortschreitet, indem sie jedesmal ein besseres Lebenshaus, einen edleren Tempel betritt und in jedem herrlicheren Hause, in dem sie sich befindet, neue und edlere Lektionen lernt als im letzten oder in früheren Leben. Weiteres Nachdenken hierüber zeigt, daß die Körper selbst ebenfalls wachsen, sich verändern und im Gleichschritt mit dem evolvierenden Ego oder der Seele evolvieren, soweit sie können. Mit anderen Worten: Während das innere Ego oder die Seele vorwärtsschreitet und ihren eigenen spirituellen, intellektuellen und psychischen Bahnen entlang evolviert, fühlen auch die verschiedenen Körper, in denen sie ihre vielen Wohnplätze findet, den Impuls oder Drang des innewohnenden evolutionären Feuers und antworten darauf durch eigene Entfaltung oder Evolution zu größerer Vollkommenheit.

Der persische mystische Dichter Jalâlû'd-Din Rûmî, ein Sûfi, schreibt über dieses Thema wie folgt:

„Ich starb als Stein und wurde eine Pflanze;
ich starb als Pflanze und tauchte wieder auf als Tier;
ich starb als Tier und ward ein Mensch.
Wovor sollt' ich mich fürchten?
Wann wurd' ich durch das Sterben je geringer?
Das nächste Mal werd' ich als Mensch dann sterben,
auf daß mir Engelsflügel wachsen;

in den verschiedenen Zeitaltern – I

und auch als Engel muß ich Fortschritt suchen.
. . .
Noch einmal werd' ich fliegen meinen Weg
weit über Engel noch hinaus,
um das zu werden, was undenkbar uns."*

Ein tiefer Gedanke, den dieser wunderbare Sûfi-Dichter hier gibt: endloser Fortschritt, kein Ende, kein Finale, keine Endstation, kein abschließendes, absolutes Stehenbleiben, sondern immer und ewiges Vorwärtsschreiten.

Das nächste Wort in der Reihe ist „Reinkarnation"; ein modernes Wort lateinischen Ursprungs, das „Wieder-ins-Fleisch-Eintreten" bedeutet. Sein Sinn ist lediglich der, daß sich die menschliche Seele – nach einer mehr oder weniger ausgedehnten Zeit der nachtodlichen Ruhe, Rast und Glückseligkeit im Devachan – auf unserer Erde in einem menschlichen fleischlichen Körper einkörpert. In dem neuen Körper nimmt die menschliche Seele die Bindungen physischen Lebens und das individuelle irdische Schicksal auf unserer Erde wieder auf, die hier am Ende der letzten physischen Inkarnation auf Erden für eine Zeitlang abgebrochen worden waren. Das Wort „Reinkarnation" unterscheidet sich im allgemeinen von dem Wort „Wiedergeburt" darin, daß das erstere nur Wiedergeburt in menschliche fleischliche Körper auf Erden bedeutet, während das letztere die stillschweigende, wenn auch nicht ausgesprochene Folgerung enthält, daß Verkörperungen auf Erden von Wesen möglich sind, die ihre irdische Pilgerfahrt aufgrund ihrer Evolution beendet haben, aber dennoch zuweilen

---

* „Masnavi-i-Maulana"

zur Erde zurückkehren, um ihren weniger evolvierten Brüdern zu helfen.

Das achte und letzte Wort in der Aufzählung ist „Metensomatose". Es ist ebenfalls ein zusammengesetztes griechisches Wort, dessen Bedeutung etwa folgendermaßen wiedergegeben werden kann: „Auswechseln von Körper auf Körper", wobei nicht notwendigerweise immer menschliche Körper aus Fleisch gemeint sind – in diesem Punkt ist es dem Wort „Wiedergeburt" sehr ähnlich –, sondern Körper von angemessenem, doch unterschiedlichem physischem Material, das der Evolutionsstufe entspricht, die das Menschengeschlecht zu der entsprechenden Zeit erreicht hat. Die in diesem Wort enthaltene Bedeutung ist sehr schwer zu erklären und kann nicht in wenigen Zeilen auch nur hinlänglich angedeutet werden. Aber vielleicht macht folgende Bemerkung die Sache klarer: In lang vergangenen Zeitaltern hatte das Menschengeschlecht zwar Körper, aber es waren keine Körper aus Fleisch, wie wir sie heute haben, und in fernen, fernen zukünftigen Zeitaltern wird die Menschheit ebenfalls Körper haben, aber nicht notwendigerweise Körper aus Fleisch. Tatsächlich besagt die Lehre in dieser Hinsicht, daß in jenen fernen, fernen Zeitperioden der Zukunft die „menschlichen" Körper aus Äther bestehen werden, oder was ziemlich auf dasselbe hinausläuft, aus leuchtender Materie, die sehr richtig als konkretisiertes Licht bezeichnet werden könnte.

Die besondere und wesentliche Bedeutung, die der Ausdruck „Metensomatose" enthält und nachdrücklich in sich schließt, liegt in dem Aspekt „Körper"; sie kann daher – vielleicht etwas eigenartig – mit „Einkörpern" wiedergegeben werden, wobei der Nachdruck, wie gesehen werden kann, deutlich auf den Gedanken an „Körper" gerichtet ist. Wenn sich der Studierende an die Lehre der Esoterischen Philosophie erinnert, die besagt, daß die Annahme von Körpern von seiten sich wiederverkörpernder Wesenheiten stattfindet, wann und wo immer Erfahrungen gewonnen werden müssen, und zwar in jeder Welt oder auf jedem Plan, ob sichtbar oder unsichtbar, dann wird er verstehen, daß derartige Körper nur gelegentlich Körper aus Fleisch sind, wie sie die Menschheit gegenwärtig benutzt. Als Ausdruck kann Metensomatose also in bezug auf die Annahme von Körpern jeglicher Art, ob diese nun aus Licht oder Äther, aus spiritueller Substanz oder aus physikalischem Stoff bestehen, in seiner allgemeinen Bedeutung angewandt werden.

Werden diese acht Worte mit ihren verschiedenen Bedeutungen sorgfältig unterschieden und somit richtig angewandt, kann die allgemeine Lehre von dem „Zurückkehren ins manifestierte Dasein" mit Eleganz, Präzision und Vollständigkeit zum Ausdruck gebracht werden. Überdies handelt jedes dieser Worte, wie bereits gesagt wurde, von einem Aspekt, einem Teil oder einer Phase des allgemeinen Ablaufs des Schicksals der äußeren und inneren menschlichen Wesenheit, ebenso wie auch von anderen, nichtmenschlichen Wesenheiten. Es sollte daher klar sein, daß ihre Anwendung in erster Linie für die inneren, unsichtbaren Erlebnisse der migrierenden oder evolvierenden und revolvierenden Wesenheiten in Frage kommt und nicht so sehr für deren physisches, irdisches Leben auf diesem unserem Planeten Terra.

Die jeweiligen Bedeutungen der Worte würden jedoch falsch verstanden werden, wollte man jedes von ihnen oder gar alle so betrachten, als hätten sie keine oder in einigen Fällen nur eine

Beziehung zu den verschiedenen Verkörperungen des menschlichen Egos. Denn tatsächlich ist jedes einzelne dieser Worte auf verschiedene Abschnitte oder Ereignisse in der vorgeburtlichen wie auch der nachtodlichen Geschichte der Menschenseele anwendbar, und zwar jedes mit seinem ihm eigenen bedeutungsvollen Sinn. Folglich „präexistiert" die menschliche Seele nicht nur, sondern sie „wiederverkörpert" sich auch, wobei sie auf unserer Erde „Wiedergeburt" annimmt, und zwar tut sie dies mittels psycho-astraler „Palingenesis", durchgeführt mit Hilfe der ihr eigenen Art der „Transmigration". Der ganze Vorgang ist dann stark gekennzeichnet durch die „Metempsychose", die sie durchmacht, welche die „Reinkarnation" oder die Rückkehr in menschliche fleischliche Körper auf Erden zuwege bringt, wodurch sie ihr Verlangen nach „Einkörperung" ihrer Fähigkeiten und Eigenschaften in dieser Sphäre erfüllt.

Die in diesen Ausdrücken enthaltene allgemeine Lehre ist wunderbar und geht über die gewöhnliche menschliche Vorstellung oder Imagination hinaus. Wer diese Worte studiert und mit den spezifischen Merkmalen vertraut wird, die zu der Lehre gehören, die jedes einzelne erläutert, sieht immer mehr das philosophische und wissenschaftliche Wunder in ihnen, und ihre philosophische Schönheit und ihr logischer Zusammenhang sprechen ihn immer mehr an. Tatsächlich ist keines dieser Worte getrennt von den übrigen Worten ganz zu verstehen, alle müssen entsprechend in Betracht gezogen werden, wenn man sich ein hinreichendes mentales Verständnis für die „allgemeine Lehre" erhofft. Jeder dieser Ausdrücke führt in seinem philosophischen Sinn sozusagen weiter zu einem vollständigeren Erfassen der spezifischen Bedeutung aller anderen. Auf diese Weise wird das Denken allmählich zu einer sich ständig ausdehnenden und das Verstehen erweiternden Anschauung geführt. Der darin verwickelte mentale Prozeß entspricht dem eines Wanderers, der einen hohen Berg ersteigt und beim Erreichen des Gipfels all die kleineren Hügel und Täler unter sich erblickt, an denen er vorübergegangen ist, und der außerdem noch höhere Berge sieht, die über seinen augenblicklichen Standort hinausragen und von den Strahlen der Sonne berührt werden, Berge, die ihm am Rande der Welt zu liegen scheinen.

II

Die verschiedenen Formen des „Von-neuem-ins-Leben-Treten" auf Erden wurden von derart vielen bedeutenden Menschen sowohl der archaischen Vergangenheit als auch der frühen Zeitperioden der neueren Weltgeschichte gelehrt, daß eine Zusammenstellung ihrer verschiedenen Lehren eine faszinierende Lektüre und ein fesselndes Studium für jeden nachdenklichen Menschen ergeben würde. Von den nördlichsten Gebieten der bewohnten Erdkugel bis zu den südlichsten, vom fernsten Osten bis zum fernsten Westen, in jeder Richtung um den Erdball herum, kann der wißbegierige Forscher nicht ein einziges Land finden, in dem diese edle Lehre, dieser religiös-philosophische Dolmetscher und Löser der Rätsel des Menschenlebens, ignoriert und nicht gelehrt wurde. Sie wurde jedoch in den verschiedenen Zeitaltern, Ländern oder Rassen mit unterschiedlichen Graden an Deutlichkeit oder in mehr oder weniger verwickelter Form gelehrt und ausgegeben. Denn ein sehr großer Teil der vollständigen Lehre wurde immer als esoterisch zurückgehalten und ist daher in Vollständigkeit nur den auserwählten Wenigen mitgeteilt worden, die fähig waren, sie zu verstehen und intellektuell und moralisch Nutzen daraus zu ziehen.

In der heutigen Zeit wird diese Lehre, wenn auch nur in mehr oder weniger unvollkommener und unvollständiger Form, unter mehr als drei Vierteln der Weltbevölkerung gelehrt. Tatsächlich hat es eine Zeit gegeben, in der sie absolut universal war. Selbst vor einer so kurzen Zeitspanne wie vor zweitausend Jahren hat die ganze Welt in der einen oder anderen Form an sie geglaubt. Die Brahmanen und Buddhisten Indiens sowie die Völker des Fernen und Nördlichen Asiens waren und sind noch jetzt „Reinkarnisten", ebenso wie die Taoisten in China, die es auch in vergangenen Zeiten waren.

Taoismus ist eines der edelsten und mystischsten Glaubensbekenntnisse, die der asiatische Geist hervorgebracht hat, wohlgemerkt echter Taoismus. Ein rechtes Verständnis für den Taoismus findet man aber sehr selten, und zwar aus dem Grunde, weil die meisten abendländischen Gelehrten – zumindest in der Regel – alles, was sie hinsichtlich religiöser und philosophischer Glaubensbekenntnisse studieren oder hören, zu wörtlich nehmen. Während die Zeitalter dahingingen, unterlagen alle alten Glaubensrichtungen dem Verfall und in größerem oder geringerem Grade der Degeneration, wobei der Taoismus zusammen mit anderen Glaubensrichtungen keine Ausnahme von dieser universalen, aber tragischen Regel bildet.

Von sehr vielen der alten Griechen und Römer wurde die allgemeine Lehre von der Wiederverkörperung oder Wiedergeburt in der einen oder anderen Form, ja vielleicht in all ihren verschiedenen Formen, angenommen und mit unterschiedlichen Graden philosophischer Genauigkeit gelehrt. Doch existierten unter den alten Griechen und Römern auch gewisse Schulen mit materialistischer Tendenz des Denkens und Schulen von Zynikern und

Skeptikern – geradeso wie sie auch heute unter uns in ihrer eigenen Weise existieren. Diese brüsteten sich mit ihrem Unglauben gegenüber anderen Realitäten, die nicht physischer Natur sind. Menschen wie diese haben zu allen Zeiten existiert, und in Zeiten spiritueller Finsternis oder spiritueller Armut, über die der große Grieche Plato schrieb und lehrte, daß sie auf Zeiten oder Epochen spiritueller Fruchtbarkeit oder Erleuchtung folgen – wodurch er bewies, daß er die Alte Weisheit kannte oder, was dasselbe besagt, ein Eingeweihter war –, haben Menschen dieses skeptischen und zweifelnden Typs wenig Schwierigkeit, Anhänger zu gewinnen und eigene Schulen zu errichten.

Aber geradeso wie es damals war und auch heute noch ist, brachten diese alten Skeptiker nichts weiter als Vermutungen und Versicherungen als Beweis für ihren Unglauben an Kräfte und Welten, die höher sind als die physisch-materielle Sphäre und die die letztere ursächlich inspirieren, bewegen und leiten. Werden aber diese Propagandisten der Nicht-Existenz nach einem positiven, überzeugenden oder zumindest wahrscheinlichen und vernünftigen Beweis für ihre Theorien gefragt, dann haben sie keinen Beweis vorzubringen, der über Allgemeinplätze hinausgeht und mehr ist als ein Appell an die offensichtliche Tatsache, daß Professoren und Schüler der verschiedenen mystischen und philosophischen Systeme manchmal selbst nicht erkannten, was wesentlich zu sein schien. Das ist ein alter Winkelzug skeptischer Beweisführung, offenbar aber ein schwaches Argument, weil sich die Skeptiker gewöhnlich selbst in den Haaren liegen. Wenn Abweichungen und Meinungsverschiedenheiten ein stichhaltiges Argument gegen die Wahrheit einer Theorie sind, so gilt dasselbe Argument mit gleicher Stichhaltigkeit und Kraft für die von den Skeptikern selbst angenommene Haltung. Mit anderen Worten, das Argument der Skeptiker kann auf sie selbst angewandt werden, und da es gewöhnlich ihr wirkungsvollstes Argument ist, so ist es ebenso wirksam gegen diejenigen, die es vorgebracht haben.

Wie könnte die Lehre des Materialismus oder der spirituellen Nicht-Existenz überhaupt bewiesen werden, gerade auf ihrer eigenen Grundlage der Verneinung? Die Materie kann ihre eigene Nicht-Existenz nicht beweisen, da sie ja zweifellos existiert. Andererseits kann sie auch nicht die Existenz oder Nicht-Existenz von etwas anderem beweisen oder widerlegen, von dem sie *ex hypothesi* nichts weiß. Die Beweisführung führt somit zu einem Circulus vitiosus. Niemand kann erwarten, daß die tendenziösen Schriften, die im Geiste begeisterter Parteilichkeit verfaßt sind, für etwas anderes gehalten werden als für das, was sie sind: spezielle Verteidigungsschriften der verschiedenen Sekten von Leugnern. Nebenbei bemerkt hat es, seltsam genug, auch immer Leugner anderer Art gegeben, die abstreiten, daß Materie an sich existiert!

Beginnen wir mit Orpheus: Sein Einfluß auf die griechische Welt war im Altertum ungeheuer groß und sehr tiefgehend; es war ein Einfluß, der, obwohl meist unerkannt, von den heutigen Menschen noch gefühlt wird und der auch in den verschiedenen Arten mystischen Denkens vorhanden ist, die in Europa weit verbreitet sind. Die größten und intuitivsten Denker Alt-Griechenlands und Roms waren „Reinkarnisten" oder Anhänger der allgemeinen Lehre von der Wiederverkörperung in der einen oder anderen Form, den unterschiedlichen Besonderheiten der Lehre entsprechend, die zu den verschiedenen Zeiten vorherrschten. Die Pythagoreer und Platoniker mit den ihnen eigenen verschiedenen Schattierungen der Auslegung hielten an dieser Lehre fest.

Unter den Römern, die deren Vorbild folgten, sind viele große Namen bekanntgeworden, wie zum Beispiel der des frühen, sehr berühmten kalabrischen Dichter-Philosophen Ennius, von dessen Werken leider nichts weiter erhalten geblieben ist als einige wenige verstreute Zitate, die von zeitgenössischen Dichtern und anderen Schriftstellern zu verschiedenen Zeiten aufbewahrt wurden. Doch schon aus diesen verstreuten Zitaten gewinnen wir ein wenig Wissen über das, was dieser Große des Altertums gelehrt hat. Später folgte dann Vergil mit seinen wunderbaren Werken, besonders der „Aeneis" (Buch VI, Vers 724 ff.). Noch später, in anderen Ländern um das europäische Mittelmeer herum, lehrten Jamblichus, Plotin, ja die ganze leuchtende Reihe der neuplatonischen Philosophen – es waren große Männer, und zu dieser Reihe gehörten ebenfalls auch einige Frauen –, und alle waren Reinkarnisten.

Die alten Perser, die Chaldäer und Babylonier, die alten Teutonen, die Druiden Westeuropas und die keltischen Rassen im allgemeinen waren Reinkarnisten. Wie auch anderswo üblich, hielten sie an der allgemeinen Lehre in der einen oder anderen Form fest. Die allgemeine Lehre wurde in ihren verschiedenen Phasen von jedem einzelnen unterschiedlich verstanden und interpretiert, jeweils gemäß der individuellen Einsicht und philosophischen Fähigkeit.

III

Einige moderne Gelehrte behaupten und stellen dies als eine Tatsache hin, daß die alten Ägypter nicht an irgendeine Form der Reinkarnation geglaubt hätten. Diese moderne Meinung scheint allein auf der Tatsache zu beruhen, daß die europäischen Ägyptologen ihre Studien vor allem der Entzifferung monumentaler Reliquien und in Gräbern gefundener handschriftlicher Dokumente gewidmet haben und folglich, wie man so sagt, den Wald vor lauter Bäumen nicht sehen. Mit anderen Worten: Die Einzelheiten der glänzenden Forschungen in der Ägyptologie, die mit Young und Champollion anfingen, haben den Blick der Ägyptologen für die mehr allgemeine Übersicht so geblendet, daß sie noch nicht sehen, daß es sowohl vom philosophischen als auch vom religiösen Standpunkt aus absolut notwendig ist, die Existenz der Reinkarnation als populären Glauben bei Priestern und Laien anzunehmen, um die archaischen Überreste zu begründen und zu erklären, die Gegenstand ihres Studiums sind.

Hierin also irren sich die Ägyptologen vollkommen, und die Zeit wird dies vollständig beweisen – zur Bestürzung zumindest einiger der mehr dogmatischen Gelehrten unter ihnen. Für europäische Gelehrte vor Young und Champollion war es immer eine Tatsache, daß die alten Ägypter wirklich an einer Art der allgemeinen Lehre von der Wiederverkörperung festhielten, wahrscheinlich, wie gesagt werden kann, an einer ihrer Formen metempsychoser Reinkarnation. Die alten ägyptischen Manuskripte sowohl der älteren Dynastien als auch der späteren alexandrinisch-griechischen Epoche bestätigen diesen Glauben durchaus, wenn man beim Lesen die universell angenommenen Ideen im Auge behält, die in den Ländern um das Mittelmeer verbreitet waren. Die früher akzeptierte Auffassung unter den Europäern, daß die alten Ägypter „Reinkarnisten" waren, gründete sich weitgehend, aber vielleicht nicht ganz, auf die Aussagen und ziemlich zurückhaltenden Erklärungen des großen griechischen Philosophen und Historikers Herodot, der – aus Unwissenheit – zu einer Zeit „der Vater der Lügen" genannt wurde. Heute wird er jedoch oft „der Vater der Geschichte" genannt, weil moderne Forschung gezeigt hat, wie scharf seine Beobachtungen und wie genau seine Beschreibungen im allgemeinen waren.

Man sollte lieber Herodot Glauben schenken, der sich eine ziemlich lange Zeit in Ägypten aufgehalten hat und daher die Ägypter gut kannte. Nach seinen eigenen Aussagen hat er sich nicht nur mit Priestern, sondern auch mit dem Volk unterhalten. Ob dies durch einen Dolmetscher geschah oder nicht, hat keinerlei Bedeutung in bezug auf den Kernpunkt, daß er von diesen ziemlich genaue Ideen empfing über die religiösen und philosophischen Meinungen derjenigen, mit denen er zusammentraf. Natürlich ist es richtig, daß er, da er selbst Grieche war, das, was er hörte, zumindest bis zu einem gewissen Grade seinen griechischen Vorurteilen und religiös-philosophischen Anschauungen entsprechend auslegte.

Allgemein kann gesagt werden: Je mehr wir von antiker Geschichte entdecken, desto mehr beweist unsere Forschung die allgemeine und oft auch die besondere Wahrheit der Aussagen in Herodots interessantem, aber oft sehr seltsam geschriebenem Werk.

Die Verfasser der „Encyclopaedia Britannica" sagen über Herodot folgendes:

„An allen interessanten Stätten ließ er sich für eine Zeitlang nieder. Er stellte Untersuchungen und Nachforschungen an, führte Messungen durch und trug Material zusammen. Während er den Plan seines großen Werkes im Kopf hatte, nahm er sich für die Ausarbeitung der einzelnen Teile reichlich Zeit und sorgte durch persönliche Beobachtung dafür, eine vollständige Kenntnis von den verschiedenen Ländern zu erhalten."*

Andere Schriftsteller, wie zum Beispiel im „Dictionary of Greek and Roman Biography and Mythology", sagen nur die Wahrheit über Herodot, wenn sie folgendes schreiben:

„Er sah all die Wunder Ägyptens mit eigenen Augen, und die Genauigkeit seiner Beobachtungen und Beschreibungen setzt die Reisenden in diesem Lande noch heute in Erstaunen."**

Dieser große Grieche verbrachte, wie bereits gesagt, lange Zeit in Ägypten. Er mischte sich nicht nur vertraut unter das Volk, sondern hatte auch, wie es in seinem Werk heißt, freien Zutritt zu den Tempeln und unterhielt sich mit den gelehrten Priestern

---

* Bd. XIII, S. 382 (11. Auflage).
** „Dictionary of Greek and Roman Biography and Mythology", herausgegeben von dem verstorbenen Sir William Smith, LL. D.; Bd. II, S. 433.

über esoterische und verborgene Dinge. Wenn er uns sagt, daß die Ägypter eine Form metempsychoser Reinkarnation, wie wir es nennen würden, akzeptierten, so haben wir guten Grund zu glauben, daß er besser wußte, worüber er sprach, als jene Gelehrten, die etwa 2 400 Jahre später kamen und deren einziges Argument gegen Herodots Versicherung ist, daß sie noch nicht den Beweis für das gefunden haben, was, wie Herodot sagte, dort damals existierte. Wir glauben lieber dem Manne, der vertraut unter den Ägyptern lebte und sie daher kannte, als den modernen Theorien, die sich auf eine bloße *Petitio principii,* eine bloße Annahme einer unbewiesenen Sache, gründen.

Es wäre erstaunlich, wenn die Ägypter, ein so großes, wunderbares Volk, in ihren Bahnen wissenschaftlichen und literarischen, ethischen und historischen wie auch religiösen und philosophischen Denkens und Wirkens eine Lehre nicht gekannt oder zurückgewiesen haben sollten, die nicht nur einst universal war, sondern, wie gesunder Menschenverstand und Nachdenken zeigen, an der Wurzel des psychologischen Teiles ihres außerordentlich mystischen Systems der verschiedenen religiösen Dogmen gelegen haben muß.

Die diesbezügliche Wahrheit ist die, daß moderne Gelehrte die Bedeutung und infolgedessen auch die Tragweite der alten Philosophien und Religionen nicht verstehen. Sie verstehen sie zumindest in den meisten Fällen dann nicht, wenn die Bedeutung nicht nur an der Oberfläche liegt und leicht erkennbar und daher leicht zu verstehen ist, wenn sie also nicht klar auf der Hand liegt und offen ausgesprochen ist.

Hier folgen Herodots eigene Worte, aus dem griechischen Original übersetzt:

„Es waren die Ägypter, die sich zuerst zu der Lehre äußerten, die besagt, daß die Seele (Herodot gebraucht hier das Wort *Psyche*) unsterblich ist und daß, wenn der physische Körper zerfällt, die Seele in ein anderes Lebewesen eingeht, das in dem Augenblick bereit und geeignet für sie ist. Nachdem sie (die Seele) durch alle festen, flüssigen und luftförmigen Lebensformen hindurchgegangen ist, bekleidet sie sich von neuem mit dem Körper eines Menschen, der dann für sie bereit ist. Diese Wanderung oder Transmigration macht sie in etwa 3 000 Jahren durch. Es gibt auch eine Anzahl Hellenen, die derselben Lehre anhängen – einige der alten Zeit und einige späterer Tage –, und diese geben sie als ihre eigene Lehre aus. Obwohl ich die Namen der letzteren kenne, schreibe ich sie hier doch nicht nieder."*

Das Wort, das Herodot hier in seinem griechischen Original gebraucht, ist ζῶον *(zôon),* was ebenso wie das lateinische Äquivalent *animal* „Lebewesen" oder „Tier" bedeuten kann, und zwar das letztere, weil das Tier ein Lebewesen ist. Auch der Mensch ist ein Lebewesen, weil aber der Mensch spirituelle und intellektuelle Fähigkeiten und Attribute besitzt, die eine so ungeheure Vorrangstellung vor der bloßen Vitalität oder tierischen Natur seines Körpers einnehmen, ist der Ausdruck ζῶον *(zôon)* im Griechischen oder *animal* im Lateinischen selten, wenn überhaupt, für Menschenwesen benutzt worden. Er wurde jedoch beständig im mystischen Sinne angewandt, um beseelte Wesen jeglicher Art, ob hoch oder niedrig stehend, zu bezeichnen, wenn der Nachdruck auf die Körperseite des Seins gelegt wurde. So wurden im Kreis des Zodiak die verschiedenen Zeichen, Häuser oder Wohnungen ζῶα *(zôa),* das heißt „Lebewesen", genannt. Dies stand im Einklang mit der mystischen griechischen Vorstellung, daß die Himmelskörper „Lebewesen" wären, die aber von Gottheiten beseelt oder belebt seien.

---

* Buch XI, „Euterpe", S. 123.

in den verschiedenen Zeitaltern – I 43

Es ist nötig, die Aufmerksamkeit, wenn auch nur kurz, auf diese Sache zu lenken, da der Ausdruck ζῶον im Griechischen oder das lateinische Äquivalent „animal" ständig mit „Tier" oder „animal" im modernen europäischen Sinne übersetzt wird und weil diese Übersetzung oft die tatsächliche Sinngebung des griechischen oder lateinischen Schriftstellers verfehlt und auf eine falsche Übersetzung des ursprünglichen Sinnes hinauslaufen könnte.

Herodot war weise genug, keine Namen zu nennen, denn als ein in die Mysterien Eingeweihter wußte er sehr gut, daß er nach dem, was er über den Glauben der Ägypter gesagt hatte, nicht angeben konnte, wer die griechischen Philosophen waren und welche besonderen Formen der Lehre sie lehrten, ohne daß er sogleich den Schlüssel zu esoterischen Aspekten bekanntgegeben hätte, wozu er kein Recht hatte. Daß er ein Eingeweihter war, ist aus seinen eigenen Worten und aus mehreren Stellen ersichtlich, in denen er von der Notwendigkeit des Schweigens spricht.

Es stimmt schon, der Glaube, den Herodot den Ägyptern zuschreibt, ist nicht die Lehre von der Reinkarnation an sich, was aber nach dem, was in diesem Kapitel bereits gesagt wurde, offensichtlich ist. Es ist auch nicht die reine Lehre von der Metempsychose, wie sie in den Mysterien gelehrt wurde, obgleich die Ägypter zweifellos ebensogut wie andere alte Völker die beiden reinen Lehren gekannt haben. Es wäre völlig unsinnig anzunehmen, daß sie diese nicht kannten, denn die Kenntnis von einer, zwei oder mehr Phasen oder Teilen der allgemeinen Lehre schließt in sich, daß zumindest die Philosophen unter ihnen auch die anderen Phasen oder Teile kannten. Die besondere, seltsame Lehre, auf die Herodot gelegentlich als auf eine offensichtlich besonders volkstümliche Lehre bei den Ägyptern hinweist, handelt von dem zyklischen Schicksal der psycho-vitalen Teile der menschlichen Seele. Mit anderen Worten, von der niederen Hälfte der mittleren Duade, die an anderer Stelle durch ein schematisches Diagramm skizziert wurde.*

Dies besagt nur auf andere Weise, daß sich der besondere ägyptische Glaube allein auf die Transmigration der Lebensatome bezog, die den psycho-vitalen Teil der Zwischennatur des Menschen bilden und in einer nachfolgenden Reinkarnation der evolvierenden Seelen-Wesenheit oder des sich wiederverkörpernden Egos wieder zusammenkommen oder sich wieder versammeln.

Es ist interessant, die Aufmerksamkeit auf die Tatsache zu lenken, daß diese besondere ägyptische Lehre, die einen Teil der Mysterienlehren in anderen Ländern bildete, auch wenn sie dort weniger stark betont wurde, der Sitte zugrunde lag, die Toten zu mumifizieren. Diese Sitte war bei den Ägyptern wie auch bei einigen anderen Völkern der alten wie der neueren Zeit verbreitet. Der Zweck der Mumifikation, wie die Ägypter sie praktizierten, war – zumindest in gewisser Hinsicht und so, wie sie allgemein verstanden wurde – ein ergreifender Versuch, die Transmigration der Lebensatome der mittleren menschlichen Duade und der unteren Triade durch die niederen Sphären des Lebens zu verhindern – soweit dies physikalisch möglich war –, indem sie den physischen Körper so lange wie irgend möglich vor dem Verfall bewahrten. Wie sich ein solcher Glaube in der Phantasie und den religiösen Gefühlen des ägyptischen Volkes derart festsetzen konnte, ist an sich ein interessantes und ergreifendes psychologisches Studium. Zweifellos wußten die Priester, daß die Sitte der Mumifikation nur eine unvollkommene – wenn überhaupt

---

* Siehe G. v. Purucker: Mysterienschulen und Lehren. Hannover, 1989, Kap. II.

in den verschiedenen Zeitaltern – I 45

erfolgreiche – Schutzmaßnahme in Hinblick auf die Transmigration war. Aber aus Gründen, die gegenwärtig nur unvollständig bekannt sind, wurde diese Sitte fest in Ritus, Funktion und populäre Gewohnheit eingebaut und so zu einem der markantesten Merkmalen der ägyptischen Kultur.

Es könnte noch darauf hingewiesen werden, daß die Praktik der Mumifikation ihrem Ursprung nach zweifellos spät-atlantäischer Herkunft war. Die oben erwähnten frühen, jetzt tatsächlich vergessenen psycho-physischen Gründe regierten diese Praktik – ob letztere nun in Ägypten, Peru oder auf anderen Teilen der Erdkugel gefunden wird – und bildeten einen wesentlichen Bestandteil der spät-atlantäischen Kultur; in ihnen kann der Ursprung für die Mumifikation gesucht werden. Es genügt hier zu sagen, daß diese Praktik das Anklammern – sozusagen nach dem Tode – an das materielle Leben demonstriert. Der ganze Komplex emotionaler und mentaler Faktoren, die dieses Anklammern in sich schließt, ist charakteristisch für den Verlust der Spiritualität und für die grob materielle psychologische Atmosphäre von Atlantis während seines Verfalls.

Die frühesten Ägypter, die als erste die Anfänge der geologischen Formation des Nildeltas kolonisierten, den sich langsam bildenden Teil Nordafrikas, waren Einwanderer aus den Überresten des atlantischen Kontinents, von dem Plato berichtet und der „Poseidonis" genannt wurde. Die späteren Ägypter dagegen entwickelten sich aus einer Reihe einwandernder kolonisierender Wogen aus dem heutigen Südindien und möglicherweise aus Ceylon (heutiges Sri Lanka, d. Ü.). Ceylon selbst, in den archaischen Sanskrit-Schriften Lankâ genannt, war vor Zeitaltern die nördlichste Landzunge der großen Insel und erlebte seinen Höhepunkt gleichzeitig mit der Blütezeit der atlantäischen Kultur. Obwohl diese große Insel zu der Zeit, als die letzten kolonisierenden Wogen Ägypten von dort aus erreichten, schon zum großen Teil unter den Meeresfluten versunken war, so zeigt diese Tatsache doch ebenfalls, daß jene in das ägyptische Delta immigrierten Völker aus dem Osten selbst späte Atlantäer orientalischer Abstammung waren. Mit der Zeit wurden sie aber integrale Teile der aufkommenden „arischen Rasse" oder dessen, was in der Esoterischen Philosophie die 5. Wurzelrasse genannt wird. So ist offensichtlich, daß die Ägypter sowohl dem Ursprung als auch dem Kulturtyp nach Atlantäer waren, wenn auch die Kolonisation Ägyptens – ob vom Westen oder vom Osten her – zu einer Zeit stattfand, da Atlantis bereits ein System von Kontinenten und Inseln mit sagenhafter Vergangenheit geworden war und ihre Bewohner tatsächlich schon „arianisiert" waren.

Das große Hindu-Epos, das Râmâyaṇa, ist ein solcher legendärer Bericht – was auch immer das Datum seiner schriftlichen Aufzeichnung war – über eine Ära, als Lankâ oder Ceylon (Sri Lanka) noch einen Teil der großen atlantäischen Insel im Pazifik bildete. Sie wurde von den Spät-Atlantäern bewohnt, die von den Ariern des Nordens „Râkshasas" genannt wurden, was gewöhnlich mit „Dämonen" übersetzt wird, eher ein Name, ja tatsächlich eine kennzeichnende Idee für atlantäische Schlechtigkeit, als eine genaue Übersetzung des Wortes. Die Atlantäer waren auch in jenen späten Tagen als eine Rasse von Magiern und großen und kleinen Zauberern bekannt, worüber die historischen und sagenhaften Berichte der späteren Arier beredtes Zeugnis ablegen. Das Wissen um das nachtodliche Schicksal des Menschen in allen seinen Phasen war den damaligen eingeweihten Priestern jenes vergessenen

Volkes ebenso vertraut wie der frühen und späteren ägyptischen Priesterschaft. Ebenso wie die Atlantäer als eine Rasse von üblen und schlechten Zauberern oder als eine Rasse von Magiern zweifelhaften Rufes angesehen wurden, hatten auch Ägypten und seine Bewohner bei den Völkern, die die Küste des Mittelmeeres besiedelten, den Ruf, daß es ein „von Flügeln überschattetes Land" („Jesaja", XVIII, 1) und sein Volk eine Rasse von guten wie auch schlechten Magiern sei.

In der „Encyclopaedia Britannica" zeigt ein anderer Schriftsteller unter dem Stichwort „Metempsychose" die moderne, für den Schüler der Esoterischen Philosophie bedauerliche Unwissenheit über die wirkliche Bedeutung der streng esoterischen Lehre, über die er schreibt. Denn wie sein Artikel bekundet, verwechselt er Metempsychose mit Transmigration und diese beiden wiederum mit Reinkarnation. Der Schriftsteller beginnt seinen Artikel mit den Worten:

„Metempsychose oder Transmigration der Seele: die Lehre, daß beim Tode die Seele in ein anderes Lebewesen eintritt, und zwar in Mensch, Tier oder Pflanze."

Darauf fährt er mit der üblichen, aber so trügerischen Selbstsicherheit fort:

„Bis uns die volle Erforschung ägyptischer Dokumente in den Besitz der Tatsachen gebracht hat, nahm man an, daß die Ägypter an Metempsychose geglaubt haben, was ihnen Herodot ausdrücklich zuschreibt (XI, 123). Wir wissen jetzt, daß er sich geirrt hat."*

---

* „The Encyclopaedia Britannica", Bd. XVIII, S. 259 (11. Auflage).

Wir wissen nichts Derartiges. Alles, was wir wissen, ist, daß moderne Gelehrte keinerlei Bezugnahme auf diese Lehre, weder in Monumente eingemeißelt noch auf Papyri gemalt, gefunden haben. Daraus schließen sie, daß die Lehre in Alt-Ägypten nicht vorherrschte, obwohl wir das direkte und ausdrückliche Zeugnis von Herodot haben, einem der größten und am wenigsten phantastischen der alten Griechen. Er sagt mit Bestimmtheit und Genauigkeit das Gegenteil von der modernen irrigen Theorie. Da er aber unter den alten Ägyptern gelebt hat und offenbar zu ihrem Wissen so viel Zutritt hatte, wie er nur wünschte, ist seine einzelne Aussage – als die eines Augenzeugen und eines Menschen, der am Ort gewohnt und vertrauten Umgang mit ägyptischen Priestern und gebildeten Menschen gehabt hat – allein mehr wert als die gesamte moderne, rein spekulative Theorie über diesen Gegenstand.

IV

Ein Volk, von dem vielleicht nicht vermutet wird, daß es die Lehre von der Wiederverkörperung oder der Reinkarnation in der einen oder anderen Form gelehrt hätte, sind die Juden. Sie lehrten sie vermittels der Lehrsätze, an denen die Pharisäer von Alt-Judäa festhielten. Desgleichen wurde sie als Hauptpfeiler esoterischen Denkens in der jüdischen Kabbala, der mystischsten geheimen Lehre der Juden, gelehrt und dargestellt – verfälscht und verändert, wie es die Kabbala sicherlich auch ist, und zwar durch spätere, wahrscheinlich christliche Hände. Die Juden glaubten an die Präexistenz und Wiederverkörperung von Welten ebenso wie an die von Menschenseelen, und zwar genauso wie einige der bedeutendsten frühen christlichen Kirchenväter, zum Beispiel Clemens von Alexandrien und Origenes. Wie Plato lehrten auch sie, daß Bewußtsein und Wissen des Menschen in dem einen Leben nur Erinnerungen an Bewußtsein und Wissen aus früheren Leben sind.

Im Hinblick auf den tatsächlich ungeheuren Einfluß, den die allgemeine Lehre von der Wiederverkörperung nicht nur auf die Juden infolge ihrer universellen Annahme durch die Pharisäer ausübte, und auch aufgrund der machtvollen Formgebung des frühchristlichen Denkens durch diese Lehre, wie es die Schriften von Origenes und Clemens von Alexandrien und die Synoden und Konzilien zeigen, in denen die Lehre in der Form, wie Origenes sie gebracht hatte, verdammt wurde, scheint es von nicht geringem Interesse und Wert zu sein, eine Anzahl recht langer Zitate aus der jüdischen wie auch aus der frühchristlichen Literatur der Kirchenväter zu bringen, um die hier aufgestellte Behauptung zu beleuchten. Diese Zitate sind auf späteren Seiten dieses und des folgenden Kapitels zu finden.

Das christliche Neue Testament ist in den verschiedenen Beschuldigungen und kritischen Bemerkungen, die es gegen die alten jüdischen Pharisäer öfter durch Hinweis als auf andere Weise vorbringt, diesen gegenüber im großen und ganzen ungerecht, und so bekommt der moderne Leser des christlichen Neuen Testamentes ein entstelltes und daher falsches Bild davon, wer und was die Pharisäer tatsächlich waren. Wie in allen Klassen der menschlichen Gesellschaft gab es auch unter ihnen große und gute Männer. Keineswegs waren sie alle Heuchler, auch waren sie nicht immer bloße träge Sektierer, die von einer vertrauensseligen Masse lebten, die ihrer Führung mehr oder weniger blind folgte. Dennoch ist es richtig, zu sagen, daß sie die größte jüdische Sekte bildeten, die in ihren Äußerungen am stärksten und positivsten von den drei Sekten war, wie Josephus sie beschreibt. Ihr Einfluß war daher in Palästina oder zumindest unter den Einwohnern Jerusalems offensichtlich sehr groß und tiefgehend.

Josephus, einer der größten, vielleicht sogar der größte jüdische Historiker, war seiner religiösen Überzeugung nach selbst ein strenger, unveränderbarer Pharisäer.

Den Historikern ist Josephus als Flavius Josephus bekannt, da er den Namen Flavius von Kaiser Vespasian annahm, dessen Gunst er gewonnen hatte. Josephus wurde im Jahr 37 der christlichen Zeitrechnung in Jerusalem geboren. Mütterlicherseits war er fürstlicher jüdischer Herkunft, und vom Vater, Matthias, erbte er Amt und Funktion eines Priesters in Jerusalem. Er wurde in die Kämpfe der Juden gegen die römische Macht verwickelt, war einer der jüdischen Generale und versah seinen Dienst gegen die eindringenden bewaffneten Römer. Sein Leben wurde durch Vespasian verschont, und er gewann die Gunst des großen römischen Kaisers. Josephus starb im Jahre 98. Er hat eine Anzahl Bücher geschrieben, von denen die beiden bedeutendsten „Der jüdische Krieg" und „Die Altertümer der Juden" sind. Sie liefern zwei der wichtigsten Quellen, aus denen moderne Historiker ihre Informationen über die Zeit, in der Josephus lebte, schöpfen. Daß seine Bücher Einschübe enthalten, ist richtig.

Wie Josephus sagt, glaubten die Pharisäer an Reinkarnation (wie sie sie verstanden). Tatsächlich sind bei ihm mehrere lange Stellen zu finden, die von dem Glauben der Juden seiner Zeit an metempsychose Reinkarnation handeln. Denn diese Glaubensrichtungen waren in den Lehrsätzen der Pharisäer enthalten. Seinem Bericht zufolge gab es bei den Juden seiner Zeit, also im ersten Jahrhundert der christlichen Ära, drei Klassen von Religionsanhängern oder Sekten: 1. Die Pharisäer, die zahlreichste, mächtigste und volkstümlichste Sekte von allen, die sich öffentlicher Achtung und Respektes am meisten erfreute. 2. Die Essener, eine sehr mystische Gemeinde mit begrenzter Mitgliederzahl. Sie führten ein Leben, das in heutiger Zeit als klösterlich bezeichnet würde. 3. Die Sadduzäer, eine Gesellschaft mit begrenzter Anhängerzahl. Sie war weniger eine Sekte als eine Körperschaft von Denkern mit sozusagen freidenkerischen Tendenzen. Ihre Anhänger opponierten gegen das, was die Pharisäer lehrten, und bestritten vieles davon. Sie gaben sich offenbar selbst als die echten Bewahrer alt-jüdischen Denkens von mosaischem Charakter aus. Da die bei Josephus gefundenen Stellen Aspekte enthalten, die zum Thema dieses Kapitels gehören, und interessante Beobachtungen aufweisen, die dem allgemeinen Leser schwer zugänglich sind, werden sie hier wiedergegeben. Das erste Zitat ist dem Buch „Die Altertümer der Juden" entnommen:

„Was die Pharisäer betrifft, so leben sie einfach und verachten Genußmittel. Sie folgen der Führung der Vernunft in bezug auf das, was diese ihnen als gut vorschreibt, und sie halten es für richtig, ernsthaft danach zu streben, die Gebote der Vernunft zu beachten. Denen, die betagt sind, erweisen sie Achtung, und sie sind nicht so dreist, ihnen zu widersprechen. Wenn sie sagen, daß alles schicksalsmäßig abläuft, so nehmen sie den Menschen doch nicht die Freiheit, so zu handeln, wie diese es für richtig halten. Denn ihrer Ansicht nach hat es Gott gefallen, die Schicksalsbeschlüsse und den menschlichen Willen zu vermengen, so daß der Mensch tugendhaft oder lasterhaft handeln kann. Ebenfalls glauben sie, daß die Seelen eine unsterbliche Kraft in sich haben und daß es unter der Erde Vergeltungen oder Strafen geben wird, je nachdem, ob die Menschen in ihrem Leben tugendhaft oder bösartig gelebt haben. Die Seelen der letzteren müssen in einem ewigen Gefängnis bleiben, aber die Seelen der ersteren haben die Kraft, wiederholt zu leben. Aufgrund dieser Lehren haben die Pharisäer einen sehr großen Einfluß auf das Volk, und was auch immer dieses in bezug auf Gottesdienst, Gebete oder Opfer verrichtet, vollbringt es ihrer Denkrichtung entsprechend. So gut werden sie von den Städten beurteilt aufgrund der ständigen Ausübung der Tugend sowohl in ihren Betätigungen im Leben als auch im Umgang miteinander.

Die Lehre der Sadduzäer aber besagt, daß die Seelen mit dem Körper sterben. Auch maßen sich die Sadduzäer nicht an, etwas anderes in Betracht zu ziehen als das, was das Gesetz ihnen auferlegt, und sie halten es für eine Tugend, mit den Lehrern der Philosophie, denen sie folgen, zu disputieren. Deren Ansichten aber empfangen nur sehr wenige, und diese sind vom höchsten Rang. Sie sind jedoch kaum imstande, etwas auszurichten, denn wenn sie Beamte werden, was sie nur unwillig und teils gezwungenermaßen werden, unterstellen sie sich den Vorschriften der Pharisäer, weil sich die Leute sonst nicht mit ihnen abgeben würden."*

Die Bezugnahme auf einen Teil der menschlichen „Seelen", die aufgrund eines lasterhaften Lebens in einem „ewigen Gefängnis" zurückgehalten werden – dies könnte besser mit „äonenlanger Straf-Läuterung" übersetzt werden –, drückt denselben Gedanken aus, der auch in allen anderen Ländern des Altertums zu finden ist und sich mit den Seelen befaßt, die sich dem Laster

---

* „Die Altertümer der Juden", Whistons Übersetzung, revidiert von A. R. Shilleto; Buch XVIII, Kap. I, Abschnitt 3 und 4.

hingegeben haben. Die Anspielung auf die erstere Klasse der Seelen, auf jene, die tugendhaft leben, besagt hingegen, daß „sie die Kraft haben zu wiederholtem Leben". Dies ist die Lehre von der Wiederverkörperung, die hier nur kurz erwähnt werden kann. An anderer Stelle spricht Josephus genauer darüber, wie sich hier zeigt:

„Was die beiden anderen, zuerst erwähnten Sekten betrifft, so werden die Pharisäer als äußerst geschickt erachtet in der exakten Auslegung ihrer Gesetze; sie sind die erste Sekte. Sie schreiben alles dem Schicksal und Gott zu, und doch machen sie das Zugeständnis, daß es hauptsächlich in der eigenen Macht des Menschen liegt, das zu tun, was recht ist, oder das Gegenteil davon, auch wenn das Schicksal bei jeder Handlung mitwirkt. Sie glauben außerdem, daß alle Seelen unsterblich sind, aber nur die Seelen guter Menschen in einen anderen Körper übergehen, während die Seelen schlechter Menschen ewige Bestrafung erleiden. Die zweite Sekte aber, die Sadduzäer, streichen das Schicksal gänzlich und nehmen an, daß nicht Gott die Ursache ist, wenn wir Böses tun oder nicht tun. Sie sagen auch, daß es in des Menschen eigener Wahl liegt, Gutes oder Böses zu tun, und daß das eine oder das andere so zu jedem gehört, daß er handeln kann, wie er will. Sie glauben weder an die Unsterblichkeit der Seele noch an Bestrafungen und Belohnungen im Hades. Ferner sind die Pharisäer freundlich zueinander und pflegen Eintracht zum Wohle der Allgemeinheit. Das Betragen der Sadduzäer untereinander ist jedoch ziemlich schroff, und ihr Umgang mit Mitgliedern ihrer eigenen Gesellschaft ist so unfreundlich, als wären diese für sie Fremde."*

Und schließlich sagte Josephus in seiner Ansprache an die meuternden Soldaten unter seinem Oberbefehl während ihres Kampfes gegen die römischen Truppen unter Vespasian, als sie erwogen, daß Selbstmord für ihn wie auch für sie der Übergabe an die römische Macht vorzuziehen sei:

„Wovor fürchten wir uns denn, daß wir nicht zu den Römern übergehen wollen? Etwa vor dem Tod? Wenn dies so ist, sollen wir dann mit Bestimmtheit das über uns verhängen, was wir befürchten, wenngleich wir doch nur vermuten, daß unsere Feinde es über uns verhängen werden? Aber es könnte jemand sagen, daß wir uns vor der Sklaverei fürchten. Sind wir denn jetzt gänzlich frei? Ebenfalls könnte gesagt werden, es sei eine männliche Tat, sich selbst zu töten. Nein, das ist es bestimmt nicht, sondern eine höchst unmännliche. ... Tatsächlich ist Selbstmord in Übereinstimmung mit der Natur allen Lebewesen unbekannt, und er wird aus Ehrfurchtslosigkeit gegenüber Gott, unserem Schöpfer, ausgeführt. Denn kein Tier stirbt aufgrund eigener Überlegung oder durch eigene Mittel, da der Wunsch zu leben bei allen ein starkes Naturgesetz ist. ... Und meint ihr nicht, daß Gott sehr ärgerlich wäre, wenn ein Mensch verachtete, was er ihm geschenkt hat? Denn von ihm haben wir unser Dasein empfangen, und wir sollten es seinem Ratschluß überlassen, uns dieses Dasein zu nehmen. Die Körper aller Menschen sind wohl

---

* „Der jüdische Krieg", Buch II, Kap. VIII, Abschnitt 14.

in den verschiedenen Zeitaltern – I 55

sterblich und aus verderblichem Stoff geschaffen, aber die Seele ist ewig unsterblich und ein Teil von Gott, der unseren Körper bewohnt. Wenn außerdem jemand ein Pfand, das er von einem bloßen Menschen empfangen hat, zerstört oder mißbraucht, so wird er als eine boshafte und treulose Person erachtet. Wenn nun jemand aus seinem eigenen Körper das Unterpfand Gottes hinauswirft, können wir uns da einbilden, daß er, der dadurch beleidigt wird, nichts davon weiß? ... Wißt ihr nicht, daß diejenigen sich ewigen Ruhmes erfreuen, die gemäß dem Naturgesetz aus diesem Leben scheiden und die Schuld, die sie von Gott empfingen, bezahlen, wenn es ihm, der sie uns lieh, gefällt, sie wieder zurückzunehmen? Wißt ihr nicht, daß ihre Häuser und Nachkommen sicher und ihre Seelen rein und gehorsam sind und den heiligsten Platz im Himmel erhalten, von wo aus sie im Verlaufe der Zeitalter wieder in reine Körper gesandt werden, während die Seelen derjenigen, deren Hände wahnsinnig gegen sich selbst gehandelt haben, am dunkelsten Orte im Hades empfangen werden? Gott, ihr Vater, straft jene, die sich an Seele oder Körper vergehen, in ihren Nachkommen."*

Die überzeugende Kraft des obigen Zitates ist sofort zu erkennen, und zwar aufgrund der natürlichen und leichten Art und Weise, in welcher der Hinweis auf die besondere Art metempsychoser Reinkarnation, die Josephus im Sinne hatte, in den Fluß seiner Darstellung eingefügt wird. Dies ist keine Beweisführung für eine Lehre, die der Redner in seine Ansprache als etwas Fremdes und

---

* „Der jüdische Krieg", Buch III, Kap. VIII, Abschnitt 5.

Neues ungeschickt hineingebracht hat, mit anderen Worten, als religiös-philosophische Neuigkeit für seine Zuhörer. Auf alle Fälle ist der Hinweis auf die Annahme neuer Körper gegeben, als ob es ein Gemeinplatz für seine Zuhörer und Leser wäre, somit Teil der Psychologie, in der sie lebten. Selbstverständlich wären unbekannte, unorthodoxe oder ausländische und fremde Lehren nicht eingeführt worden, weil sie die Beweisführung geschwächt hätten.

V

Die Schriften des großen jüdischen Philosophen und Platonikers Philo Judäus oder Philo der Jude übten auf ihre Weise einen ungeheuren Einfluß aus, und zwar nicht nur auf zeitgenössisches und späteres jüdisches Denken, sondern ebenfalls auf die Anfänge der christlichen Theologie und somit auf das Denken vieler Kirchenväter. Bei mehreren Gelegenheiten spricht Philo Judäus sehr nachdrücklich zugunsten jener besonderen Form metempsychoser Reinkarnation, die ihn philosophisch und religiös am meisten ansprach und die tatsächlich enge Bande der Ähnlichkeit mit parallellaufenden Ideen von Plato aufweist, seinem großen griechischen Vorläufer, der in Wirklichkeit sein philosophisches Vorbild und Muster war.

Philo lebte im 1. Jahrhundert christlicher Zeitrechnung, war von Geburt Alexandriner und wurde natürlich von dem synkretistischen Geist der alexandrinischen Philosophie und Metaphysik sehr stark beeinflußt, welcher auch zu seiner Zeit noch sehr wahrnehmbar war. Der ganze Zweck seiner Schriften war der, die gemeinsamen Grundlagen mystischen und theologischen Denkens zu zeigen, die seiner Meinung nach in den Platonischen Lehren und den heiligen Büchern der Juden existierten. Von modernen Gelehrten wird üblicherweise behauptet, daß Philo die Idee vertrat, Plato, der große Grieche, hätte einen Teil und möglicherweise den Kern seiner Ideen dem hebräischen Gesetzgeber Moses entnommen. Mit gleicher, ja tatsächlich mit einer weitaus strengeren Logik der Wahrscheinlichkeit könnte behauptet werden, Philo habe im Herzen geglaubt, daß eine gemeinsame archaische Weisheitsreligion der Menschheit existiere, deren mehr oder weniger vollkommene – oder unvollkommene – Exponenten und Lehrer sowohl Moses als auch Plato waren, und zwar jeder auf seine Weise; und daß Philo nach seiner eigenen Auffassung und in dem Wunsche, die vielversprechende Aufmerksamkeit der Griechen auf die jüdischen heiligen Schriften zu lenken, sich der Tätigkeit widmete, so gut er es vermochte, die Ähnlichkeiten oder Übereinstimmungen zu beweisen, die er in den Schriften von Plato und Moses gefunden hatte.

Philos Argument lautete etwa folgendermaßen: Der Logos oder der göttliche Geist, der in der Menschheit und durch diese wirkt, flößte dem menschlichen Gemüt gemeinsame Ideen ein, und zwar ohne Rücksicht auf Rasse oder Zeitabschnitt. Auch scheint Philo stellenweise die Ansicht zu vertreten, daß so große Männer wie Plato und, allgemein gesprochen, diejenigen, welche „die Weisheit der Griechen" verkündeten, das, was sie an natürlicher Wahrheit besaßen, von der Inspiration herleiteten, die ihren Ursprung in den jüdischen Schriften habe. Dieser Gedanke ist natürlich unsinnig und war, wie schon gesagt, wahrscheinlich von dem großen jüdischen Philosophen und Platoniker übernommen worden, um sein literarisches Werk für die Menschen seiner Rasse und Religion annehmbarer zu machen.

Er erörterte das Thema mit wirklichem Geschick, und es gelang ihm tatsächlich, jedem unparteiischen Denker zu beweisen, daß die Juden aller Wahrscheinlichkeit nach ihre „Weisheit" aus derselben archaischen Quelle geschöpft haben: aus der Esoterischen Tradition oder der Esoterischen Philosophie, der auch die anderen Völker, die das jüdische Volk umgaben, ihre frühe religiöse, philosophische und mystische Inspiration entnahmen. Zu diesen gehörten ebenso die großen griechischen Philosophen der verschiedenen Zeitepochen, die Ägypter und die Völker aus den Tälern des Euphrat und des Tigris. Auf die großen philosophischen Völker im Fernen Osten kann hier nicht eingegangen werden, obwohl auch für diese das besagte zutrifft. Denn es ist so gut wie sicher, daß der Einfluß, der von hinduistischem Denken ausging, zeitalterlang auf die Völker westlich der großen Hindu-Halbinsel eingewirkt hatte und daß indisches Denken ebenso lange in mesopotamische und syrische wie auch ägyptische und griechische Spekulationen eingesickert war und sie langsam durchdrungen hatte. Dieser indische Einfluß wurde zu Lebzeiten Philos sehr stark und für den modernen Gelehrten deutlich wahrnehmbar. Wahrscheinlich aber war er schon seit Jahrhunderten schweigend am Werke gewesen. Alexandrien war ein wirklicher metaphysischer Schmelztiegel religiöser und philosophischer Ideen, und kein kompetenter Gelehrter bezweifelt heute, daß orientalischer Einfluß, ob von brahmanischem oder buddhistischem Charakter, ja wahrscheinlich von beiden, das alexandrinische Denken in nicht geringem Maße gefärbt hat.

Was auch immer Philos wirkliche Absicht gewesen sein mag, es gelang ihm tatsächlich zu beweisen, daß dasselbe essentielle fundamentale Universalsystem an der Basis des Judaismus vorhanden war, geradeso wie es auch die Wurzel aller anderen alten religiösen und philosophischen Systeme bildete. Er bewies weniger, daß die größten Philosophien anderer Völker – unter anderem die der philosophischen Griechen, wie zum Beispiel die von Plato – ihre Inspirationen aus den philosophisch schwachen und mystisch verworrenen „Büchern Mose" geschöpft hätten. Jedenfalls hinterließ der große alexandrinische jüdische Philosoph, in Wirklichkeit ein platonisierender Hebräer, der Nachwelt einige bewundernswerte mystische und philosophische Schriften, die stellenweise auch aufgrund der Zitate unschätzbar sind, die er von Glaubensrichtungen gebracht hat, die nicht seinem eigenen angeborenen Glauben entsprachen. Philo stellt seine eigene besondere Form der Lehre von der metempsychosen Reinkarnation, die er bevorzugte, in sehr klaren Worten heraus. Diese sind, abgesehen von ihrem bestätigenden Wert für unseren historischen Überblick, deshalb interessant, weil sie zeigen, in welch weitem Ausmaß zu Philos Lebzeiten an der allgemeinen Lehre von der Wiederverkörperung in der einen oder anderen Form festgehalten wurde. Er spricht von den verschiedenen Arten der „Seelen", die das Universum erfüllen, und von den Himmelskörpern als von beseelten Wesenheiten. Dies gibt er in Übereinstimmung mit der allgemeinen Lehre des Altertums, einer Lehre, die ebenfalls von vielen, wenn nicht von den meisten der ersten Christen angenommen wurde, was durch die Schriften von Clemens von Alexandrien und Origenes bewiesen ist.

In seinem Traktat „Über die Lehre, daß die Träume von Gott gesandt werden" führt Philo die Stelle aus der „Genesis"* an, in der die kosmische Himmelsleiter erwähnt ist, die von der Erde bis zum Himmel reiche, und die Engel Gottes, die auf ihr auf- und niedersteigen. Er kommentiert dies wie folgt:

> „In dem, was die Welt genannt wird, ist unter der Leiter bildlich die Luft zu verstehen. Ihr Fundament ist die Erde, und ihre Spitze ist der Himmel. Denn der weite innere Raum, der nach allen Himmelsrichtungen ausgedehnt ist, ist die Luft; sie reicht von der Umlaufbahn des Mondes bis hinab zur Erde, dem untersten dieser Körper. Der Mond wird als der entlegenste in der Ordnung am Himmel beschrieben; von jenen aber, die über erhabene Dinge meditieren, als der uns am nächsten stehende. Die Luft ist die Wohnstätte nichtverkörperter Seelen, da es dem Schöpfer des Universums als gut erschien, alle Teile der Welt mit lebenden Geschöpfen zu erfüllen. Deshalb rüstete er die irdischen Tiere für die Erde aus, die Wassertiere für das Meer und die Flüsse und die Sterne für den Himmel. Denn jeder einzelne dieser Körper ist nicht nur ein Lebewesen, er ist auch, genau gesagt, das äußerste und reinste Universalgemüt, das sich über das Universum erstreckt. Somit gibt es also auch lebende Geschöpfe in jenem anderen Teil des Universums, nämlich in der Luft. . . .

---

* „Genesis", XXVIII, 12.

Denn sie ist nicht nur nicht von allen anderen Dingen verlassen, sondern vielmehr gleich einer bevölkerten Stadt voll von unvergänglichen und unsterblichen Einwohnern, von Seelen, die an Zahl den Sternen gleich sind.

Nun steigen einige dieser Seelen auf die Erde hinab mit der Absicht, sich ganz mit einem sterblichen Körper zu vereinigen. Das sind diejenigen, die am engsten mit der Erde verbunden und Liebhaber des Körpers sind. Einige aber schwingen sich empor; sie unterscheiden sich wiederum durch Begrenzungen und Zeiten, die von der Natur bestimmt sind. Von diesen kehren diejenigen, die von dem Wunsch nach sterblichem Leben beseelt und an dieses gewohnt sind, wieder zu ihm zurück. Andere jedoch, die den Körper als sehr töricht und zu nichts tauglich verdammen, nennen ihn ein Gefängnis und ein Grab und fliehen von ihm wie von einem Zuchthaus oder einer Gruft. Auf leichten Flügeln erheben sie sich in die Höhe zum Äther und widmen ihr ganzes Leben erhabenen Spekulationen. . . .

Darum stellt Moses die Luft äußerst bewundernswert dar unter dem bildlichen Symbol einer Leiter, die fest in die Erde gepflanzt ist und bis zum Himmel emporreicht."*

Besonders im Hinblick auf Philos Ideen über die Himmelskörper als beseelte Wesenheiten oder himmlische Seelen sei folgendes Zitat angeführt:

---

* „Die Werke von Philo Judäus", Bd. II, „Über die Lehre, daß Träume von Gott gesandt werden", Buch I, Kap. XXII (alle Zitate von Philo aus der Übersetzung des griechischen Originals von C. D. Yonge).

„Jene Wesen, die andere Philosophen Dämonen (das heißt *daemones*) nennen, nennt Moses im gewöhnlichen Sprachgebrauch Engel; es sind Seelen, die in der Luft schweben. Und niemand möge glauben, daß das, was hier gesagt ist, eine Fabel sei; denn es ist unbedingt richtig, daß das Weltall in allen seinen Teilen mit lebenden Dingen angefüllt sein muß, da jedes seiner ursprünglichen elementaren Teilchen seine zugehörigen Lebewesen enthält, und zwar jene, die mit seiner Natur übereinstimmen; ... und der Himmel enthält die Sterne. Denn auch diese sind vollständige Seelen, die das Universum durchdringen, da sie rein und göttlich sind, insofern sie sich im Kreise bewegen. Und diese Art der Bewegung ist dem Denkprinzip eng verwandt, denn jeder von ihnen ist Elter des Gemüts."*

Ähnlich drückt er sich in seinem Traktat mit dem Titel „Über das Pflanzen Noahs" aus:

„Denn jene, die Philosophie studiert haben, bezeichnen auch die Sterne als Lebewesen (das heißt ‚animales' im Sinne von lebenden oder beseelten Wesen), die mit Intellekt begabt sind und das gesamte Universum durchdringen. Einige sind Planeten und bewegen sich durch ihre eigene innere Natur; andere, das heißt die Fixsterne, werden mit den Umläufen des Universums entlanggetragen, so daß sie ebenfalls ihre Stellungen zu verändern scheinen."**

In den umfangreichen Schriften von Philo Judäus, der, nebenbei bemerkt, ein Zeitgenosse des jüdischen Historikers Josephus

---

* ebenda, „Über Riesen", Bd. I, Kap. 2.
** ebenda, Bd. I, Kap. 3.

war, gibt es noch eine Anzahl anderer Stellen, die sich einschlägig und direkt auf die allgemeine Lehre von der Wiederverkörperung beziehen. Philo verstand diese natürlich und schrieb über sie daher gemäß seiner eigenen besonderen Ansicht metempsychoser Reinkarnation. Ebenso wie in den Auszügen von Josephus finden wir hier dieselbe Atmosphäre des Vertrautseins mit der Lehre der Wiederverkörperung, die keine besondere Erklärung und Ausarbeitung verlangte. Sie wird in seinen verschiedenen Schriften als eine seinen Lesern bekannte Lehre erwähnt und erforderte seinerseits keinen besonderen, erläuternden Kommentar. Diese Tatsache ist wirklich äußerst wichtig.

2. Kapitel

Die Lehre von der Wiederverkörperung in den verschiedenen Zeitaltern – II

Eine der Tragödien in der Geschichte, sowohl spirituell als auch psychologisch gesehen, ist die, daß die allgemeine Lehre von der Wiederverkörperung, ob in ihrer Gesamtheit, in einer oder in mehreren ihrer vielen Formen oder Phasen, aus dem Bewußtsein des Europäers verlorenging, nachdem die letzten schwachen Strahlen der Alten Weisheit tatsächlich verschwunden waren. Dieses Verschwinden ereignete sich im 6. Jahrhundert der christlichen Ära zu der Zeit, da die einzige noch existierende Schule der Alten Weisheit in den Mittelmeerländern durch den Erlaß des Kaisers Justinian geschlossen wurde, und zwar sehr wahrscheinlich aufgrund einer Bittschrift von seiten der wenigen noch vorhandenen Überlebenden des neuplatonischen Gedankenstromes.

Dies geschah, als die sieben Philosophen, deren Schule in Athen somit geschlossen wurde, flohen und am Hofe des Perserkönigs Khosru Nushirwan I. Schutz und freie Ausübung ihres philosophischen Glaubens suchten. Den sieben griechischen Philosophen wurde später aufgrund des dem Kaiser Justinian aufgezwungenen Vertrages erlaubt, in das Römische Reich zurückzukehren. Sie konnten dort in Frieden leben, ohne den damals herrschenden Gesetzen des Römerreiches unterworfen oder untertan zu sein, die sich besonders gegen die sogenannten „Heiden" und deren Religion oder Religionen richteten.

Man möchte innehalten und überlegen, wie anders sich die religiöse Geschichte in den europäischen Ländern wohl entwickelt hätte, wenn die Lehre von der Wiederverkörperung zum Bestandteil des theologischen Systems des Christentums geworden wäre. Ihr Einfluß auf Herz und Sinn der Menschen ist so stark und infolgedessen ihre Kraft, das menschliche Schicksal zu formen, so groß, daß man glauben möchte, ein gut Teil der religiösen Geschichte des Westens wäre weit freier und mehr im Einklang mit den Intuitionen des menschlichen Geistes verlaufen, wäre dieser Einfluß vorhanden gewesen.

Es ist richtig, daß es während des Mittelalters und auch während des späten Mittelalters einzelne ungewöhnliche Persönlichkeiten gegeben hat, die mehr oder weniger geheim an der Lehre festhielten und möglicherweise deren tröstenden, verfeinernden Einfluß ausstreuten, soweit sie das tun konnten. In diesem Zusammenhang sei an einige Gesellschaften mystisch orientierter Christen erinnert, die später das Opfer intoleranter, ja oft blutiger Verfolgung wurden, wie zum Beispiel die sogenannten Albigenser, die Katharer und die Bogomilen. Mit der Renaissance der menschlichen Gedanken- und Forschungsfreiheit wurde die Lehre mit der Zeit unter der einen oder anderen ihrer verschiedenen Formen den Gelehrten bekannt. Dies ist zum großen Teil einer genaueren Bekanntschaft mit den philosophischen und religiösen Literaturen Griechenlands und Roms zu verdanken, welche die Niederlage Konstantinopels und seine Eroberung durch die Türken im Jahre 1453 sowie die darauf folgende Verbreitung der vielen antiken literarischen Werke der byzantinischen Bibliotheken in Europa zuwege brachte.

Obwohl die Lehre für viele intuitive Gemüter anziehend war, hielt man sie im allgemeinen dennoch für ausländisch und fremdartig, und aufgrund ihrer Verbindung mit philosophischen Systemen und Religionen der Antike wurde sie viele Jahrhunderte hindurch in Europa als typisch „heidnisch" oder „barbarisch" betrachtet. Ihre weitgehende Annahme in allen Bevölkerungsschichten ist ohne jeden Zweifel der Verbreitung von seiten der Theosophischen Gesellschaft und der gewissenhaften literarischen Arbeit einzelner Anhänger der Esoterischen Philosophie zu verdanken.

In heutiger Zeit ist die Lehre – jetzt allgemein Reinkarnation genannt – mit ihrer Zwillingslehre Karman nicht nur hinlänglich populär, sie erfährt darüber hinaus eine verständnisvolle Beachtung von seiten der nachdenklichsten Menschen, und zweifellos geht die Zahl derer, die sie annehmen, in die Millionen. Es finden sich überall Spuren eines mehr oder weniger unbestimmten Glaubens an sie, sei dies nun in der Romanliteratur, auf der Bühne oder auf der Leinwand. Tatsächlich ist die Lehre heute zum Bestandteil des philosophischen und religiösen Repertoires in bezug auf das Denken und Überlegen der meisten Abendländer geworden. Weit davon entfernt, noch für eine heidnische Lehre gehalten zu werden, wird sie nicht nur als die vernünftigste, sondern auch als die anziehendste Erklärung für die Verschiedenheiten und Mannigfaltigkeiten im menschlichen Leben akzeptiert.

Vielleicht könnte sogar als Tatsache hingestellt werden – ohne zu weit von der Wahrheit abzuweichen –, daß im heutigen Abendland die Reinkarnation in nachdenklichen Kreisen stillschweigend angenommen wird. Und was noch weitaus interessanter ist: Die Tatsache dieser stillschweigenden Annahme scheint die Tür für philosophische und religiöse Spekulation und Forschung für Seitenzweige der Lehre der Alten Weisheit geöffnet zu haben. Viele bedeutende Männer legen in ihren offenen Aussagen und Schriften unverkennbare Spuren von dem Einfluß ab, den die Lehre von der Reinkarnation auf ihr Denken ausgeübt hat und von dem sie, bewußt oder unbewußt, berührt wurden. Sie tun dies in dem Maße, wie sie kühn genug sind, diesen Einfluß offen anzuerkennen oder nicht.

Es könnten ein halbes Hundert Namen von hervorragenden Schriftstellern angeführt werden, deren literarische Werke hierfür klare Beweise liefern. Es ist jedoch weder möglich noch notwendig, in dem vorliegenden Werk in eine diesbezügliche Diskussion einzutreten. Es ist jedoch erfreulich, auf Beispiele von vorausblickenden, intuitiven Denkern hinzuweisen, die in ihren literarischen Erzeugnissen klar und deutlich zeigen, in welch großem Ausmaß sich die abendländische Philosophie von den alten theologischen Fesseln und beschränkten Ansichten in bezug auf Wissenschaft, Philosophie und Religion, die sogar der letzten Generation noch so vertraut waren, befreit hat, und zwar rapide befreit hat.

Ein derart intuitiver Denker, liberal und genial in seiner philosophischen Anschauung, ist Professor John Elof Boodin. Er zeigt in vieler Hinsicht, wie zum Beispiel in der Weite seiner Vision und der Hingabe an den essentiellen Wert des antiken Denkens – in seinem Fall besonders des von Plato –, daß er sich in größerem Maße dem Denken der Esoterischen Philosophie nähert, als er möglicherweise Interesse hätte zuzugeben. Man möchte bedauern, daß sein wahrhaft philosophischer, intuitiver Geist nicht der archaischen Weisheit, heute Esoterische Philosophie genannt, die gleiche Aufmerksamkeit geschenkt hat wie den vorübergehenden Phasen der modernen Naturwissenschaft, denen er in seinem äußerst interessanten Buch „Drei Interpretationen des Universums" (Macmill. & Co, 1934) anscheinend mehr Wert hat zukommen lassen, als diese Phasen schnell wechselnder wissenschaftlicher Meinung es verdienen.

In diesem Werk finden sich viele Stellen, die ebenso intuitiv wie auch bewundernswert geschrieben sind und die einigen Lehren der Alten Weisheit sehr nahe kommen, wenn nicht gar identisch mit ihnen sind. Es kann daher nur bedauert werden, daß der Philosophieprofessor dieser Denkrichtung nicht weiter nachgegangen ist. Die folgenden Auszüge aus seinem eben erwähnten Werk (mit Erlaubnis des Verfassers, J. E. Boodin, zitiert) sind auf den Seiten 497, 499 und 500 zu finden und werden hier als Beispiele für das vorher Gesagte angeführt:

„... Lebende Dinge durchlaufen ihre Zyklen im kosmischen Prozeß. Sie haben ihren Abstieg wie auch ihren Aufstieg. Meistens ist ihre Lebensspanne kurz, obwohl die einfachsten Lebenseinheiten, wie die der Materie, eine sehr lange Existenz zu haben scheinen. Der Tod, heißt es, ist der Preis, den die Natur für Zusammengesetztheit verlangt. Aber auch die einfachsten Organismen haben ihre Zeit im kosmischen Drama. Der evolutionäre Aufstieg findet von Generation zu Generation durch den Lebensstrom statt. Der Lebensstrom ist aber nicht etwas von der Umgebung Getrenntes. Er schließt ihr Feld ein. Der Lebensstrom, von dem wir ein Teil sind, durchläuft seinen Zyklus innerhalb des Erdzyklus, wobei Evolution auf Evolution folgt. Der Erdzyklus verläuft seinerseits innerhalb des Sonnenzyklus, von dem die Erde und die übrigen Planeten Teile sind. Der Sonnenzyklus wiederum nimmt seinen Lauf innerhalb noch umfassenderer Zyklen, in denen Galaxien aus Sternennebeln hervorgehen. Aber alle Zyklen verlaufen innerhalb des Feldes kosmischer Kontrolle."

„... Es liegt mehr in der Synthese des Wassers, als es das Verhältnis von zwei Teilen Wasserstoff zu einem Teil Sauerstoff wiedergibt. Es ist ein Antrieb vorhanden, der ihre Trägheit überwindet, und das kosmische Feld, in dem die Synthese stattfindet und welches aufgrund seiner Struktur die Formel diktiert. Die Verbindung Wasser ist weder im Wasserstoffgas noch im Sauerstoffgas, noch in der Summe ihrer Charakteristika enthalten..."

„Der gesamte Prozeß der Evolution ist ein Prozeß der Vergeistigung."

„... Der Grund, warum wir in der Natur, auch in den einfachsten Stadien, Schönheit und Intelligenz finden, ist der, daß wir es auch hier – im Atom, in den anorganischen Zusammensetzungen – nicht mit träger, passiver Materie (was eine Fiktion von Philosophen ist) zu tun haben, sondern mit vergeistigter Materie. Beim Verstehen und Einschätzen der niedrigsten Materie ‚mag sich Geist mit GEIST begegnen', wenn auch der Spielraum begrenzt ist. Wir müssen reinen Geist als das Energie spendende Mittel in der gesamten Natur postulieren und nicht nur im Leben der höchsten Wesen. Die ganze Hierarchie von Wesen – vom Elektron bis zum Menschen und alles, was noch über dem Menschen sein mag – lebt und bewegt sich im Medium des Geistes. Geradeso wie unser Körper eine einzigartige Qualität besitzt, da er vom Felde des Denkprinzips beherrscht wird, so hat auch die Natur eine einzigartige Qualität, denn sie wird von der Gottheit beherrscht. In Augenblicken künstlerischer Herzenseinfalt haben wir die Intuition, daß die Natur somit vergeistigt ist, und anerkennen es. Das ist auch der Grund dafür, daß niemand ein großer Wissenschaftler sein kann, wenn er nicht ein Dichter ist."

I

Aus dem vorher Gesagten ist zweifellos ersichtlich, und es kann mit Recht gesagt werden, daß die Lehre von der Wiederverkörperung, und zwar im ganzen, in einem oder in mehreren ihrer Teile, während der letzten 1500 Jahre nur in den europäischen Ländern und in den Nationen, die von der europäischen Rassenfamilie oder den -familien abstammen, verlorenging und vergessen wurde. Wer die europäische Geschichte von der Zeit des Unterganges des Römischen Reiches bis zur Mitte des 19. Jahrhunderts studiert, kann leicht die Gründe herausfinden, die diesen Verlust zuwege brachten, und auf welche Weise er vor sich ging. Die christliche Religion von heute lehrt sie nicht und hat sie schon zeitalterlang nicht gelehrt, obwohl es richtig ist, daß in unserer Zeit einige christliche Geistliche an Reinkarnation glauben, ja in einigen seltenen Fällen sogar beginnen, sie in mehr oder weniger abgewandelter Form zu lehren. Möglicherweise wurde die Lehre zuerst aus den Augen verloren und verschwand aus den Büchern, welche die Grundlagen der christlichen Theologie enthielten, sowie aus denjenigen, die die Lehre der späteren Kirchenväter brachten. Der Grund war die Tatsache, daß die Lehre von der Wiederverkörperung oder der Palingenesis, der Metempsychose oder Metensomatose, zu einer frühen Zeitperiode der christlichen Ära mit den sich schnell ausbreitenden religiösen Anschauungen in Konflikt geraten war oder im Gegensatz zu diesen stand, denen zufolge die menschliche Seele vom allmächtigen Gott in einem undefinierbaren Augenblick bei oder vor der physischen Geburt erschaffen worden sei. Die Folge davon war, daß die Lehre von wiederholten Wiederverkörperungen der menschlichen Seele allmählich als in Opposition und im Widerspruch stehend mit der damals herrschenden religiösen Ansicht hinsichtlich des Ursprungs der Seele betrachtet wurde. Sie wurde verspottet und verworfen, weil sie aufrichtig oder vorsätzlich – wie der Fall auch gelegen haben mag – völlig mißverstanden wurde. Ein geistreicher Franzose hat einmal gesagt, die beste und leichteste Art, etwas zu vernichten, das man nicht leiden mag, sei die, Hohn und Spott darauf zu lenken. Dies sind wirklich starke Waffen polemischer Beweisführung; für Menschen jedoch, die wirklich selbständig denken, sind Hohn und Spott in keiner Weise überzeugende Argumente, weil leicht zu sehen ist, daß sie oft nur einen Mangel an Geschick verdecken, eine These auf andere Weise zu beantworten.

Unter den ersten Christen wurde jedoch tatsächlich eine Form metempsychoser Reinkarnation gelehrt wie auch eine ziemlich klar dargelegte Lehre von der Präexistenz der Seele von Ewigkeit her. Der größte christliche Wortführer dieser frühen theologischen Schule, dessen literarische Werke uns in Übersetzung oder im Original noch geblieben sind, war der große Origenes von Alexandrien. Die meisten Bezugnahmen auf den frühchristlichen metempsychosen Glauben in Origenes' Schriften sind in seinem Werk „Über die Grundprinzipien" zu finden.*

Für jene, die die frühchristlichen Glaubensrichtungen studieren, von denen viele nicht mehr akzeptiert werden, ist es bedauerlich, daß wir nicht den vollständigen Wortlaut von Origenes' Werk im griechischen Original besitzen und daß unser Wissen von dem, was jener große Kirchenvater schrieb, hauptsächlich aus einer Übersetzung von „Über die Grundprinzipien" ins Lateinische stammt. Diese ist zu späterer Zeit von Tyrannius Rufinus von Aquilaia angefertigt worden. Er wurde um 345 der christlichen Ära geboren und starb 410; somit war er also ein Zeitgenosse des „orthodoxen" Kirchenvaters Hieronymus.

Rufinus hat sich mit dem originalen griechischen Text des Origenes tatsächlich große Freiheiten erlaubt – was selbst moderne christliche Gelehrte zugeben –, und zwar so häufig, daß es unmöglich ist, ihn von der Beschuldigung der Verstümmelung des Textes von Origenes freizusprechen, ja möglicherweise von den eingefügten Fälschungen in dem Sinne, daß er sie in seine lateinische Übersetzung einschob und Origenes zuschrieb. Es handelt

---

* Der Titel der lateinischen Übersetzung von Origenes' Werk lautet „De principiis", der englische ist „On First Principles".

sich dabei um gewisse Ideen, die sehr wahrscheinlich aus Rufinus' Kopf stammen.

Rufinus war jedoch nicht der einzige, der diese literarische Unehrlichkeit besaß, insbesondere in bezug auf Origenes' Werk. Denn er sagt in seinem Prolog zu „Über die Grundprinzipien", daß er nur so handele, wie andere vor ihm zu anderen Zeiten gehandelt hätten. Seine Worte sind interessant und werden daher hier wiedergegeben:

„Damit ich in Ihnen nicht einen zu strengen und gewissenhaften Menschen finden möge, gab ich nach, und das sogar gegen meinen Vorsatz, jedoch unter der Bedingung und Vereinbarung, daß ich in meiner Übersetzung soweit wie möglich der Regel folge, die von meinen Vorgängern beachtet wurde, besonders von jenem ausgezeichneten Mann, den ich schon erwähnt habe. Dieser Mann hat über 70 jener Abhandlungen von Origenes, „Die Homilien" betitelt, ins Lateinische übersetzt und auch eine beträchtliche Anzahl seiner Schriften an die Apostel, in denen im griechischen Original sehr viele „Steine des Anstoßes" zu finden sind. Diese hat er in seiner Übersetzung so geschliffen und korrigiert, daß ein lateinischer Leser auf nichts stoßen würde, das unserem Glauben widersprechend erscheinen könnte. Seinem Beispiel folgen wir daher nach den besten Kräften, wenn auch nicht mit der gleichen Ausdrucksfähigkeit, so doch zumindest mit der gleichen Genauigkeit in bezug auf die Regel, indem wir solche Ausdrücke nicht wiedergeben, die in den Werken des Origenes vorkommen und sich nicht miteinander vertragen und einander entgegengesetzt sind."*

Man ist geneigt zu glauben, Rufinus sei so etwas wie ein Humorist gewesen, da er seine Abänderungen von Origenes' Text damit entschuldigt, daß sie „sich miteinander nicht vertrügen und einander entgegengesetzt seien". Warum sich Rufinus und die übrigen, von denen er spricht, zu Richtern über Origenes' Christentum aufgespielt haben, kann der Leser selbst leicht erkennen. Besäßen wir nämlich den vollständigen griechischen Urtext von Origenes' „Über die Grundprinzipien" und würden wir daran denken, daß sogar das von seinen Lehren Gebliebene zum Anlaß einer um sich greifenden polemischen Aufregung in der christlichen Kirche wurde, und auch an die schließliche Verdammung des Origenes auf der Heimsynode unter Mennas, dann würden wir wahrscheinlich herausfinden, daß der große alexandrinische Kirchenvater im griechischen Original in seinen Lehren über die besondere Art metempsychosei Reinkarnation, die er bekräftigte, weit klarer und offener war, als es in den verstümmelten Texten, die uns hinterlassen wurden, den Anschein hat; darüber besteht wenig Zweifel. Aber selbst diese verstümmelten und gefälschten Texte genügen vollauf, um dem scharfsinnigen Auge aufzudecken, wie weit der große alexandrinisch-griechische Theologe in seiner Anerkennung und öffentlichen Lehre auf eine Form metempsychoser Reinkarnation eingegangen ist.

---

* „Über die Grundprinzipien", S. 12. Die Übersetzung von Origenes in den folgenden Auszügen stammt von Crombie, Professor der Bibelkritik, St. Andrews.

In den Zeiten, die dem 6. Jahrhundert der christlichen Ära vorausgingen, waren Origenes' Ideen in das Gewebe des christlich-theologischen Denkens, ja in die gesamte christliche Gemeinde anscheinend so vollständig eingedrungen, daß es wenig Wunder nimmt, daß der wachsende religiöse Materialismus der Zeit durch die doktrinären Unterschiede beunruhigt war, die die Lehren des Origenes, verglichen mit den bestehenden Dogmen des christlichen Glaubens, damals zeigten.

Obwohl es der zweifachen Verdammung der Lehren des Origenes gelang, den Geist der Lehren des großen Alexandriners schließlich zu töten, gelang dies nichtsdestoweniger nur nach vielen polemischen Zänkereien und öffentlich ausgetragenen Divergenzen und Meinungsverschiedenheiten über theologische Ansichten. Tatsache ist, daß in der christlichen Kirche ein guter Teil des origenestischen Denkens bis in spätere Zeitalter hinein weiterlebte, was durch Anschauungen, die noch bis zum 14. Jahrhundert in Ost-, Mittel- und Westeuropa herrschten, bewiesen ist.

Nebenbei könnte noch hinzugefügt werden, daß sich zu der Zeit, da die Lehren des Origenes in Konstantinopel offiziell verdammt wurden und die Erinnerung an diesen großen Mann vollkommen verunglimpft wurde, die sogenannten areopagitischen Lehren des Pseudo-Dionysios, des Areopagiten, schnell ihren Weg in die orthodoxe Gunst bahnten. Diese Lehren waren dem Typ nach mystisch und zweifellos heidnischen Ursprungs, da sie zum großen Teil auf neuplatonischer und neupythagoreischer Theologie basierten, doch waren sie weniger direkt als die Ansichten des Origenes.

Es könnte nun gefragt werden, welche frühchristlichen Sekten es denn waren, die die Wiederverkörperung in der einen oder anderen Form gelehrt haben. Da waren zunächst einmal die Manichäer, die besonders hervorragten, obwohl es fraglich ist, ob ihre Lehren in irgendeinem Sinne mit Recht christlich genannt werden können. Auch wenn moderne christliche Theologen und Historiker – zumindest einige von ihnen – sie als christliche Sekte bezeichnen, kann kaum gesagt werden, daß sie tatsächlich eine solche war. Sie hatten zwar tatsächlich einige wenige der christlichen Vorstellungen angenommen, möglicherweise aus Gründen der Sicherheit, vielleicht aber auch, um ihre wahren Überzeugungen zu schützen. Im Grunde genommen waren die Manichäer jedoch keine Christen, obgleich ihre Lehren weit verbreitet und zu jener Zeit in der Geschichte der frühen Christen sehr populär waren.

Außerdem gab es noch die vielen gnostischen Sekten, von denen sich einige tatsächlich wesentlich voneinander und oft sehr günstig von der christlichen Theologie und dem christlichen Leben unterschieden. Hinzu kamen noch andere Sekten wie zum Beispiel die Präexistenzianisten, die so genannt wurden, weil sie an die vorgeburtliche Existenz der menschlichen Seele glaubten sowie an eine Form der Reinkarnation. Sie waren ausgesprochen christlich und akzeptierten die christliche Theologie in den meisten Punkten. Auch diese Sekte hatte in den ersten Jahrhunderten der christlichen Ära keinen unbedeutenden Einfluß auf das Denken jener Zeit. Anscheinend waren sie mehr oder weniger Anhänger desselben Systems, das der große Origenes nach besten Kräften in seinen Schriften und Lehren entfaltet hatte.

Es könnte für den Leser vielleicht von wirklichem Interesse sein, Beispiele aus Origenes' Lehre vor Augen zu haben von der Art

in den verschiedenen Zeitaltern – II

und Weise, in der er die von ihm gelehrte Form metempsychoser Reinkarnation und Präexistenz behandelte. Daher wurden die folgenden Zitate aus einer Anzahl anderer gewählt, die alle charakteristisch sind. Das erste stammt aus einem noch vorhandenen Fragment des ursprünglichen griechischen Textes:

„... so befindet sich die eine Natur jeder Seele sozusagen in den Händen Gottes, wo sie nur ein Teilchen der vernunftbegabten Wesen bildet. Gewisse Ursachen älteren Datums haben dazu geführt, daß einige Wesen zu Gefäßen der Ehre und andere zu Gefäßen der Unehre erschaffen wurden."*

Der Satzteil „gewisse Ursachen älteren Datums" im obigen Zitat ist ein klarer und deutlicher Hinweis auf ein präexistentes Leben oder präexistente Leben der Seelenwesenheiten – von denen später, wie die Esoterische Philosophie lehrt, infolge inhärenter karmischer Ursachen einige zu „Gefäßen der Ehre" und andere zu „Gefäßen der Unehre" werden –, zumal dann, wenn außer dieser Stelle viele andere ähnliche Stellen aus Origenes' Werk hinzugezogen werden, die eindeutig die Existenz eines Wesens vor der physischen Geburt bekennen.

Ferner heißt es im griechischen Original etwas weiter im Text:

„... wie es andererseits möglich ist, daß jemand, der aufgrund älterer Ursachen als der des gegenwärtigen Lebens hier ein Gefäß der Unehre gewesen ist, nach der Besserung aber ... werden kann usw."**

In einem späteren Kapitel spricht Origenes noch klarer wie folgt:

---

* „Über die Grundprinzipien", Buch III, Kap. I, Abschnitt 21.
** ebenda

„... diejenigen, die überzeugt sind, daß alles in der Welt unter der Verwaltung göttlicher Vorsehung steht, können, wie mir scheint, keine andere Antwort geben, um zu zeigen, daß kein Schatten von Ungerechtigkeit auf der göttlichen Regierung liegt, als durch die Überzeugung, daß gewisse Ursachen einer früheren Existenz vorhanden waren, infolge derer die Seelen vor ihrer Geburt im Körper eine gewisse Schuld in ihre Gefühlsnatur oder in ihre Gemütsbewegungen eingebaut hatten. Aufgrund dieser Schuld fiel das Urteil der göttlichen Vorsehung dahingehend aus, daß diese Seelen es verdient haben, in die gegenwärtige Lage gestellt zu werden."*

Und etwas weiter im Text fährt er fort:

„Was nun aber die Einflüsterungen betrifft, die der Seele, das heißt dem menschlichen Denkvermögen, von verschiedenen Geistern eingegeben werden und die Menschen zu guten Handlungen oder zum Gegenteil anregen, so müssen wir auch in diesem Fall annehmen, daß gewisse Ursachen vor der körperlichen Geburt existiert haben."**

Die letzten beiden Zitate von Origenes sind der lateinischen Übersetzung des Rufinus entnommen, und nur die unsterblichen Götter wissen, wie schuldig sich Rufinus hier durch das Verstümmeln, Abändern oder Biegsammachen des Textes seines großen alexandrinischen Vorgängers gemacht haben mag.

Wir zitieren noch einmal aus Rufinus' Übersetzung „Über die Grundprinzipien" von Origenes. Dort spricht Origenes von der

---

* ebenda, Buch III, Kap. III, Abschnitt 5
** ebenda

Präexistenz der Seelen und schreibt – wie Rufinus ihn wiedergibt – folgendermaßen:

> „... auch vernünftige Geschöpfe hatten einen ähnlichen Anfang. Wenn sie aber einen Anfang hatten wie das Ende, das sie erhoffen, dann existierten sie zweifellos von Anfang an in jenen (Zeitaltern), die nicht zu sehen und ewig sind. Wenn dem aber so ist, hat es einen Abstieg von einem höheren zu einem niederen Zustand gegeben, und zwar nicht nur für jene Seelen, die den Wechsel durch die Verschiedenheit ihrer Gemütsbewegungen verdient haben, sondern auch für diejenigen, die, um der ganzen Welt zu dienen, von jenen höheren, unsichtbaren Sphären heruntergebracht wurden zu diesen niederen, sichtbaren Sphären ..."*

Der aufmerksame Leser, der dem in den vorhergehenden Seiten dargelegten Gedankengang gefolgt ist, wird in diesem letzten Zitat von Origenes viel von dem Wesentlichen derselben archaischen Lehre, die hier dargelegt wurde, deutlich erkennen. Doch hat die von Origenes (oder Rufinus) benutzte Phraseologie aufgrund ihrer beabsichtigten Unbestimmtheit und weitschweifigen Kunstgriffe die wesentlichen, zugrundeliegenden Ideen verdunkelt.

In Verbindung mit der Lehre des Origenes von der Präexistenz der Hierarchien verschiedenartiger Seelen ist es ferner interessant zu bemerken, daß der große Alexandriner ebenfalls die Präexistenz von Welten und folglich auch deren Wiederverkörperung lehrte. Diese ist natürlich noch ein Überrest einer der Hauptlehren der

---

* ebenda, Buch III, Kap. V, Abschnitt 4

archaischen Weisheit der Zeitalter des Menschengeschlechts. In „Über die Grundprinzipien" (in Rufinus' lateinischer Übersetzung) kann weiter gefunden werden, was Origenes gerade über dieses Thema sagt:

> „Im Einklang mit den Richtlinien der Religion kann eine logische Antwort gegeben werden, wenn man sagt, Gott habe nicht damals, als er unsere sichtbare Welt erschuf, zum erstenmal zu arbeiten begonnen, sondern wie nach der Zerstörung der Welt eine andere Welt sein wird, so glauben wir, daß auch andere Welten existiert haben, bevor die gegenwärtige ins Dasein trat. Diese beiden Behauptungen werden durch die Autorität der Heiligen Schrift bestätigt."*

Aus dem obigen Zitat dürfte ersichtlich sein, daß Origenes nicht nur eine Präexistenz und wiederholte Existenzen der Welt lehrte, sondern auch deren Wiederverkörperung zu ihrer Zeit. Daß er nicht nur die bloße Präexistenz von Seelen oder vernunftbegabten Geschöpfen vor ihrer Einkörperung auf Erden, sondern auch eine tatsächliche Reinkarnation oder Wiederverkörperung dieser Seelen-Wesenheiten auf Erden lehrte, ist sehr klar aus dem ersichtlich, was in Rufinus' lateinischer Übersetzung „Über die Grundprinzipien" zu finden ist:

> „Folglich ist jeder von denen, die zur Erde hinabsteigen, gemäß seiner Verdienste oder übereinstimmend mit der dort eingenommenen Stellung dazu bestimmt, in dieser Welt geboren zu werden, und zwar in einem anderen Land, unter einem anderen Volk, in einer anderen Lebensart, von

---

* ebenda, Buch III, Kap. V, Abschnitt 3

Unsicherheit verschiedener Art umgeben, von religiösen Eltern abstammend oder von solchen, die nicht religiös sind. So mag es manchmal geschehen, daß ein Israelit zu den Skythen hinabsteigt und ein armer Ägypter nach Judäa hinabgeschickt wird."*

Offensichtlich ist dies eine genaue Darlegung der Lehre von der Reinkarnation, wie sie auch in modernen Zeiten verstanden wird. Es wäre ganz nutzlos und töricht, darüber zu argumentieren – sollte ein solches Argument je angewandt werden –, daß Origenes' Lehre eine bloße, reine Präexistenz in spirituellen Reichen in sich schließe, und zwar ohne wiederholte Inkarnationen auf Erden in menschlichen Körpern. Seine letzten Worte laufen direkt parallel mit der Reinkarnationslehre.

Es ist interessant, wie hier gezeigt wird, daß Origenes ebenso wie die meisten Philosophen der besseren Klasse des Altertums und auch seiner Zeit – denn er war sicher in die Eleusinischen Mysterien eingeweiht – nicht jene besondere volkstümliche, falsch verstandene metempsychose Reinkarnation lehrte, die heute „Transmigration" von menschlichen Seelen in Tierkörper genannt wird. Seine Worte laufen dieser falschen Ansicht direkt entgegen, und es ist gut möglich, daß der unaufmerksame und oberflächliche Leser die nachdrückliche Zurückweisung dieser falschen Idee von der Transmigration in Origenes' Ausdrücken dahingehend mißversteht, als habe Origenes die Lehre von jener besonderen Form metempsychoser Reinkarnation zurückgewiesen, die er anderweitig so ausdrücklich bejaht. Seine Meinung

---

* ebenda, Buch IV, Kap. I, Abschnitt 23

über dieses Thema ist ebenfalls in seiner Schrift „Über die Grundprinzipien" klar herausgestellt worden:

„Wir wissen, daß diese Ansichten, die manche unnötigerweise vorzubringen und zu verfechten pflegen, auf keinen Fall zugelassen werden sollten, nämlich daß Seelen zu solch einer Tiefe der Erniedrigung abwärtsgehen, daß sie ihre vernunftbegabte Natur und Würde vergessen und in den Zustand unvernünftiger großer und kleiner Tiere absinken. ... Alle derartigen Behauptungen nehmen wir nicht nur nicht an, sondern widerlegen und verwerfen sie als unserem Glauben entgegengesetzt."*

Auch in seiner Schrift gegen Celsus, den heidnischen Philosophen, argumentiert Origenes stark gegen die mißverstandene Transmigrationstheorie:

„... eine Ansicht, die weit über die mythische Lehre von der Transmigration hinausgeht, derzufolge die Seele vom höchsten Himmel herabfalle und in den Körper eines gefühllosen zahmen oder wilden Tieres eingehe!"**

Celsus hatte geschickt und überzeugend gegen den neuen christlichen Glauben geschrieben. Er gründete seine Einwände darauf, daß der christliche Glaube einen Mangel an angemessener Philosophie aufweise und daß, wie er außerdem richtig feststellte, von dem, was neu daran war, sehr wenig von Wert sei und daß all das Beste von ihm in den verschiedenen heidnischen Glaubensrichtungen schon vorausgenommen worden sei.

---

* ebenda, Buch I, Kap. VIII, Abschnitt 4
** Origenes: „Contra Celsum" („Gegen Celsus"), Buch I, Kap. XX (Crombies Übersetzung).

Hiernach ist es mehr als offensichtlich, daß Origenes gemeinsam mit der Weisheit der Zeitalter die falsche Lehre verwirft, welche die Volksphantasie in vielen Ländern von der wahren Lehre der Wiederverkörperung abgezweigt hat und nach der vernunftbegabte menschliche Seelen wieder in die Körper unvernünftiger Tiere eingehen könnten, ja sogar in sie eingingen. Wie dies in dem vorliegenden Buch hoffentlich deutlich herausgestellt worden ist, ist diese falsche Auffassung von der wahren Lehre und von den Tatsachen der Wiederverkörperung aus einer Verwechslung mit den Lehren hervorgegangen, die sich auf die Transmigrationen der menschlichen Lebensatome und die schönen und erhabenen Reiseabenteuer der menschlichen Monade auf ihren Wanderungen durch die Sphären beziehen.

Zum Teil beruht der Fehler auch auf einem Mißverstehen einer weiteren Lehre der Esoterischen Philosophie hinsichtlich des schrecklichen Schicksals, das nicht selten dem Kâma-rûpa von Menschen widerfährt, die während ihres Erdenlebens außerordentlich stumpf und materiell in ihren Neigungen waren. Es kann jetzt auch offen gesagt werden, daß solche erdgebundenen, schwer-materiellen kâma-rûpischen Phantome, aus denen die menschliche Monade entflohen ist, durch psycho-magnetische Anziehung und groben Durst nach materieller Existenz zuzeiten in die Körper jener Tiere oder auch Pflanzen eingezogen werden, zu denen sie Affinität besitzen. Es genügt hier, auf die Tatsache hinzuweisen, da sie dem intelligenten und nachdenklichen Schüler von Interesse sein mag, sie dann aber auf sich beruhen zu lassen.

Origenes wiederholt seine Verwerfung der allgemein mißverstandenen Transmigration ferner mit folgenden Worten:

„Nein, wenn wir doch diejenigen heilen würden, die aufgrund der Lehre von Ärzten der Torheit verfallen sind, an die Transmigration der Seelen zu glauben, und die behaupten, daß die Vernunftnatur manchmal in allerlei Arten unvernünftiger Tiere, ja manchmal in einen Seinszustand hinabsteige, in dem sie unfähig ist, die Einbildungskraft zu benutzen."*

Und weiter:

„Unsere Lehre über das Thema der Auferstehung ist nicht, wie Celsus meint, von dem, was wir über die Doktrin von der Metempsychose gehört haben, abgeleitet, sondern wir wissen, daß die Seele – ihrer Natur nach immateriell und unsichtbar – an keinem materiellen Ort existiert, ohne einen Körper zu haben, der der Natur jenes Ortes angepaßt ist. Demnach wirft sie zu ihrer Zeit einen Körper ab, der vorher notwendig war, sich jetzt aber in ihrem veränderten Zustand nicht mehr eignet, und tauscht ihn für einen zweiten ein. Zu einer anderen Zeit nimmt sie zu dem ersteren noch einen anderen hinzu, der als bessere Umhüllung dient und der den reineren ätherischen Regionen des Himmels angepaßt ist."**

In seiner unbestimmten christlichen Phraseologie kleidet Origenes hier noch eine andere Lehre der archaischen Weisheitsreligion der Alten in Worte: die Lehre von den Wanderungen der monadischen Wesenheit durch die Sphären – eine Lehre, die auf späteren Seiten ausführlicher besprochen wird.

---

* ebenda, Buch III, Kap. LXXV
** ebenda, Buch VII, Kap. XXXII

Wiederum spricht er in demselben Werk im Verlauf eines Arguments sehr vorsichtig – von seinem Standpunkt aus jedoch ganz korrekt – darüber, ob das Essen von fleischlicher Nahrung recht oder unrecht sei, wie folgt:

> „Wir glauben nicht, daß die Seelen von einem Körper in einen anderen übergehen und daß sie so tief hinabsteigen und in die Körper unvernünftiger Tiere eingehen. Wenn wir uns vom Essen des Fleisches von Tieren enthalten, ist es daher zweifelsohne ..." usw.*

Dieser letztere Auszug scheint dem oberflächlichen und flüchtigen Leser vielleicht im Gegensatz zu den früheren Zitaten aus Origenes' Werk zu stehen und somit der Reinkarnation oder irgendeiner Form der Reinkarnation-Metempsychose entgegengesetzt. Ein derartiger Schluß läuft jedoch seiner Absicht zuwider. Es kann nur auf das exakte Verstehen der allgemeinen Lehre von der Wiederverkörperung hingewiesen werden als einen neuen Beweis dafür, daß Origenes eingeweiht worden war und zumindest die Grundzüge der Mysterienlehre über diesen Gegenstand kannte. Denn er meint in diesem Auszug genau das, was die Alte Weisheit und die initiierten Philosophen gelehrt haben: daß die Reinkarnation nicht den Übergang der vernunftbegabten Wesenheit oder des reinkarnierenden Egos von einem physischen Körper direkt in einen anderen physischen Körper bedeutet, ohne Zwischenstufen der Läuterung oder Reinigung und ohne verbindende Prinzipien zwischen dem physischen Körper und dem reinkarnierenden Ego. Der Schüler der Esoterischen Philosophie würde eine derart entstellte Lehre ebenso entschieden ablehnen wie Origenes – der

---

* ebenda, Buch VIII, Kap. XXX

frühere eleusinische Eingeweihte und spätere christliche Theoretiker.

Schließlich findet sich noch die folgende, eindeutig origenestische Lehre in Hieronymus' Brief an Avitus:

> „Auch besteht kein Zweifel daran, daß nach gewissen Zeitspannen die Materie wieder existieren wird und Körper gebildet werden und in der Welt eine Mannigfaltigkeit hergestellt wird, und zwar aufgrund der unterschiedlichen Willen vernunftbegabter Geschöpfe, die, nachdem sie sich bis zum Ende aller Dinge ihres Daseins erfreut hatten, allmählich in einen niederen Zustand abgesunken sind."

In diesem Auszug ist eine klare Feststellung in bezug auf die Neubildung von Welten und ihre Wiederbevölkerung mit Wesen zu erkennen, und zwar genau im Einklang mit Origenes' Lehre, was durch die im obigen Text enthaltenen Zitate bezeugt ist.

II

Ein anderer frühgriechischer Kirchenvater – neben Origenes einer der hervorragendsten des 2. und 3. Jahrhunderts – war der berühmte Klemens von Alexandrien, von dem oft unter der lateinischen Form seines Namens, „Clemens Alexandrinus", gesprochen wird. Sowohl er als auch Origenes waren hoch geachtet. Sie wurden zu ihrer und zu allen Zeiten trotz der Tatsache, daß die sogenannten „origenestischen Ketzereien" offiziell verdammt wurden, häufig von Theologen befragt. Letzteres geschah formell *in den verschiedenen Zeitaltern – II*

zweimal zu Konstantinopel im 6. Jahrhundert der christlichen Ära. Klemens sagt in seiner „Ermahnung an die Heiden":

„... der Mensch, eine zusammengesetzte Wesenheit von Körper und Seele, ist ein Universum im kleinen."*

Hier haben wir einen regelrecht kanonisierten Heiligen der christlichen Kirche, der eine typische Lehre der Esoterischen Philosophie äußert, die so häufig in den Satz gefaßt wird: „Der Mensch ist ein Mikrokosmos des Makrokosmos." Mit anderen Worten: Der individuelle Mensch enthält in sich nicht nur alles das, was das universale Ganze enthält, so daß er ein „Universum im kleinen" ist, sondern er ist damit ein integraler Teil dieses universalen Ganzen und daher ein untrennbarer Teil des kosmischen Kontinuums, ob dieses nun im göttlichen oder spirituellen, im intellektuellen oder psychischen, im astralen oder physischen Sinne genommen wird. Da der Mensch ein Mikrokosmos oder eine „Reflexion" des Universums im kleinen ist, ist er offensichtlich auch – philosophisch gesprochen – ein Mittelpunkt des Universums, was tatsächlich auch jede andere Wesenheit, jedes Wesen ist, weil es seinerseits ein Mikrokosmos ist, der dem universalen Ganzen nachgebildet oder -modelliert ist. Jede Wesenheit, jedes Wesen ist jedoch anders als die anderen, und zwar aufgrund der innewohnenden evolvierten monadischen Individualität einer jeden solchen Einheit. Wenn aber der Mensch ein Zentrum des Universums ist, was tatsächlich der Fall ist, wenn jede Wesenheit überall einen Mittelpunkt bildet, was tatsächlich auch der Fall ist, und wenn ein Zentrum und daher jeder Mittelpunkt ein untrennbarer Teil des Alls ist – was tatsächlich auch der Fall ist –, dann muß

---

* Kap. I

der Mensch gemeinsam mit all diesen anderen in sich alles das enthalten, was das grenzenlose All enthält, jedoch in Miniatur, auf der mikrokosmischen Skala. Die Eichel enthält, zumindest potentiell, die gesamte zukünftige Eiche, tatsächlich jeden Teil der zukünftigen Eiche, jedoch noch unentwickelt, noch nicht „manifestiert".

Nachdem Klemens diese typische Aussage der Esoterischen Philosophie gemacht hat, fährt er wie folgt fort:

„Ob also die Phrygier in der Fabel durch die Ziegen als das älteste Volk dargestellt sind, andererseits die Arkadier von den Dichtern als älter als der Mond beschrieben werden oder schließlich Ägypten von Träumern als das Land, das zuerst Götter und Menschen zur Welt brachte, so existierte doch keines von diesen vor der Welt. Vor der Entstehung der Welt aber waren wir; denn, weil bestimmt, in IHM zu sein, präexistierten wir schon im Auge Gottes vorher – vernunftbegabte Kreaturen des Wortes (Logos) Gottes, um dessentwillen wir von Anfang an datieren, denn ‚am Anfang war das Wort' (der Logos). Insofern nun das Wort von Anfang an da war, war und ist ER die göttliche Quelle aller Dinge; ..."*

Diese Präexistenzianisten blieben als Sekte zumindest bis zum 3. und 4. Jahrhundert bestehen. Es gibt keinen Grund, warum wir nicht glauben sollten, daß sie noch länger bestanden haben.

---

* ebenda, Kap. I (Die Übersetzung stammt von Rev. Wm. Wilson.)

in den verschiedenen Zeitaltern – II 89

Doch ist es sicher, daß ihr Einfluß mit den Jahren und der weiteren Verbreitung und Ausbreitung der rein exoterischen theologischen Lehren der christlichen Vertreter und Exegeten stetig dahinschwand, und das zum großen Verlust der Spiritualität in der orthodoxen Theologie. Zweifellos gab es noch andere frühchristliche Körperschaften, die an ähnlichen Überzeugungen festhielten. Aller Wahrscheinlichkeit nach hatten diese Sekten schon existiert, bevor die meisten, wenn nicht alle Bücher des christlichen Neuen Testamentes zusammengestellt oder geschrieben waren. Gewiß gibt es Stellen darin, die, wörtlich genommen, mehr sind als bloße „dunkle Redensarten". Diese können von keiner orthodoxen christlichen Theorie erklärt werden und wären reiner Unsinn, wenn die Idee des Verfassers dieser verschiedenen Stellen nicht auf einer Form frühchristlicher metempsychoser Reinkarnation beruht hätte, die mehr oder weniger willkommen und angenommen war. Daher konnten sie auch den neutestamentlichen Schriften einverleibt werden, was tatsächlich geschehen ist, mit der Zuversicht, daß sie verstanden werden würden.

Das Gespräch zwischen Nikodemus und Jesus, die Fragen des ersteren und die Erwiderungen darauf bilden ein interessantes, wenn nicht beweiskräftiges einschlägiges Beispiel. Sie zeigen den allgemeinen Glauben der Zeit, ob wir nun die tatsächliche Existenz des Nikodemus annehmen oder nicht. Der springende Punkt wird durch die Tatsache bewiesen, daß – ob Nikodemus existiert hat oder nicht – der Glaube an eine Form metempsychoser Reinkarnation so weit in Palästina wie auch in anderen Mittelmeerländern verbreitet war, daß es von dem Schreiber dieser Zeilen als selbstverständlich betrachtet wurde, daß jeder die Anspielungen verstehen würde. Daher kamen die Fragen ganz natürlich aus Nikodemus' Mund. Diese Anspielung auf Nikodemus befindet sich im Evangelium nach Johannes:

„Es war aber ein Mensch unter den Pharisäern mit Namen Nikodemus, ein Oberster unter den Juden. Der kam zu Jesu bei der Nacht und sprach zu ihm: Meister, wir wissen, daß du bist ein Lehrer von Gott gekommen; denn niemand kann die Zeichen tun, die du tust, es sei denn Gott mit ihm. Jesus antwortete und sprach zu ihm: Wahrlich, wahrlich, ich sage dir: Es sei denn, daß jemand von neuem geboren werde, kann er das Reich Gottes nicht sehen. Nikodemus spricht zu ihm: Wie kann ein Mensch geboren werden, wenn er alt ist? Kann er auch wiederum in seiner Mutter Leib gehen und geboren werden? Jesus antwortete: Wahrlich, wahrlich, ich sage dir: Es sei denn, daß jemand geboren werde aus Wasser und Geist, so kann er nicht in das Reich Gottes kommen. Was vom Fleisch geboren wird, das ist Fleisch, und was von Geist geboren wird, das ist Geist. Laß dich's nicht wundern, daß ich dir gesagt habe: Ihr müsset von neuem geboren werden."*

Die Aufmerksamkeit des Lesers wird auf die Tatsache gelenkt, daß in dieser höchst interessanten und seltsamen Stelle, die auf zumindest drei verschiedene Aspekte der Weisheitslehre wirklich Bezug nimmt, Nikodemus ein Pharisäer genannt wird. Wie in dem vorhergehenden Kapitel des vorliegenden Werkes gezeigt worden ist, akzeptierten und lehrten die Pharisäer zu Beginn der christlichen Ära eine Form der allgemeinen Lehre von der Wiederverkörperung, wie sie durch die dort gegebenen Zitate

---

* Johannes 3, 1–7

des jüdischen Pharisäers Flavius Josephus bezeugt ist. Folglich muß Nikodemus, der selbst ein Pharisäer war – wenn der seltsamen Ausdrucksweise dieser Bezugnahme auf ihn im christlichen Neuen Testament Vertrauen geschenkt wird –, durch seine Fragen nach Information über eine besondere Art, nach der sein Sinn verlangte, gesucht haben. Es scheint aber viel wahrscheinlicher zu sein – sofern eine derartige Aussprache zwischen dem großen syrischen Avatâra Jesus und dem bekannten Pharisäer, der hier ein „Oberster der Juden" genannt wird, je stattgefunden hat –, daß der Gedankenaustausch von dem Verfasser des Evangeliums entweder unvollständig berichtet oder entstellt worden ist. Moderne kritische Gelehrsamkeit hat ziemlich deutlich gezeigt, daß kein einziges der christlichen Evangelien zu Lebzeiten Jesu geschrieben worden ist. Infolgedessen stammt dieses Evangelium nicht von der Hand des Apostels Johannes, wie es durch den allgemein bekannten griechischen Zusatz *gemäß* oder *nach* Johannes bewiesen ist.

In demselben Evangelium findet sich noch eine andere interessante Stelle, die folgendermaßen lautet:

> „Und Jesus ging vorüber und sah einen, der blind geboren war. Und seine Jünger fragten ihn und sprachen: Meister, wer hat gesündigt, dieser Mann oder seine Eltern, daß er ist blind geboren?"*

Aus dieser Stelle ist klar ersichtlich, daß auch die Jünger Jesu eine sehr genaue Lehre von der metempsychosen Reinkarnation und der ausgleichenden Vergeltung für die „Sünden" in einem

---

* Johannes 9, 1–2

früheren Leben im Sinne hatten, denn diese Tatsache zeigt deutlich die Frage, die sie an Jesus stellten. Wenn diese Worte aus dem christlichen Evangelium als eine getreue Wiedergabe einer wirklichen Aussprache angenommen werden sollen, dann treibt es uns anzunehmen, daß Jesu Jünger selbst Pharisäer waren, oder was auf dasselbe hinausläuft, unter dem Einfluß der Lehre jener jüdischen Sekte gestanden haben. Es ist beachtenswert, daß Jesus in seiner Antwort ein früheres Erdenleben des Blinden nicht ablehnt, sie besagt lediglich, daß weder der Blinde noch seine Eltern gesündigt hätten. Der Verfasser des Evangeliums läßt Jesus in seiner weiteren Antwort ganz im Einklang mit späteren christlich-theologischen Ideen sprechen, wodurch dieses eine Beispiel zeigt, daß das Evangelium wahrscheinlich mehrere Jahrhunderte nach dem vermutlichen Zeitpunkt von Jesu Geburt geschrieben worden ist. Der Leser möge jedoch bedenken, daß das Wichtigste in dieser Sache der hier vorgebrachte Beweis ist für die in Palästina allgemeine Bekanntheit der Lehre von der Wiederverkörperung und die weit verbreitete Annahme der einen oder anderen Form derselben. Das ist alles, was für den Zweck der vorliegenden Ausführungen von Bedeutung ist.

Wenn wir aufgrund der Belege aus frühchristlichen Zeiten, die uns in mehr oder weniger verstümmelter Form überliefert wurden, urteilen, dann ist es ganz sicher, daß schon zu einer Zeit vor dem 2. Jahrhundert oder während der Zeit des Origenes die besondere Form, die die allgemeine Lehre von der Wiederverkörperung bei den Christen angenommen hatte, streng esoterisch und mehr oder weniger geheim war. Dies ist keine Vermutung, die sich lediglich auf das private Zeugnis in der Literatur der frühchristlichen Kirchenväter stützt – eine Vermutung, die in etwa von der mentalen Tendenz der Interpretation von seiten moderner Gelehrter abhängt –, diese besondere Form wurde vielmehr tatsächlich zumindest durch einen der „orthodoxesten" frühchristlichen Kirchenväter, den lateinischen Vater Hieronymus, bestätigt. In einem „Brief an Marcella" macht er die diesbezügliche Aussage, daß diese Lehre, soweit es die frühchristlichen Sekten in Ägypten und die orientalischen Teile Vorderasiens betraf, eine geheime Lehre war, die verborgen gehalten und nicht allen und jedem mitgeteilt wurde. Aus dem allgemeinen Sinn und dem wesentlichen Inhalt seines Kommentars kann nur geschlossen werden, daß die Lehre mehr oder weniger „im Flüsterton" und „von Mund zu Ohr" verbreitet wurde. Hieronymus' Worte sind so interessant, daß keine Entschuldigung nötig ist, wenn sie hier wiederholt werden:

> „Diese abscheuliche, gottlose Lehre verbreitete sich in früheren Zeiten in Ägypten und in den östlichen Gebieten. Gegenwärtig verbreitet sie sich im Geheimen, sozusagen in den Höhlen der Nattern, unter vielen und beschmutzt die Reinheit jener Gebiete. Wie eine ketzerische Seuche schmuggelt sie sich in die Wenigen ein, um die Vielen zu erreichen."

Der lateinische Text, von dem die obige Übersetzung stammt, wird hier wiedergegeben:

> „Haec impia et scelerata doctrina olim in Aegypto et Orientis partibus versabatur; et nunc abscondite, quasi in foveis viperarum, apud pleros versatur, illarumque partium polluit puritatem; et quasi haereditario malo serpit in paucis ut perveniat ad plurimos."

Hieronymus berichtet ebenfalls über die Tatsache, daß mehr als eine christliche Sekte eine Form von Reinkarnation-Metempsychose lehrte. In einem Schreiben an Demetrias („Brief an Demetrias"), eine vornehme römische Dame, sagt er wiederum aus, daß damals an eine Form von Metempsychose oder Reinkarnation geglaubt und in einigen Körperschaften der Christen eine solche gelehrt wurde, jedoch als esoterische, traditionelle Lehre, die nur wenigen Auserwählten mitgeteilt wurde. Offensichtlich glaubte er selbst nicht an diese Lehre, und ebenso offensichtlich warf er viel Schmutz auf diejenigen, die an sie glaubten. Immerhin sind seine Aussagen dennoch als Tatsachenberichte zu bewerten.

Der Leser möge sorgsam die Tatsache beachten, daß Hieronymus in der zweiten Hälfte des 4. Jahrhunderts gelebt und geschrieben hat, also mehrere Jahrhunderte nach der angeblichen Geburt Jesu. Er schrieb folglich unter dem Einfluß des zunehmenden Exoterizismus und der dogmatischen Theologie, die in seinen Tagen stetig mehr in die Form kristallisierte, die sie später annahm. Seine Auffassung von der Lehre der Wiederverkörperung ist daher leicht zu verstehen. Sie ist verantwortlich für die typisch patristische und dogmatische Art, in der er über sie schreibt, wie es der oben gegebene Auszug zeigt. Ebenfalls beweist dieser, wie anderweitig in diesem und dem vorhergehenden Kapitel bereits festgestellt wurde, daß von gewissen christlichen Sekten sogar noch so spät wie zu Hieronymus' Zeit, also im 4. Jahrhundert, an einer Form metempsychoser Wiederverkörperung festgehalten wurde, obwohl mehr oder minder geheim – zweifellos aus Angst vor orthodoxer Verfolgung und Vergeltungsmaßnahmen. Danach starb die Lehre bald aus.

Es gab eine Anzahl der größten späteren Kirchenväter – alle durch und durch orthodox –, die sich im Ausfindigmachen von Schimpfworten und Schmähungen für das, was sie ganz und gar nicht verstanden, geradezu zu übertreffen suchten. Sie verachteten und verdammten die Überzeugungen ihrer christlichen Brüder eines früheren, reineren Zeitalters sowie ihrer eigenen Zeit, und das zu so später Zeit wie im Jahre 540! Lactantius zum Beispiel, ein anderer sehr angesehener Kirchenvater, der im 4. Jahrhundert der christlichen Ära gelebt und geschrieben hat, sprudelt geradezu über vor lauter Verächtlichkeit für die alte Lehre von der Wiederverkörperung.

Es können somit für keinen Gelehrten, der imstande ist, abzuwägen und Zeugnisse angemessen zu sondieren, Zweifel darüber bestehen, daß die Lehre von der Wiederverkörperung in der einen oder anderen ihrer Formen auch in gewissen christlichen Sekten verbreitet war, ja anscheinend bis zu einer so späten Zeit wie dem 6. Jahrhundert der christlichen Ära. Ebenso ist vollkommen klar, daß die Lehre, die in den Tagen von Philo, Josephus und Jesus allgemein bekannt und volkstümlich war, allmählich aus der allgemeinen Anerkennung verschwand, oder besser gesagt, fallengelassen wurde und mit der Zeit mehr und mehr geheim in gewissen Sekten besprochen wurde, auf die schon hingewiesen worden ist, und weniger in der Öffentlichkeit.

War die Verschwiegenheit, die somit in späteren Jahrhunderten der christlichen Ära in bezug auf die Lehre von der Wiederverkörperung an den Tag gelegt wurde, von Motiven weltlicher Klugheit diktiert; von Motiven, die aus Angst vor Verfolgung und Vergeltungsmaßnahmen von seiten ihrer Mitchristen geboten waren? Oder wurde die Verschwiegenheit von den sehr unterschiedlichen Motiven diktiert, die die öffentliche Lehre und Verbreitung einer Form der Wiederverkörperung bei den Völkern bestimmten, die vor der christlichen Ära lebten? Vielleicht trifft von beidem etwas zu. Der Grund für die Geheimhaltung in vorchristlichen Zeiten war folgender: Um die allgemeine Lehre von der metempsychosen Palingenesis, oder allgemeiner ausgedrückt, der Wiederverkörperung völlig zu verstehen, bedarf es vielen Nachdenkens und eines langen, intensiven Studiums. Die Prinzipien dieser Lehre an sich sind sehr einfach, so daß ein Kind sie verstehen kann. Wer jedoch ein genaues und umfassendes Wissen darüber gewinnen möchte, muß studieren und tief überlegen. Es herrschte aber überall die alte Sitte vor, daß kein wirklicher Weiser alle Lehren einer Wissenschaft, Kunst oder eines philosophischen Systems auf einmal ausgab, und besonders nicht an jene, die sich nicht durch Schulung und rechtes, gründliches Studium vorbereitet hatten, sie zu empfangen.

Dies war der Geist, welcher der Methode zugrunde lag, die alle antiken Einweihungsriten beherrschte und sie in alten Mysterienschulen leitete. Bis zu einem gewissen Grade ist dies auch heute noch in unserem eigenen höchst exoterischen, pragmatischen Jahrhundert der Fall. Wer würde wohl einem Kinde Geheimnisse lehren, die körperliche oder moralische Gefahren in sich schließen? Wir erlauben ihm zum Beispiel nicht, zu lernen, wie man Chemikalien zu Explosivstoffen verbindet, wodurch wir das sonst unmittelbare Risiko verhindern, daß es sich selbst und sein Zuhause in die Luft sprengt. Der Schüler sollte zuerst die Elemente des Studiums lernen, zu dem er sich entschlossen hat; er sollte sich zunächst in Herz und Sinn vorbereiten. Denn zuerst muß seine moralische Natur bis zu einem gewissen Grade entwickelt sein, damit nicht nur seine eigene Sicherheit, sondern auch die seiner Mitmenschen gewährleistet ist. Dann mag er die größeren Geheimnisse des Arkanums empfangen, doch auch nur im Verhältnis zu dem Grade, in dem er darauf vorbereitet ist.

Dem Thema metempsychoser Reinkarnation und der außerordentlich weiten allgemeinen Verbreitung zumindest einer ihrer Formen, ja möglicherweise auch mehrerer ihrer Formen unter den Juden und den ersten Christen wie auch bei den anderen

Völkern, die die Mittelmeerländer bewohnten, wurde in den vorangegangenen Abschnitten durch Zitat und Kommentar eine etwas ausführlichere Behandlung gewidmet. Das geschah, weil mit Ausnahme jener Gelehrten, die mit den verschiedenen Literaturen der Glaubensrichtungen und den eben genannten religiösen Bewegungen bekannt sind, die große Masse europäischer und amerikanischer Leser keine Ahnung davon hat, daß die Lehre von der Reinkarnation, oder genauer gesagt, der Wiederverkörperung, in einem derartigen Umfang geherrscht hat und so bekannt war, wie das literarische Zeugnis zeigt. Es schien daher nützlich und angebracht zu sein, dieses Thema so ausführlich zu behandeln.

Würde man zum Beispiel dem Durchschnittschristen von heute sagen, daß sowohl die Juden als auch die Mitglieder der ersten christlichen Gemeinden die Reinkarnation auf ihre Weise akzeptiert hätten, würde er diese Behauptung wahrscheinlich entweder mit einem ungläubigen Lächeln beantworten oder, falls er mit einem wißbegierigeren, pragmatischeren Sinn begabt wäre, fragen, worauf sich diese Behauptung stütze. Aus diesem Grunde wurde gezeigt, daß nicht nur die Juden eine Form metempsychoser Reinkarnation annahmen. Dies ist keine übertriebene Behauptung, wenn man bedenkt, daß die Pharisäer fast die gesamte Körperschaft denkender Hebräer bildeten und daß dieser Glaube daher unter der jüdischen Masse gleichmäßig verbreitet war – Josephus und Philo zeigen in reichem Maße, daß diese ihn völlig akzeptierte. Auch die ersten Christen mit ihren zwei Klassen, Lehrer und Anhänger, glaubten an eine Form der Wiederverkörperung, und dieser Glaube muß zu Zeiten Jesu auf sie übertragen worden sein. Wie schon gezeigt wurde, waren auch die Jünger Jesu völlig mit der Lehre vertraut und von deren Wahrheit so sehr überzeugt, daß sie sich den Kopf darüber zerbrachen, ob der Blindgeborene als karmische Folge einer Sünde in früheren Leben so geboren wurde oder ob vielleicht seine Eltern in irgendeiner Art schuld daran seien – eine ganz moderne Fragestellung, die jeder Schüler der Esoterischen Philosophie kennt.

III

Wenn wir unseren Blick nun über eine spätere Zeit europäischer Geschichte streifen lassen, so finden wir, daß während des Mittelalters gewisse Körperschaften vorhanden waren, die an einer Art der Wiederverkörperung als einer geheimen Lehre festhielten und sie lehrten; die Einzelheiten ihres Glaubens sind jedoch nicht mehr festzustellen. Diese unglücklichen Gruppen von „Ketzern" wurden ihres Glaubens wegen von dem langen Arm der damaligen kirchlichen und weltlichen Behörden rigoros aufgespürt, verfolgt und bestraft.

Zu einer solchen Körperschaft gehörten die schon erwähnten Katharer, ein Wort, das die „Reinen" bedeutet, weil sie an die Führung eines reinen Lebens glaubten. Sie wurden auch Albigenser oder Albigeois und Tisseranden genannt und in westlichen Ländern mit weiteren Namen bezeichnet. Zu diesen Gesellschaften gehörten auch die Bogomilen in Bulgarien und Rußland. Dieses Wort ist ein altslawischer Ausdruck, der wahrscheinlich die „Auserwählten Gottes" bedeutet. Ihr Verbrechen scheint darin bestanden zu haben, daß sie mehr das liebten, was sie für die Dinge Gottes erachteten, als die Dinge der Welt. Möglicherweise hielten die beiden letztgenannten Gesellschaften eine Form der allgemeinen Lehre von der Wiederverkörperung lebendig, die wesentlich früher gelehrt wurde als das einstmals weitverbreitete, volkstümliche manichäische Glaubenssystem.

Noch später trat in Europa der unglückliche Neuplatoniker Giordano Bruno (1548–1600) auf. Es ist sehr gut möglich, daß auch der Wissenschaftler und mystische Philosoph van Helmont aus Holland (1578–1644) an eine Form der Reinkarnation geglaubt hat. Und noch später scheint der berühmte schwedische Denker und Mystiker Swedenborg (1688–1772) die Lehre von der Wiederverkörperung der Seele angenommen zu haben, und zwar in einer nach seinen eigenen Ideen modellierten Form.

Im neuzeitlichen Deutschland lehrten Goethe, Lessing und Herder ebenfalls die Reinkarnation, doch so, wie sie diese verstanden. Dasselbe tat der Biologe und Philosoph der französischen Schweiz Charles de Bonnet auf seine Weise, während Schopenhauer und Hume – obwohl sie die Reinkarnation nicht lehrten – sie als eine Lehre betrachteten, welche die tiefste philosophische Hochachtung verdiente und eines ernsten Studiums wert wäre.

Der berühmte Schriftsteller und Kritiker G. E. Lessing vertrat die vollkommen logische und notwendige Auffassung, daß der Fortschritt der menschlichen Arten – wie auch der aller anderen beseelten Wesenheiten – auf einer Form metempsychoser Wiederverkörperung basiere. Seine Beweisführung ist die folgende:

> „Die spirituelle Seele ist eine nicht-zusammengesetzte Wesenheit, die aufgrund ihrer letzten Herkunft aus einer unendlichen Quelle, dem Kosmisch-Göttlichen, unendlicher Vorstellungen fähig ist. Da sie in ihren Manifestationen

jedoch nur eine Wesenheit mit endlichen Kräften ist, ist sie nicht imstande, unendliche Begriffe zu fassen, solange sie sich in ihren endlichen Zuständen befindet. Vielmehr erhält sie durch Wachstum Begriffe der Unendlichkeit in einer unendlichen Zeitenfolge, sie macht also ihre Erfahrungen allmählich. Damit sie diese aber allmählich empfangen kann, müssen notwendigerweise Ordnung und Gesetzmäßigkeit vorhanden sein, durch die diese unendlichen Vorstellungen erworben werden. Eine derartige Ordnung und ein solches Maß des Lernens sind in den wahrnehmenden Organen zu finden, die allgemein die Sinne genannt werden, besonders in den inneren, aber auch in den äußeren. Ihre wirklichen Wurzeln befinden sich in der naturgemäß wahrnehmenden Seele. Gegenwärtig sind nur fünf Sinne vorhanden. Es besteht jedoch kein vernünftiger Grund, anzunehmen, daß die Seele mit nur fünf Sinnen begonnen habe oder nie mehr als fünf Sinne haben wird.

Da es nun sicher ist, daß die Natur in ihrem Wachstum keine Sprünge macht und keine Zwischenstufen überspringt, muß die Seele folglich alle niederen Stufen bis zur gegenwärtigen Stufe durchgemacht haben, indem sie auf allen durch ein geeignetes Organ oder geeignete Organe gelernt hat. Weil nun aber ebenso gewiß ist, daß die Natur viele Substanzen und Kräfte umfaßt sowie enthält, auf die unsere gegenwärtigen fünf Sinne nicht ansprechen und über die sie daher dem Zentralbewußtsein aufgrund ihrer Unvollkommenheit nicht zurückberichten können, müssen wir anerkennen, daß es zukünftige Wachstums- und Entwicklungsstufen gibt, auf denen die Seele ebenso viele neue Sinne entfalten wird, wie es Substanzen und Kräfte der Natur gibt."

Seine Ansicht wird hier ausführlich wiedergegeben, weil sie in gewisser Hinsicht dem Umriß der Lehre der Esoterischen Philosophie von der Reinkarnation nahekommt. Lessing schrieb offener als andere, die privatim die gleiche Ansicht vertraten.

In dem beachtenswerten kurzen Aufsatz – der nach dem Tode Lessings gefunden wurde –, den er betitelt mit „Daß mehr als fünf Sinne für den Menschen sein können", sagt er:

„Dieses mein System ist zweifellos das älteste aller philosophischen Systeme, denn es ist in Wirklichkeit kein anderes als das von der Präexistenz und Metempsychose der Seele, die den Geist des Pythagoras und des Plato beschäftigte wie auch vor ihnen den der Ägypter, Chaldäer und Perser, kurz, den aller Weisen des Ostens. Allein diese Tatsache sollte stark zu ihren Gunsten sprechen, denn der erste und älteste Glaube ist in bezug auf Theorien immer der wahrscheinlichste, weil der gesunde Menschenverstand direkt darauf kam."

Im übrigen schreibt Lessing über die Reinkarnation in „Die Erziehung des Menschengeschlechts" wie folgt:

§ 94. ... Aber warum könnte jeder einzelne Mensch auch nicht mehr als einmal auf dieser Welt vorhanden gewesen sein?

§ 95. Ist diese Hypothese darum so lächerlich, weil sie die älteste ist? Weil der menschliche Verstand, ehe ihn die Sophisterei der Schule zerstreut und geschwächt hatte, sogleich darauf verfiel?

§ 96. Warum könnte auch ich nicht hier bereits einmal alle die Schritte zu meiner Vervollkommnung getan haben, welche bloß zeitliche Strafen und Belohnungen den Menschen bringen können?

§ 97. Und warum nicht ein andermal alle die, welche zu tun uns die Aussichten in ewige Belohnungen so mächtig helfen?

§ 98. Warum sollte ich nicht so oft wiederkommen, als ich neue Kenntnisse, neue Fertigkeiten zu erlangen geschickt bin? Bringe ich auf einmal so viel weg, daß es der Mühe wiederzukommen etwa nicht lohnet?

§ 99. Darum nicht? – Oder, weil ich es vergesse, daß ich schon dagewesen? Wohl mir, daß ich das vergesse. Die Erinnerung meiner vorigen Zustände würde mir nur einen schlechten Gebrauch des gegenwärtigen zu machen erlauben. Und was ich auf itzt vergessen *muß,* habe ich denn das auf ewig vergessen?

§ 100. Oder, weil so zuviel Zeit für mich verloren gehen würde? – Verloren? Und was habe ich denn zu versäumen? Ist nicht die ganze Ewigkeit mein?"

Philosophen, Dichter, Wissenschaftler, religiöse Ereiferer, Soziologen und andere: die größten Denker, die glänzendsten Intellekte, die edelsten spirituellen Lehrer und die größten Seher, die die Welt je gekannt hat, lehrten eine Form der Lehre von der Wiederverkörperung, und zwar ausnahmslos, soweit sich der Verfasser erinnern kann. In vielen Fällen haben sie uns auch die Gründe für ihre Überzeugung in der Form eines religiösen oder philosophischen Gedankensystems übermittelt.

Wie schon erwähnt, wird auch heute in Romanen über die Lehre von der Reinkarnation geschrieben, und sie ist in Schauspielen sowie in Filmen Gegenstand des Themas. Heute stört sich niemand mehr an einer so edlen, inspirierenden Lehre. Woran liegt das? Die modernen Menschen beginnen wieder zu verstehen, was Reinkarnation, oder besser, die allgemeine Lehre von der Wiederverkörperung bedeutet – wie unvollkommen und unbestimmt sie auch zum Ausdruck kommen mag.

Der amerikanische Industrielle Henry Ford war ein Anhänger der Reinkarnation auf moderne Art. Er verkündete diese Tatsache öffentlich. Er tat dies, um sein Herz und auch seinen Verstand mit dem Frieden zu erfüllen, den diese Lehre gibt. Es folgt ein Auszug aus einem Interview über dieses Thema, das Mr. Ford einem bekannten amerikanischen Journalisten, Mr. George Sylvester Viereck, gab. Er sagte darin:

„Ich nahm die Lehre von der Reinkarnation an, als ich 26 Jahre alt war. ... Die Religion bot mir nichts über sie, zumindest konnte ich nichts entdecken. Selbst die Arbeit konnte mir keine volle Befriedigung geben. Die Arbeit ist zwecklos, wenn wir die Erfahrungen, die wir in einem Leben sammeln, nicht in einem nächsten verwerten können.

Als ich die Lehre über die Reinkarnation entdeckte, schien es mir, als hätte ich einen universalen Plan gefunden. Ich erkannte klar, daß hierin eine Chance liegt, meine Ideen auszuarbeiten. Die Zeit war nicht länger begrenzt. Ich war nicht mehr Sklave des Uhrzeigers, denn es gab nun genug Zeit, zu planen und schöpferisch tätig zu sein.

Die Entdeckung der Reinkarnation gab mir innere Ruhe. Ich war gefestigt. Ich fühlte, daß in dem Mysterium des Lebens Ordnung und Fortschritt gegenwärtig sind. Ich brauchte nicht länger anderweitig nach der Lösung des Lebensrätsels zu suchen.

Wenn Sie einen Bericht über unsere Unterhaltung festhalten, dann schreiben Sie ihn so, daß er den Menschen innere Ruhe schenkt. Ich möchte andere so gern teilhaben lassen an der Ruhe, die uns die Aussicht auf ein langes Leben gibt.

Wir alle haben Erinnerungen an vergangene Leben, wie schwach diese auch sein mögen. Oft fühlen wir, daß wir Zeuge einer Szene gewesen sind oder in einer früheren Existenz einen bestimmten Augenblick durchlebt haben. Doch das ist nicht wesentlich. Es ist die Essenz, das Wesentliche, die Resultate der Erfahrung, die wertvoll sind und bei uns bleiben."*

Andererseits sind heute auch eigenartige Mißverständnisse, ja sogar Entstellungen dieser bedeutenden alten, einst universell verbreiteten Lehre zu finden. So schrieb der hervorragende Forschungs-Ingenieur und berühmte Wissenschaftler Matthew Luckiesh:

„Von der Reinkarnation der Seele haben viele Völker geträumt und sie erhofft. . . . Noch nach all den Jahren sind wir ungewiß über das Schicksal jenes immateriellen Teiles von uns, nämlich der Seele oder der denkenden Wesenheit. Können wir ein Lächeln unterdrücken, wenn wir zugeben, daß die Wissenschaft die Reinkarnation und praktisch ewiges Leben für tote Materie bewiesen hat, bisher jedoch noch keinen Beweis für unsere sogenannte Seele gefunden hat? Wir legen uns des Abends nieder, und unser Gemüt ruht im Unbewußten. Die Atome in den Textilien, die uns bekleiden, vibrieren genauso voller Leben wie unser Körper. Die Elektronen in den Atomen revolvieren unablässig in ihren Bahnen, und die Moleküle, die aus Atomen bestehen, vibrieren ununterbrochen. Die Bewegungen dieser kleinen, elementaren Körper werden fortgesetzt, ob wir

---

* „The San Francisco Examiner", 26. August 1928.

wachen oder sterben, ja sie fahren für immer damit fort und verbieten ein kataklysmisches Phänomen, das bis jetzt nur in der Theorie existiert. Welche Ironie! Die Wissenschaft hat zuerst das ewige Leben der Materie bewiesen."

Es könnte hinzugefügt werden: „Kann ein Lächeln unterdrückt werden", wenn man einen so klar denkenden Logiker (wie Matthew Luckiesh) von der Tatsache sprechen hört, daß „tote Materie ewig lebt"? Es ist selbstverständlich, daß diese Auffassung, oder genauer gesagt, diese falsche Auffassung – die den Verstand dieses oft intuitiven Denkers ablenkte, als er eine so seltsam widerspruchsvolle Hypothese niederschrieb – hinsichtlich ihrer komponenten Denkelemente wahrscheinlich nicht von ihm überprüft oder analysiert wurde; jedenfalls nahm er sich nicht die Mühe, dies zu tun. Zum einen glaubt Luckiesh, daß „die Materie tot ist", und zum anderen sagt er in demselben Satz, die Materie habe „ewiges Leben". Das Zitat lautet weiter:

„Ein sogenanntes lebendes Ding stirbt, doch seine Myriaden Atome sind so lebendig wie immer. Die besondere Organisation der Atome, die dieser tote Körper repräsentierte, ist verlassen. . . .

Wir können uns viele interessante Wanderungen der Materie ausmalen während der Zeit, da viele Reinkarnationen stattgefunden haben. . . ."

Hier zeigt sich wieder ein ständig auftretender Mißbrauch des tatsächlich sehr technischen Ausdrucks, wenn dieser mit scharfer Logik und im streng symmetrischen Gedankensystem angewandt wird. Was Mr. Luckiesh zu sagen beabsichtigte war, daß „viele Wiederverkörperungen stattfinden". Der Schüler der Esoterischen Philosophie, der immer bestrebt ist, im Gebrauch seiner Ausdrücke genau zu sein –

wenn die Umstände ihn nicht geradezu zwingen, Wörter zu benutzen, die für seine Leser faßlicher und leichter zu verstehen sind –, fühlt sich genötigt, mit Nachdruck darauf hinzuweisen, daß Reinkarnation „Wieder-ins-Fleisch-Eintreten" oder „Wiedereinfleischung" bedeutet. Aus diesem Grunde kann dieses Wort nur dann angewandt werden, wenn von der Wiederverkörperung des Egos in einem körperlichen Vehikel oder einem Körper aus Fleisch gesprochen wird. Um also den Eintritt der wandernden Monade in „Körper" der verschiedenen Arten zu bezeichnen, ob diese nun aus Fleisch (in diesem Fall ist der passende Ausdruck Reinkarnation) oder aus Licht, aus Äther oder aus einer anderen Substanz bestehen, wird der allgemeine Ausdruck „Wiederverkörperung" benutzt.

Das Gewicht, das hier auf die Reinkarnation gelegt wird, mag dem oberflächlichen Leser etwas banal erscheinen, doch in Wirklichkeit ist es das nicht. Es ist weit davon entfernt, banal oder unwichtig zu sein, wenn den Lesern oder einem Zuhörerkreis die verschiedenen Arten und Typen von Körpern vermittelt werden, die von der sich wiederverkörpernden Monade im Verlaufe ihrer wunderbaren Abenteuer auf der Wanderung durch die Sphären angenommen werden.

Es versteht sich also, daß die im diesem Einschub vorangehenden Abschnitt enthaltenen Bemerkungen, in denen besonders die sich wiederverkörpernde Monade erwähnt ist, ebensogut auf jede andere wandernde Wesenheit anwendbar sind, ob es sich nun um eine Monade oder um ein wanderndes Atom handelt, von dem Mr. Luckiesh im obigen Text spricht. Wenn ein Atom in die Zusammensetzung eines „Mineralsalzmoleküls" eintritt, handelt es sich um eine Wiederverkörperung. Genauso verhält es sich, wenn es sich in den chemischen Stoff einer Pflanze oder eines Bakteriums wiederverkörpert. Seine Wiederverkörperung wird jedoch zu einer Art Reinkarnation, wenn es einen Teil der chemischen Struktur des Fleisches eines Tieres bildet. Nichtsdestoweniger und um es noch strikter und genauer auszudrücken, ist es weitaus besser, alle Reisen des wandernden Atoms oder Elektrons als Wiederverkörperungen zu bezeichnen und den Ausdruck „Reinkarnation" für jene besonderen Vehikel aus Fleisch anzuwenden, die die Monade bei ihren wiederholten Inkarnationen in Körper aus Fleisch annimmt. Der Schüler wird die Notwendigkeit dieser Genauigkeit leicht erkennen.

„Ein Beispiel: Ein Atom Sauerstoff, das wir jetzt einatmen, kann von weither in einem Meteor zu unserer Erde gekommen sein. Vielleicht bildete es sich vor Milliarden von Jahren ... in einem stellaren Schmelztiegel, einem fernen Sternennebel. ... Das Sauerstoffatom war (später) ein Teil eines Meteors, der äonenlang erratisch umherreiste. Dieses Stück *Treibholz* des Raumes betrat gelegentlich die Erdatmosphäre und verbrannte. ... Das Sauerstoffatom kam im Aschenstaub zur Erde.

Dies mag vor Millionen von Jahren geschehen sein. Die gesamte Zeit über aber rotierten die Elektronen in den Bahnen dieses Atoms. Dann wurde das Atom zu einem Teil eines Mineralsalzmoleküls, und bei Gelegenheit ging es ... in eine Pflanze über. ...

Nun mag das Atom Teil eines Bakteriums und schließlich eines Tieres höheren Grades geworden sein. ... Jetzt ist es Teil eines Wassermoleküls. Wieder macht es eine Irrfahrt und viele Reinkarnationen durch. ... Dies ist nichts anderes als ein Schimmer seines ewigen Lebens – unverändert, obwohl unzählige Male reinkarniert."

Luckiesh spricht von dem Atom, als wäre es für immer physisch lebendig, was offensichtlich für die „Ewigkeit" bedeuten soll. Das bedeutet aber, eine sehr weite, verallgemeinernde Behauptung aufzustellen, denn es ist eine physikalische Gewißheit, selbst den Lehren der modernen Chemo-Physik entsprechend, daß die Atome eine definitive Lebenszeit haben, also sowohl einen Anfang als auch ein Ende. Die Esoterische Philosophie aber versichert auch hier, daß ein derartiger Anfang eines Atoms, seine verschiedenartigen Lebenszeiten und sein schließliches Ende nur eine Einheit oder ein Glied in einer endlosen Kette atomarer Wiederverkörperungen bildet. Denn die umfassende kosmische Anschauung der Esoterischen Philosophie stellt mit Bestimmtheit fest, daß nicht nur Atome wiederverkörpert sind, sondern auch die Himmelskörper, Sonnensysteme und Galaxien und so fort, so weit das Denkvermögen seine Imagination in den Raum aussenden kann.

Weiter sagt Luckiesh, daß die Elektronen im Sauerstoffatom Milliarden von Jahren rotieren und daß diese elektronischen Rotationen in den betreffenden Kreisbahnen ihre Umlaufpfade die gesamte Zeitspanne hindurch „unverändert" verfolgen. Nun, ein Milliarden Jahre altes Atom wäre ein uraltes Atom. Wie kann ein Atom diese lange Zeit „unverändert" durchleben? Uns ist nichts in der Natur bekannt, was die Ewigkeit hindurch unverändert bleibt, was nicht seinen Anfang hat, seine Reife erreicht und schließlich nicht verfällt und stirbt – nur um zurückzukehren und sich wiederzuverkörpern. Betrifft diese Evolutionsperiode die menschliche Seele, wird sie kurz und anschaulich mit dem Ausdruck „Reinkarnation" bezeichnet. Findet aber eine der Wanderungen der Lebensatome oder auch der chemischen Atome statt, handelt es sich um „Wiederverkörperungen" oder „Transmigrationen" der Lebensatome.

Jede individualisierte Wesenheit hat ihre eigene Lebenszeit, denn ihr Lebenszentrum muß zu physisch-manifestierter Existenz gelangen, um darin das Wachstum seiner Kraft und Fähigkeit –

welche diese auch sein mögen – zu erreichen. Zunächst kommt sie zu der vollen Entfaltung ihrer Kräfte und Energien, zu ihrer vollen Stärke, auf die Verfall und Altersschwäche einsetzen, denen der „Tod" folgt. Aber bleibt sie für immer, für die Ewigkeit „tot"? Wie könnte das sein? Was wir „tot" nennen, ist nur eine Zustands- oder Formveränderung, eine Wanderung oder ein Hinüberwechseln von Kräften, oder besser gesagt, der zusammenhaltenden Kraft, eine Transmigration in andere Zustände oder Bedingungen. So sicher, wie sie schon vorher hier gewesen ist, so sicher wird die Wesenheit magnetische oder psycho-magnetische Anziehung wieder in eine neue Verkörperung zurückziehen. Das bedeutet: Jene besondere Individualität, jene monadische Essenz, die das Lebensatom beseelte und ihm Leben, Kohäsion und Individualität gab, wird sich von neuem manifestieren und fortfahren, dies von Anbeginn des kosmischen Manvantaras bis zu dessen Ende wiederholt und ununterbrochen zu tun.

IV

Wenden wir unseren Blick den vielen oberflächlich geschriebenen Seiten der Annalen der Geschichte zu und versuchen wir, die oft verwirrenden überlieferten Palimpseste der Vergangenheit zu lesen, dann ist zu sehen, ja immer deutlicher zu erkennen, daß die allgemeine Lehre von der Wiederverkörperung, je mehr wir uns den Zeiten moderner Geschichte nähern, ständig mehr entstellt und verändert wurde. Andererseits wurde die Lehre, je weiter sie geschichtlich zurückverfolgt wird, zunehmend genauer gelehrt, und sie war in zunehmendem Maße ausgedehnter über den Erdball verbreitet. In jenen vergangenen Zeiten haben die Menschen diese edle Lehre wirklich verstanden. Sie verbrachten Jahre ihres Lebens mit dem Studium der verschiedenen Bereiche sowie ihrer veröffentlichten Formulierungen. Sie wußten daher zumindest bis zu einem gewissen Grade, was sie in Wirklichkeit bedeutet. Infolgedessen erfaßten sie, zu welchem ungeheuer weiten Gebiet esoterischen Wissens, das von den geheimen Mysterien der Natur handelt, diese Lehre tatsächlich der Schlüssel ist. Sie wußten auch, daß ein lebenslanges Studium ihren immensen Inhalt nicht erschöpfen würde, und sie wußten ebenfalls, wie weitreichend die Weisheit und der Trost sind, die bei einem ernsten, unablässig fortgesetzten Studium in Herz und Sinn einfließen. Es war die wirkungsvollste, weil zufriedenstellendste Erklärung der Rätsel und vieler oft herzzerreißender Ungleichheiten menschlichen Lebens, die sie den weniger gebildeten und weniger intuitiven Mitmenschen geben konnten. Für diese war es eine Lehre grenzenloser Hoffnung, denn sie sahen, daß sich deren Tragweite und Bedeutung nicht nur auf die karmische Vergangenheit beziehen, sondern sich auch bis in die grenzenlosen Gefilde der Zukunft erstrecken.

Zum Schluß dieses Kapitels mag als Beispiel für die Art und Weise, in der die Lehre von der Wiederverkörperung im Altertum dargeboten und verstanden wurde, die folgende kurze Zusammenfassung jenes Teiles, der im antiken orphischen Denken eine Rolle spielte, interessant und lehrreich sein.

Orpheus war einer der größten, zeitalterlang hoch verehrten griechischen Philosophen. Moderne Gelehrte vermuten, daß er Griechenlands „mythischem Alter", wie sie es nennen, angehörte. Man fragt sich, ob diese Gelehrten wirklich genau wissen, was sie mit dem Ausdruck „mythisches Alter" zu sagen beabsichtigen! Jedenfalls hat Orpheus, gemäß einer Richtung legendärer

Überlieferung, die einstmals berühmten Eleusinischen Mysterien gegründet oder war zumindest ihr Hauptgründer.

Geist und Körper sind durch Bande verbunden, die ungleich stark zwischen ihnen sind. Der Geist ist in seiner Essenz göttlich, unsterblich. Er sehnt sich nach seiner eingeborenen Freiheit, während der Körper ihn vorübergehend gefesselt hält. Der Tod löst diese Bande auf, jedoch nur zeitweilig, weil das Rad der Wiedergeburt beständig revolviert und daher die Geist-Seele zu gegebener Zeit zur Reinkarnation zurückbringt. So setzt die Geist-Seele ihre kosmische Reise zwischen Perioden freier, spiritueller Existenz und neuen Inkarnationen rund um den weiten Kreislauf der Notwendigkeit fort. Die gefangenen Wesenheiten erfahren durch Orpheus die Botschaft von der Befreiung, er ruft sie auf, durch strenges, heiliges Leben und Selbstläuterung zum Göttlichen zurückzukehren: Je reiner das Leben, desto höher die nächste Inkarnation, bis die Geist-Seele den spiralförmigen Aufstieg des Schicksals vollendet hat, um danach in voller Freiheit als eine göttliche Wesenheit im Schoße des Göttlichen zu leben, doch jetzt voll *selbst*bewußt, denn aus dem Göttlichen ist sie ursprünglich unselbstbewußt hervorgegangen.

So weit geht die Auslegung der Herzenslehre des archaischen orphischen Systems. Dieser Skizze könnte noch hinzugefügt werden, daß die Geist-Seele, die somit ihre kosmische Laufbahn für die bestimmte kosmische Zeitperiode und das besondere kosmische Universum vollendet hat, nunmehr zu einem voll selbstbewußten Teilnehmer an dem großen kosmischen Werk des noch größeren, umschließenden Universums geworden ist. Und so verbleibt sie, bis eine neue Manifestationsperiode des kosmischen Lebens, ein neues kosmisches Lebensdrama oder kosmisches Manvantara – wie es in der Esoterischen Philosophie genannt wird –, beginnt. Dann und dort wird sie von innen wie auch von außen angetrieben, wieder so hervorzugehen, wie sie es schon unzählige Male vorher getan hat, doch jetzt als Anfänger am Grunde dieser neuen manvantarischen Evolutionsskala oder kosmischen Lebensleiter, um eine neue Reise zu erhabeneren Höhen und zu universelleren Gefilden als zuvor zu unternehmen.

Dies ist tatsächlich auch unser eigenes monadisches Schicksal; es ist das letzte Ziel einer jeden Periode evolutionären Strebens nach zunehmend höheren, edleren und universelleren Zuständen und Stufen im grenzenlosen Universum. Was nun aber ihr besonderes Schicksal auf dieser unserer Erde betrifft, einem der Halteplätze auf ihrem Evolutionspfad, so lernt sie durch Inkarnation auf Inkarnation der menschlichen Monade: von ihrem ersten Hervortreten aus dem Schoße des Göttlichen an als nicht selbstbewußter Gottesfunke, bis sie nicht Einheit, sondern Vereinigung mit dem Göttlichen erreicht hat, dem sie entstammt, um danach ein voll selbstbewußter Gott zu sein und als gottgleicher Teil an der großen kosmischen Arbeit des Weltalls teilzunehmen.

3. Kapitel

Geburt und Wiedergeburt – I

Wenn wir untersuchen, was den Geist der größten Genies aller Zeiten dazu bewegte, die Lehre von der Wiederverkörperung oder Reinkarnation zu verkünden, müssen wir da nicht in Anbetracht der vorliegenden historischen Tatsachen annehmen, daß ihnen zum einen durch die majestätische, grundlegende Philosophie, die Esoterische Tradition – die, nebenbei bemerkt, dem vorliegenden Werk den Titel lieferte –, Inspiration und Führung zuteil wurden, und zum anderen, daß sie außerdem in den Wurzeln ihrer eigenen individuellen spirituellen Essenz eine Inspirationsquelle besaßen, die den einzelnen von ihnen aufgestellten philosophischen und religiösen Systemen Leben und substantielle Form verlieh? Dies angenommen, wird ersichtlich, daß die Wurzeln der *individuellen spirituellen Essenz* in jedem dieser Lehrer, daß heißt die innere motivierende Kraft der Impulse auf die Seele, die göttlich-spirituellen Bindeglieder zu dem kosmischen Geist, das heißt dem grenzenlosen All darstellen. Tatsächlich war und ist jeder von ihnen notwendigerweise ein spirituelles Zentrum des kosmischen Raumes, was notgedrungen auch jedes Wesen oder jede Wesenheit in seiner oder ihrer Monade ist – jener todlosen, zeitlosen und daher unsterblichen, unvergänglichen Essenz im Innern. Werden sämtliche philosophischen Faktoren dieser Inspiration sorgfältig überprüft und auf der Waage des Denkens genau abgewogen, scheint die zustimmende Schlußfolgerung logisch und unausweichlich zu sein.

Die Fortdauer der sich wiederverkörpernden Monade durch wiederholte endliche Existenzen in verschiedenen Hüllen, Körpern oder Rûpas – um das Sanskritwort zu benutzen – ist der Kern der Lehre von der Wiederverkörperung oder Wiedergeburt, die in bezug auf den Menschen, da sie in Körpern aus physischem Fleisch stattfindet, Reinkarnation oder Wiedereintritt ins Fleisch genannt wird.

Die menschliche Seele hat in früheren Leben bestimmte Handlungen begangen, bestimmte Gedanken gedacht und bestimmte Gefühlsregungen gehabt, denen sie folgte. Diese alle wirkten leicht oder schwer, schwach oder stark, je nach Lage des Falles, auf andere Wesenheiten und auch auf den Menschen selbst. Sogar moderne Naturwissenschaftler sagen, daß die verschiedenen Bewegungen der dazwischenliegenden oder psychologischen Natur des Menschen das Tätigkeitsergebnis kausaler Kräfte sind, die ihren Sitz in dieser Zwischennatur haben und von dort aus nicht nur die Gedanken des Menschen, seine Handlungen und seine Gefühle kontrollieren, regieren und formen, sondern infolge des Anstoßes auch stark auf die Atome des physischen Körpers, in dem die Seele zu irgendeiner Zeit lebt, einwirken. Kommt dann der Tod, tritt für die Zwischennatur Befreiung aus der physischen Gebundenheit ein, und die menschliche Geist-Seele nimmt sie in sich auf und kehrt in das spirituelle Reich zurück, aus dem sie ihrer Bestimmung entsprechend zu ihrer Zeit wieder hervorgehen wird, um von neuem einen physischen Körper zu bewohnen. Im

Schoße ihrer „Elter"-Monade oder Geist-Seele schlafend, findet die Zwischennatur in dem spirituellen Reich Ruhe und unsagbare Glückseligkeit. Dort vollzieht sich in ihr auch der Prozeß der Erholung und sozusagen der mentalen Verdauung der Lektionen, die sie in dem gerade beendeten Leben gelernt hat, sowie der Ideen, die sie beschäftigten. Der Zustand nach dem Tode, ein Zustand der Ruhe und Erholung, der mentalen Assimilation und Verdauung, bietet auch Zeit und Gelegenheit für ein völliges, wenn auch nur zeitweiliges Aufblühen all dessen, was der Menschenseele in ihrem letzten Erdenleben das Liebste, Höchste und Reinste gewesen ist, sie jedoch keine angemessene Möglichkeit hatte, dies in ihrer Fülle zu erleben.

Wie bereits in vorhergehenden Kapiteln dieses Werkes gesagt wurde, ist der nachtodliche Zustand in der modernen Esoterischen Philosophie unter dem Namen Devachan bekannt, einem tibetanischen Ausdruck, dessen Äquivalent im Sanskrit Sukhâvatî ist, was umschrieben mit „Glückliches Land" übersetzt werden kann. Der Leser sei hierbei an folgendes erinnert: Gerade deshalb, weil die Bewußtseinszustände des exkarnierten Egos sehr vielfältig sind, sich in Grad und Typ sehr unterscheiden, muß das Devachan selbst offensichtlich als eine hierarchische Reihe oder „Leiter" betrachtet werden, die von den höchsten oder spirituellsten Bedingungen über Stufen oder Grade hinabläuft bis zu den geringsten spirituellen Zuständen oder Bedingungen, die allmählich in die höchsten oder ätherischsten oder halb-spirituellen Bereiche des Kâma-loka übergehen. Devachan ist aber keine Lokalität; das Wort ist lediglich ein anschaulicher Name, der die Gesamtheit der Bewußtseinszustände oder -bedingungen zusammenfaßt und generalisiert.

So befindet sich also die „Seele" oder das exkarnierte menschliche Ego in diesen unterschiedlichen, immer angemessenen Bereichen des Devachan, die seiner Bewußtseinsstufe entsprechen, in seliger Ruhe, und es fühlt sich während der Zeit seines Aufenthaltes im Devachan unaussprechlich glücklich. In diesen „Regionen" spirituellen Friedens und seliger Erholung sind alle Erfahrungen des Egos unbeschreiblich rosig und ungestört, auch die entfernteste oder leiseste Andeutung einer Widerwärtigkeit oder eines Unglücks irgendwelcher Art kann es nicht erreichen. Wenn dann der Zyklus in diesen Bereichen, oder besser gesagt, die Frist in diesen Bewußtseinszuständen oder -bedingungen für das Ego dem Ende entgegengeht, steigt das Ego zunächst langsam, dann schneller die hierarchische Skala von Stufen oder Graden hinab und tritt schließlich in eine neue Erden-Inkarnation ein. Es wird sozusagen psycho-magnetisch wieder zu der Sphäre hingezogen, in der es vorher gelebt hat – in unserem Fall also zu unserer Erde. In diesem Stadium oder Abschnitt seines nachtodlichen Abenteuers kann das Ego nirgendwo anders hingehen; es kann nur dorthin gehen, wohin seine Anziehungskräfte es ziehen. Denn die Operationen und Tatsachen der Natur (der nachtodliche Zustand ist selbstverständlich in der Kategorie natürlicher Ereignisse mit einbegriffen) finden nicht von ungefähr statt, wie sie gerade kommen oder auf gut Glück, sondern sie vollziehen sich nur im Einklang mit den genauesten Funktionen von „Gesetz und Ordnung", wie diese Operationen bildlich genannt werden. Unvermeidlich folgt Wirkung auf Ursache, Folge unfehlbar auf die sie erzeugende Handlung. Diese kausale Kette währt von Ewigkeit zu Ewigkeit als Verkettung der Zwischenglieder, der Ereignisse, die in regelmäßiger, ununterbrochener Reihenfolge einander ablösen: eine endlose Kette von Aktion und Reaktion in der Natur, die

Geburt und Wiedergeburt – I

jedem pilgernden Wesen, jeder wandernden Wesenheit zugehört. Und gerade deshalb, weil diese Kette von dem Wesen oder der Wesenheit selbst geschmiedet wurde, die sie daher selbst ist, ist sie ethisch gesehen absolut gerecht und als Folgeerscheinung vom Anfang bis zum Ende ausgleichend und vergeltend.

I

Der gesamte hier kurz skizzierte Prozeß ist ein systematisches, ausgleichendes Zusammenspiel von psychologischen und anderen Kräften, wobei in jedem individuellen Fall diejenigen überwiegen, an welche die individuelle „Seele" am meisten gewöhnt ist, da die Kräfte in dieser Seele ihren Ursprung haben. Somit sind es die der Seele vertrautesten Kräfte, denen sie am leichtesten folgt oder gehorcht. Infolgedessen sind es auch die nun als impulsive Ursache tätigen Kräfte, die die „Seele" zu dem Zeitpunkt, an dem die devachanische Ruhe und Erholung abgelaufen ist, wieder zu dem Schauplatz ihrer früheren Betätigungen hinziehen, also zu unserer Erde. Auch sollte sehr sorgfältig im Sinn behalten werden, daß die als antreibende Ursache tätigen Kräfte ursprünglich, das heißt früher einmal, als Samen in das Gewebe der „Seele" gesät wurden, als diese das letzte Mal auf unserer Erde lebte. Anstatt nun von dem In-Tätigkeit-Treten der Kräfte gegen Ende der devachanischen Periode zu sprechen, kann ebensogut auch gesagt werden, daß sie die Anziehung der Erde fühlen, wo sie früher einmal, im letzten oder in vorhergehenden Leben, als Samen künftiger Ursachen geweckt und „geboren" wurden.

Wie in dem Gleichnis des christlichen Neuen Testaments der „verlorene Sohn" in sein Elternhaus zurückkehrte, da schöne Erinnerungen an Kindheit und Jugend ihn durch die Macht ihres starken, doch subtilen Einflusses auf Herz und Gemüt dorthin zurückführten, so auch kehrt die sich wiederverkörpernde Monade am Ende ihrer devachanischen Periode – wenn man die Metapher umkehrt – ins Erdenleben zurück, weil sie die Samen der Handlungen, die sie beging, der Gedanken, die sie dachte, und der Gefühle, die sie empfand, früher einmal auf Erden ausgesät hat. Da jedes dieser drei psychologischen Elemente seinerseits kausal wird, so bringt es wirkungsvolle Folgen hervor, die sich gegen Ende der devachanischen Periode zu manifestieren beginnen und nun auf der Erde, wo sie in früheren Leben als psychologische Samen erzeugt wurden, den geeigneten Boden für ihr Aufblühen finden.

So werden auf der Erde Herzen wiedervereinigt, die früher auf Erden einander geliebt haben. Auf Erden werden sich auch Seelen in sympathisierendem Einvernehmen und Gedankenaustausch wiederfinden, die einander wirklich verstanden haben. Wahrlich, jene, die sich einstmals geliebt haben, werden sich wieder begegnen. Tatsächlich können sie gar nicht anders, denn die Liebe ist das Magnetischste im Universum. Liebe zieht Liebe an. Ihre Essenz umschließt und offenbart Vereinigung und Wiedervereinigung, erneutes Wiederfinden und erneutes Zusammenführen. Der unpersönliche Eros des Weltalls ist die kosmische Energie, die Sterne und Planeten so in ihren Bahnen hält, wie sich diese zusammenfanden und wie sie zusammengehören; er ist es auch, der den Bau und die Struktur der Atome leitet. Der Eros ist alldurchdringend und folglich auch allmächtig. Er ist die Ursache der Energie, die in Myriaden Formen überall am Werke ist, die in gleicher Weise im Stern wie im Atom tätig ist und sie alle in unentrinnbarer Umarmung zusammen hält. Doch wundersames Paradoxon: Es ist dieselbe Kraft, die auch die individuelle Ganzheit jeder kosmischen Einheit garantiert. Er ist die mystische, wunderbare magnetische Sympathie, die menschliche Wesen zusammenführt: Mann mit Mann als Brüder, Frau mit Frau als Schwestern, und auf einem ihrer menschlichen Tätigkeitsfelder in der rein menschlichen Sphäre Mann mit Frau und Frau mit Mann in echter Ehe. Liebe ist gleichfalls die einzige wahre Grundlage der Freundschaft.

Es sollte deutlich verstanden werden, daß die Liebe, von der hier die Rede ist, die gänzlich unpersönliche Liebe der kosmischen Göttlichkeit ist. Nichtsdestoweniger ist sie aber, gerade deshalb, weil sie alldurchdringend ist und weil nicht das kleinste Teilchen im Weltall außerhalb ihres mächtigen Einflußbereiches stehen kann, ebenfalls auch die ursächliche Kraft in ihren materiellsten Äußerungen, die für uns oft erratische, scheinbar ungeregelte und tadelnswerte Formen annehmen. Dafür ist jedoch offensichtlich nicht die kosmische Essenz zu tadeln, denn ihre Wirkungsweise ist unabänderlich unpersönlich. Da die Menschen aber ihr bißchen freien Willen und freie Wahl besitzen, können sie diese kosmische Energie zu unlauteren Zwecken und in unedlen Handlungen mißbrauchen. Und gerade durch diese kosmische Energie wird als Reaktion auf den Mißbrauch in unpersönlicher Weise und fast automatisch Leid und Schmerz, ja oft Krankheit verursacht. Weil aber das Herz der Natur unendliches Mitleid ist, sind auch in diesem Fall Leid und Schmerz Mittel, durch welche die Menschen lernen, besser zu handeln.

In allen Ländern und zu verschiedenen Zeiten haben intuitive, nachdenkliche Menschen diesen schönen, tief mystischen Gedanken aufgegriffen. So sagt zum Beispiel der Johannes der Christen im ersten, ihm zugeschriebenen Brief, Kap. 4, Verse 7 und 8, folgendes:

> „Ihr Lieben, lasset uns untereinander lieb haben; denn die Liebe ist von Gott, und wer lieb hat, der ist von Gott geboren und kennet Gott.
>
> Wer nicht lieb hat, der kennet Gott nicht; denn Gott ist die Liebe."

Auch der englische Dichter Spenser sang in seiner Hymne von der himmlischen Liebe („An Hymne of Heavenly Love"):

> „Jene hohe, ew'ge Kraft,
> die jetzt in allen Dingen sich bewegt,
> kam in sich selbst
> durch Liebe in Bewegung."

Durch und mittels Reinkarnation begegnen sich menschliche Seelen wieder und kommen zu ihrem Wohl und Wehe, wie der Fall gerade liegen mag, wieder zusammen. Man blickt in die Augen eines Fremden, das heißt, für unseren jetzigen Körper ist er ein Fremder, in diesem jetzigen Leben ist er ein Fremder, aber die Augen erkennen in ihm sozusagen intuitiv einen alten Freund. Sofortige Einfühlung, rasches Verstehen und magnetische Sympathie stellen sich ein.

Reinkarnation trennt nicht, wie oberflächliche Kritiker irrtümlich angenommen haben, im Gegenteil, sie vereint. Wäre die Reinkarnation nicht eine Tatsache in der Natur, so fänden die Menschen sicher nicht wieder zusammen. Ständig und immer wieder werden sie in den einzelnen Leben, die der Reihe nach einander folgen, wieder vereinigt; obwohl es auch möglich ist, daß dieselben Individuen aufgrund karmischer Ursachen nicht jedesmal,

Geburt und Wiedergeburt – I 121

wenn Wiederverkörperung stattfindet, zusammengeführt werden. Es gibt auch noch eine andere universale Lehre, eine sehr viel umfassendere als die der Wiederverkörperung. Diese Lehre bezieht sich auf die ultimative Wiedervereinigung aller Wesenheiten in der göttlichen Essenz, wenn die universale Periode der Manifestation – das kosmische Manvantara – den Lauf gänzlich vollendet hat. Während dieser essentiellen Wiedervereinigung wird jede Wesenheit – jeder Geist – für lange Zeit einswerden mit der göttlichen Essenz. Sie behält aber dennoch ihre monadische Individualität oder ihre Samen-Individualität bei und wird außer dem Gefühl des individuellen Seins nun auch noch ein kosmisches Gefühl des vollkommenen Einsseins und der Einheit mit den zahlreichen Heerscharen anderer Wesenheiten empfinden. Dies ist eine Wahrheit, die mit schwachen, unvollkommenen menschlichen Worten kaum ausgedrückt werden kann, die aber dennoch leicht zu verstehen ist, wenn sich das Denken über die Begrenzungen der Persönlichkeit erhebt und in den klaren intellektuellen Äther unpersönlichen Verstehens aufsteigt. Unsere moderne Mentalität, die von persönlichen Nebeln umwölkt ist, entstellt durch Gefühle und Leidenschaften, kann diese Wahrheit nur schwer erfassen. Dennoch beinhaltet sie den fundamentalen Sinn oder die Bedeutung der in den höheren orientalischen Philosophien so allgemeinen Lehre, in der auf das „Absorbiertwerden" des Individuellen in Paramâtman oder Brahman oder den kosmischen Geist Bezug genommen wird. Dieses „Absorbiertwerden", das nur im Sinne einer gänzlichen, vollständigen Selbst-Identifizierung mit dem kosmischen Selbst ein „Absorbiertwerden" ist, wobei der todlose Sitz der monadischen Individualität beibehalten wird, ist die Regeneration, die „Ausweitung" unseres nun göttlich gewordenen Ich-Bewußtseins zur augenblicklichen und fortdauernden

Verwirklichung eines vollkommenen Einsseins mit allem übrigen in Liebe und Frieden, in Glückseligkeit und Bewußtheit. Dies währt so lange, wie die Absorption andauert, die nach kosmischer Zeit Äonen über Äonen vor sich gehen mag oder im Falle eines weniger glücklichen Jîvanmukta bis zum Ende des kosmischen Manvantaras andauert, und das ist fast immer der Fall.

Das soeben angewandte Wort „glücklich" sollte nicht dahingehend ausgelegt werden, als bedeute es eine Gunsterweisung irgendwelcher Art. Es sollte vielmehr allein in dem Sinne eines seit langem angehäuften karmischen Verdienstes verstanden werden, das, spirituell gesprochen, die „freie Monade" oder den Jîvanmukta befähigt, für die erwähnte lange Zeit den niederen Sphären der Manifestation fernzubleiben.

II

Aufgrund karmischer Reaktionen wirken die Gedanken, die wir in einer Inkarnation denken, in der nächsten Inkarnation, ja in allen nachfolgenden Wiederverkörperungen, sehr stark auf uns ein. Allgemein gesprochen, wachsen und entfalten wir uns, das heißt, wir evolvieren durch und mittels Gedanken. Wir denken Gedanken und werden durch diese, je nachdem, stark oder schwach beeindruckt und beeinflußt. Unauslöschlich prägen sie sich in das Gewebe unseres Wesens, unseres Bewußtseins ein. Wir sind eine wunderbare magische Bildergalerie in allen sichtbaren und unsichtbaren Teilen unserer Konstitution. Unser gesamtes konstitutionelles Wesen, sowohl als ein Ganzes als auch in seinen

Teilen, das heißt kollektiv und distributiv, ist wie ein ungeheurer, empfindlicher fotografischer Film, der sich ständig erneuert und ununterbrochen Eindrücke aufnimmt und festhält. In einem gewissen Sinne ist es wie ein Palimpsest, das Eindruck auf Eindruck empfängt, wobei jeder unauslöschlich bestehen bleibt und doch auf magische Weise modifiziert wird, obwohl alle nachfolgenden Eindrücke darüber gelagert sind. Alles, was sich vor dem „Film" abspielt, wird ihm sofort aufgeprägt, wird psychofotografiert, und der „Film" sind wir. Jeder von uns ist ein solcher psycho-fotografischer „Film", und dies ist die Art und Weise, in der unser Charakter aufgebaut, geformt und gestaltet wird. Aus diesem Grunde beeindrucken ihn natürlich auch die Gedanken, die wir denken, die Gefühlsregungen, die wir erleben, die Leidenschaften, die uns leiten bzw. mißleiten, und sogar die Handlungen, die durch diese verursacht werden. Es ist daher von größter Wichtigkeit, daß wir unseren niederen Denkapparat, die untere mânasische Fähigkeit, ganz besonders regulieren, damit die Gedanken, denen wir erlauben, unser Gemüt zu durchwandern, Eindrücke erhebender und immer hilfreicher Art hinterlassen.

Gedanken sind Energien, verkörperte Energien, elementale Energien. Sie entstehen nicht im menschlichen Denkprinzip, sondern diese Elementalwesen ziehen durch unser Denkprinzip, diesen empfindsamen Übertragungsapparat, hindurch, und jeder von uns färbt die passierenden Gedanken und gibt ihnen dadurch eine neue Richtung, einen neuen karmischen Impuls. Kein Gedanke ist jemals in einem menschlichen Gehirn geschaffen worden. Die Inspirationen des Genies, die erhabensten Erzeugnisse des menschlichen Geistes, kommen schlicht und einfach durch große, edelmütige Geister zu uns, die fähigen Kanäle für die Übertragung einer so erhabenen Flut.

Durch das ständige Denken niederer und abwegiger Gedanken kann ein Mensch degenerieren. Andererseits kann sich ein Mensch zu den Göttern erheben, wenn er seinen spirituellen Willen übt und gleichzeitig seine Natur nur darum öffnet, um inspirierende, hohe und erhabene Gedanken aufzunehmen, die dann auf dem Gewebe seines Wesens solche Eindrücke hinterlassen, die ihrerseits automatisch aktiv werden als ein unerschöpflicher Inspirationsstrom. Den Gedanken anderer Art aber kann der Mensch den Weg versperren, damit sie ihn nicht dauerhaft beeindrucken können.

Im kosmischen Maßstab betrachtet ist die mystische Bildergalerie der Ewigkeit das Astrallicht. Von unserer Konstitution aber ist ein Teil, ja neunundneunzig Prozent unserer gesamten Konstitution, das „Aurische Ei", wie dieser Teil in der modernen Esoterischen Philosophie genannt wird, ein esoterischer Ausdruck, der hier nicht weiter erläutert werden kann. Dieses Aurische Ei ist gleich allen anderen Teilen der menschlichen Konstitution eine vollkommene Bildergalerie von sehr erstaunlicher Art. Um das Sprachbild zu wechseln: Es ist nicht nur eine Empfangsstation, sondern auch eine Sendestation für innere „Radiosignale", für „Radionachrichten" jeglicher Art. Alles, was um uns herum vorgeht, wird also dem Aurischen Ei unauslöschlich aufgeprägt, falls wir unserem Bewußtsein gestatten, die Geschehnisse wahrzunehmen und zu empfangen. Durch unseren Willen und durch innere magische Prozesse, denen jeder von uns instinktiv, wenn vielleicht auch unbewußt, folgt, können wir die âkâśische Sperre, die üble Gedanken automatisch ausschließt, jedoch stärken, so daß sie keinen

Geburt und Wiedergeburt – I

bleibenden Eindruck mehr auf uns ausüben, das heißt, sie finden in unserem Wesen keine Bleibe, keinen Hafen, und folglich ist ihre Wirkung auf das reinkarnierende Ego praktisch gleich Null. Erlauben wir den Gedanken aber, auf uns einzuwirken, so bleiben die gemachten Eindrücke für ewig bestehen. Sie sind dem Gewebe unseres Bewußtseins unauslöschlich aufgeprägt, und wir haben dann die Arbeit, die Eindrücke zu glätten, zu modifizieren oder zu spiritualisieren, damit diese in der nächsten Wiedergeburt, wenn die automatische Reproduktion erfolgt, nicht mehr als reproduzierte Ursachen für übles Tun auftreten können und infolgedessen in der neuen Inkarnation nur sehr wenig ursächliche Kraft besitzen werden.

III

Der Prozeß der individuellen Wiederverkörperung vollzieht sich aufgrund der nie ruhenden Aktivität während eines kosmischen Manvantaras auch durch ein anderes der Natur innewohnendes Gesetz: das Gesetz von Ursache und Wirkung. Dieses Gesetz besagt: Einer einmal erzeugten oder heraufbeschworenen Ursache folgen früher oder später unausweichlich die ihr genau entsprechenden Konsequenzen. Diese Folgen oder Wirkungen werden auf der Stelle ihrerseits zu neuen Ursachen, die neue Folgen auslösen, die ihrerseits auch wieder sofort zu neuen tätigen kausalen Energien werden. Und so geht es weiter – ohne Ende, denn diese Kette der Verursachung erstreckt sich von Manvantara zu Manvantara, von Ewigkeit zu Ewigkeit. Die Wesenheiten aber – innerhalb ihres Macht- und Einflußbereiches, was soviel heißt wie überall – evolvieren und bewegen sich ständig vorwärts unter dem noch weiter reichenden karmischen Gesetz, das die sie einschließenden Wesenheiten regiert, zu deren komponenten Teilen die ersteren gehören. In diesem Bild fügen sich also „Räder in Räder": Das größere umfaßt das kleinere, und während das kleinere seinen eigenen karmischen Schicksalsweg streng verfolgt, untersteht es gleichzeitig auch der noch gebieterischeren Macht des weiter reichenden Karmans des größeren Lebensrades.

Die karmische Aktivität, die gesamte karmische Tätigkeit, vollzieht sich sowohl im allgemeinen als auch im besonderen im Einklang mit einer weiteren fundamentalen Operation der Natur: dem Gesetz der Zyklen. Wird dies jedoch einer strengen Prüfung unterzogen, ist zu erkennen, daß diese „ewig fundamentale Operation der Natur", das heißt das zyklische Gesetz, selbst nur eine Phase des kosmischen Karmans ist. Die sich überall im Großen wie im Kleinen manifestierende wiederholende Aktivität in der Natur ist nur eine der Methoden, durch die sich kosmisches Karman zum Ausdruck bringt oder seine geheimnisvollen Ziele verfolgt. Die Natur wiederholt sich ständig und fortgesetzt, ununterbrochen und ohne Aufhebung der Stetigkeit, so daß sich das Große im Kleinen widerspiegelt und das Kleine nur eine Reflexion des Großen darstellt. Was also im Großen vorhanden ist, ist im Kleinen in Miniatur enthalten. Diese Tatsache findet in der Esoterischen Philosophie ihren Ausdruck durch den Hinweis auf ein anderes fundamentales Gesetz des kosmischen Seins: das universale Gesetz der „Analogie".

Aus welchem Grunde wiederholt sich die Natur allenthalben und unaufhörlich in ihren Operationen, ihren Wirkungsweisen und in ihrer Struktur? Die Antwort ist in der Tatsache zu finden, daß alle Operationen der Natur immer und unentrinnbar den früher gelegten Aktivitätsschablonen folgen, ja folgen müssen, das heißt den Kraft- bzw. Energielinien, den Bahnen des geringsten Widerstandes. Überall sehen wir die Manifestationen dieser universalen Periodizität an der Arbeit: Tag und Nacht, Sommer und Winter, das Frühlings-Hervorfluten und das Herbst-Zurückebben sind vertraute Beispiele hierfür. Alle Planeten unseres Sonnensystems verfolgen die gleichen allgemeinen Kreisbahnen, Wachstum vollzieht sich nach zyklischen Gesetzen, auch Krankheiten folgen ebenfalls zyklischen Gesetzen. Die Esoterische Philosophie lehrt, daß diese zyklische Aktivität ausnahmslos universal ist. Wenn wir doch nur genug wüßten und genügend geübt wären, um überall in der Struktur der Natur das Wirken der natürlichen Aktivität in periodischen Abschnitten zu erkennen! Die Periode der Sonnenflecken ist ein weiteres Beispiel für die zyklische Periodizität. Tatsache ist, daß Periodizität überall bei Mutter Natur vorherrscht, und zwar nicht nur auf unserem physischen Plan allein, sondern ebenso auf und in den unsichtbaren Plänen, ja überall, in den unsichtbaren Sphären genau wie in der physischen Sphäre.

In Wirklichkeit geht man weder im geringsten zu weit, noch entfernt man sich um Haaresbreite von den Tatsachen der Natur, wenn man sagt: Alles, was geschieht, ob im Großen oder Kleinen, im Sichtbaren oder Unsichtbaren, ist seiner Beschaffenheit nach zyklisch bedingt und die Reproduktion dessen, was unmittelbar vorausgegangen ist. Dies bezieht sich auch auf noch früher Dagewesenes, das dem Wesen nach ebenfalls zyklisch war. Daher kommt es, daß Tod und Geburt für uns gleichfalls zyklisch oder periodisch bedingt sind. Wir Menschen machen von den kosmischen Methoden und Funktionen der Natur keine Ausnahme.

Warum sollten wir – wie könnten wir es überhaupt? Wir sind nicht anders als das Universum, denn wir sind untrennbare und integrale Teile desselben. Wir stehen nicht außerhalb, nicht abseits von ihm; das könnte niemals geschehen. Der Mensch kann sich niemals vom Universum frei machen; keine Wesenheit kann das. Was auch immer er tun mag, geschieht aus der Notwendigkeit heraus, nicht aber durch Zufall. Es geschieht vor allem deshalb, weil er selbst der Schöpfer seines Schicksals ist, das, weil es im Laufe der Zeit im Schoße des Universums fortschreitend erarbeitet und entfaltet wird, notwendigerweise auch von den darin herrschenden inhärenten Gesetzen der Periodizität ununterbrochen geleitet und regiert wird. Alles untersteht überall in gleicher Weise derselben allbeherrschenden Gewohnheit der Natur. Diese Gewohnheit wird, indem ein analoger Ausdruck benutzt wird, „Gesetz" genannt. Periodische oder zyklische Tätigkeit kann mit Fug und Recht eine Gewohnheit der Natur genannt werden, und auf die gleiche Art und Weise werden auch menschliche Gewohnheiten durch Wiederholung erworben, bis die betreffende Wesenheit schließlich automatisch der Gewohnheit folgt; für diese Zeit ist sie dann das „Gesetz", das ihr Handeln leitet. So sind auch Tod und Geburt eingefleischte Gewohnheiten der reinkarnierenden Wesenheit. Diese Reinkarnations-Gewohnheit wird die Zeitalter hindurch fortdauern, bis sie durch die wachsende Abneigung des reinkarnierenden Egos für materielles Leben allmählich geringer wird, mit anderen Worten: Die Anziehung zu dieser Sphäre und diesem Plan verliert langsam ihre Macht über das sich wiederverkörpernde Ego. Die beschriebenen Vorgänge sind Teile der natürlichen, allgemeinen Prozesse des endlosen evolutionären Wachstums, bei deren Durchlauf die sich wiederverkörpernden Monaden während ihrer Pilgerfahrten durch die

Geburt und Wiedergeburt – I

Welten und Sphären kosmischen Lebens evolvieren und revolvieren.

Das Gemüt des Menschen widersetzt sich zuweilen den eigenen besten Interessen und zeigt sich ihnen gegenüber eigensinnig und verbittert. Die Menschen wollen gegen das Bessere opponieren und kämpfen, obwohl sie darum wissen; sie wählen lieber das Schlechtere. Auf diese Weise säen sie Samen, die sie irgendwann einmal als Früchte ernten müssen; doch wenn sie diese geerntet haben, werden sie unfehlbar neue Samen aussäen, denn sie können nicht anders. So kommt es, daß sich dem Menschen, wie tief er auch „gefallen" sein mag, einerlei, welche „Sünden" er begangen haben mag, immer wieder eine neue Chance, ja neue Chancen zur Selbsterlösung darbieten, und das ad infinitum. Kann wirklich angenommen werden, diese Lehre öffne zügellosem Tun oder selbstsüchtigem, üblem Handeln in moralischer wie auch in anderer Hinsicht die Tür? Wer so denkt, hat das Gesetz nicht verstanden. Die Früchte der Vergeltung, die unfehlbaren, nie irrenden Wirkungen von seiten der vergeltenden Gerechtigkeit sind allemal bitter, denn das Wort „Vergeltung" ist lediglich eine Verallgemeinerung der Lehre von Karman oder den Folgen; sie ist auf die Resultate angewandt, die sich von und aus üblem Tun ergeben. Flucht vor den Folgen einer einmal ausgeführten Tat, eines einmal gedachten Gedankens oder einer einmal zugelassenen Gemütserregung gibt es nicht, denn „was der Mensch säet, das wird er auch ernten", bis er durch bittere Erfahrungen die fundamentale Lektion des Lebens gelernt hat: das Selbst in zunehmende Harmonie mit dem kosmischen SELBST zu bringen, das hinsichtlich seines ethischen Aspektes auch „unpersönliche kosmische Liebe" genannt werden kann.

Der Gedanke ist abendländischem Denken vertraut, doch scheint seine Vertrautheit infolge mangelnden Verständnisses leider eine Dosis Verachtung mit sich gebracht zu haben – „Vertrautheit erzeugt Verachtung" (wie es im Englischen heißt, d. Ü.). Es gibt jedoch keine Lebenslektion, deren die gesamte abendländische Welt dringender bedarf als dieser: vergeltende Gerechtigkeit. Sie gehört zum wahren Wesen des kosmischen Seins. Die wunderbare Ordnung und Symmetrie, die Regelmäßigkeit und Harmonie der Struktur, die überall in der universalen Natur so augenfällig vorhanden ist, läßt sich gerade auf diese zurückführen. So erfolgreich ein Mensch also auch zeitweilig sein mag auf seiner scheinbaren Flucht vor den vergeltenden Folgen seines bösens Tuns, so wird er dennoch früher oder später von der automatischen Gewohnheit der Natur den lebendigen Geistern seiner totgeglaubten Vergangenheit gegenübergestellt und dazu gezwungen, sich bewußt oder unbewußt zu bessern.

Der Paulus der Christen, dessen Worte in dem ihm zugeschriebenen Brief an die Galater aufgezeichnet sind, sprach die Wahrheit: „Irret euch nicht, Gott läßt sich nicht spotten. Denn was der Mensch säet, das wird er ernten." (6, 7)

Es gibt in der Tat Menschen, die während einer Reihe aufeinanderfolgender Erdenleben fortgesetzt Böses dachten und Böses taten, so daß sie schließlich genaugenommen nicht mehr als menschliche Wesen anzusehen sind, weil die spirituelle Monade in ihnen ihr inspirierendes Feuer zurückgezogen hat. Wenn das geschieht, scheidet das Wesen, das nun nicht mehr wirklich menschlich ist – obwohl es vielleicht noch menschliche Gestalt besitzt –, aus der menschlichen Sphäre und aus der Menschheit aus. Es geht in tieferstehende Reiche über, in denen es aber trotzdem noch immer eine Chance hat, sich selbst zu erlösen, zumindest so lange, wie der letzte schwache inspirierende Strahl von der spirituellen Monade noch nicht verschwunden ist. Derartige Fälle sind jedoch so selten, daß hier nur kurz auf sie hingewiesen zu werden braucht. Es muß der Menschheit hoch angerechnet werden, daß Fälle, in denen Menschen das Böse aus Liebe zum Bösen wählen, tatsächlich so selten sind, daß sie hier nur gestreift zu werden brauchen, um die Lehre abzurunden. Es ist nicht mehr als recht, hier festzustellen, daß die überaus große Mehrheit der Menschen zu allen Zeiten genug des heiligen Lichtes in ihrem Herzen brennend erhalten haben, um vor einem derart furchtbaren Schicksal bewahrt zu bleiben.

„Immer vorwärts!" lautet das allgemeine Gesetz und daher auch die allgemeine Regel, die besagt: Menschen wachsen normalerweise ständig, wenn auch in manchen Fällen nur sehr langsam; sie werden immer edler, wenn auch in Schritten, die oft zögernd und unsicher sind; ihr Mitgefühl wächst, und ihre intellektuelle Kraft wird umfassender. Sie wachsen durch ihre Bestrebungen, und ihre Sympathien zu ihren Mitmenschen sowie für alles, was ist, weiten sich aus. Denn diese hohen Eigenschaften folgen auf sich entfaltendes Wachstum, „wie das Karrenrad dem Fuße des Ochsen folgt". So heißt es in der alten buddhistischen Schrift „Dhammapada" (Kap. 1, Vers 1); ein schönes Bild, das sich auch auf die Wirkungen, die üblem Tun folgen, anwenden läßt.

IV

Während der letzten zwei- bis dreihundert Jahre gab es im Abendland lediglich zwei Erklärungen für die innere und äußere Natur des Menschen sowie für seinen Ursprung und seine Bestimmung: die christlich-theologische und die wissenschaftliche Theorie. Die erstere hält oder hielt jahrhundertelang daran fest, daß der Mensch eine „ewige" Seele habe, die aber nichtsdestoweniger bei der Geburt oder ungefähr zu dieser Zeit erschaffen wurde und die beim Tode das eine von zwei unwiderruflichen Schicksalen erleiden würde: ewige Verdammnis in den Flammen einer nie endenden Hölle „in einem asbestartigen Körper", wie gewisse Kirchenväter es ausdrückten, oder eine endlose Existenz in einem „Himmel", in dem die Seele zur Rechten des allmächtigen Gottes sitzen und dem Ewigen bis in alle Ewigkeit Lobpreisungen singen würde. In keinem der beiden Fälle wurde jemals gezeigt, daß die menschliche Seele ein derartiges Schicksal verdient haben könnte, denn um ewige Verdammnis in endloser Qual verdient zu haben, müßte die Seele, wollte man einen gerechten Maßstab anlegen, in ihrem Erdenleben eine ungeheure Sünde oder Sünden begangen haben, die sie so schwer und tief befleckten, daß eine Ewigkeit von Leiden sie nicht reinzuwaschen imstande wäre. Im anderen Fall müßte die Menschenseele von ihrer „Erschaffung" an so erhaben, göttlich stark und gut gewesen sein, daß eine Ewigkeit vermeintlichen Glücks eine Belohnung wäre, die für eine so unaussprechliche Tugend kaum genügte.

Der andere Versuch, die Konstitution des Menschen zu erklären, den die neuere, jedoch anscheinend nicht die moderne Wissenschaft unternimmt, scheint für den nachsinnenden, überlegenden Denker ebenso willkürlich und eigenmächtig zu sein wie der der Theologie. Er besagt, daß der Mensch nichts weiter sei als ein physischer Körper, und wenn dieser stirbt, sei alles vorbei. Glücklicherweise wird heute allgemein erkannt, daß dies nur die Grille eines verflossenen spekulativen Zeitalters ist, und bestimmt hat sich keine der hervorragenden wissenschaftlichen Größen von diesem theoretischen Alpdruck eines leeren, einst aber äußerst

Geburt und Wiedergeburt – I

tönenden Materialismus einfangen lassen. Wie dem auch sei, so scheint es doch, daß die Idee vollständiger Auslöschung vorzuziehen sei, wenn sie in scharfem Gegensatz zu dem leeren, jeder Inspiration baren Himmel der alten Theologie oder ihrer ebenso inspirationslosen, doch durchaus abstoßenden Hölle gestellt wird. In diesem Zusammenhang wird man unwiderstehlich an einen Ausruf erinnert, der Voltaire zugeschrieben wird: „Même le néant ne laisse pas d'avoir du bon!" – „Selbst die Auslöschung hat ihr Gutes!"

Ach, der Mensch, ein Denker, eine Wesenheit, die fühlt, die strebt, die Intuitionen und Ahnungen von erhabenen und großartigen Wahrheiten hat; der Mensch, der durch Selbstaufopferung, die manchmal wahrhaft göttlich, wahrhaft gottgleich ist, in seiner Führung edle Ideale verkörpern kann, der spirituelle, intellektuelle Kräfte und Fähigkeiten besitzt, die sich in ihrer Fülle niemals in einem einzigen Erdenleben manifestieren lassen; der Mensch, der mit einer so edlen Liebe, die jede Ausdrucksmöglichkeit in Worten übersteigt, zu lieben vermag und der ebenso mit starker, übler Kraft hassen kann; der Mensch, dessen Sehnen erfüllt ist von schönen, unpersönlichen Dingen und dessen Erkennen derselben nie vollständig zufriedengestellt wird, dessen Hunger nach Wahrheit und Schönheit in einem einzelnen Erdenleben nie volle Befriedigung erfährt: bringt dieser Mensch, bringt dieses Wesen, das ein Bündel oder eine Garbe derartiger Kräfte, derartiger Eigenschaften und Attribute ist, die unaufhörlich nach einem Ausweg suchen, um sich auf geeignete Weise zum Selbstausdruck zu bringen – bringt er diese alle wirklich nur deshalb zum Ausdruck und gebraucht er ihre verschiedenartigen Energien, die für edle oder unedle Zwecke benutzt werden können, nur aus dem

Grunde, um sie beim Tode auf unerklärliche Weise verschwinden und vergehen zu lassen, bevor die verschiedenen Kräfte oder Energien zufriedengestellt wurden? Etwas an diesem Bild empört nicht nur unsere logischen Instinkte, es widerspricht auch einem der allgemeinsten Naturphänomene, das durch wissenschaftliches Studium erkannt wurde: Eine Kraft- und Energiequelle ist nicht deshalb vernichtet, weil die Kanäle für ihren Ausdruck blockiert oder umgeleitet wurden. Es ist offensichtlich, daß ein blockierter Selbst-Generator, eine ewig aktive Kraft- und Energiequelle, nicht vernichtet werden kann: ihre Flut wird lediglich eine Zeitlang zurückgedämmt. Sie staut sich dann mit der Zeit auf und verursacht, daß die Quelle wieder aufbricht oder sich anderweitig einen Ausweg erzwingt. Wäre es anders, würde ein Grundgesetz der Natur verletzt werden: Eine einmal erzeugte Ursache oder eine einmal freigelassene Kraft oder Energie muß und wird bis zu ihrer völligen Erschöpfung tätig sein, wenn sie nicht durch eine kontrollierende Kraft, die mächtiger ist als sie selbst, in Schach gehalten wird. In letzterem Falle wartet die schwächere ihre Zeit ab, um von neuem hervorzubrechen, sobald der zurückhaltende Einfluß zurückgezogen oder überwunden ist. Der Gedanke einer völligen, tatsächlichen und augenblicklichen Auslöschung einer kosmischen Energiequelle, als die sich der Mensch tatsächlich erweist, ist nicht nur unvernünftig, sondern auch, was schlimmer ist, durchaus unphilosophisch. Man wird zu der Schlußfolgerung gedrängt, daß die beiden Erklärungen bezüglich der konstitutionellen Natur des Menschen und seiner Bestimmung – wie sie bis vor nicht langer Zeit im Abendland dargelegt wurden – betrüblicherweise verfehlen, einerseits den in Frage kommenden Bedingungen zu entsprechen und andererseits den Intellekt zufriedenzustellen.

Geburt und Wiedergeburt – I

Die Kräfte oder Energien und die Stoffe, aus denen die gesamte Konstitution des Menschen oder sein Wesen aufgebaut ist, sind gleichfalls auch die Kräfte oder Energien und die Stoffe der universalen Natur. Die Annahme einerseits, diese Kräfte und Stoffe könnten ihre eigenen Charaktermerkmale verletzen und der Mensch könnte kraft des Mandats einer vermeintlichen, diktatorischen, schöpferischen Wesenheit entweder in eine ewige Hölle oder in einen ewigen Himmel getrieben werden – Schicksale, von denen der kämpfende, begrenzte Mensch, will man gerecht sein, keines verdient haben kann und für welche die ihn beseelende Monade nicht die geringste Anziehung besitzt –, oder die Annahme andererseits, eine Wesenheit wie der Mensch, der ein untrennbarer Teil der Mutter Natur ist, voller unbefriedigter und unaufgebrauchter Kräfte und überdies ein augenscheinlich wachsendes, lernendes, sich entwickelndes Wesen im Schoße der Allnatur, würde durch einen bloßen Zustands- oder Bedingungswechsel und durch die Auflösung seines niedrigsten, flüchtigsten, zusammengesetzten Teiles, nämlich des Körpers, aus der Existenz ausgelöscht werden –, wären die nicht zu beweisenden Hypothesen von Denkern, die aufgrund ihrer Begeisterung theoretischen Spekulationen anhängen und daher der innersten Natur von Stoff und Kraft blind gegenüberstehen. Für Menschen, die befähigt sind, selbständig und klar zu denken, und die es ablehnen, das Gerede oder die Hypothesen anderer Menschen als feststehende Naturtatsachen hinzunehmen, scheint diese Auffassung durch wirklichen Beweis reichlich ungestützt zu sein, und sie stellt auch eine Verletzung gut fundierter wissenschaftlicher Prinzipien dar.

Was wird nun aus diesen in Tätigkeit gewesenen Kräften? Heute wissen wir, daß „Energie" oder „Kraft" nur ein anderes Wort ist für ätherische Stoffe oder Substanzen. Was wird aus ihnen, die beim Tode sozusagen gerade anfingen, sich zu erschöpfen? Es ist doch offensichtlich, daß kein Mensch in einer Lebenszeit alle Folgen abträgt, die aus den Gedanken, die er hatte, aus den Handlungen, die er ausführte, aus dem Guten, das er vollbrachte, und aus dem Unheil, das er angerichtet hat, resultieren. Wohin sind diese unverbrauchten Kräfte gegangen? Sind sie ausgelöscht? Träfe dies zu, wodurch geschah es, was brachte eine solche Auslöschung zuwege, und welcher Beweis liegt vor, daß sie, jenseits spekulativer Hypothesen, überhaupt stattgefunden hat? Vollbringen wir Menschen auf der Bühne des Lebens lediglich einige flüchtige Nichtigkeiten, und werden wir dann beim Tode, dem Zeitpunkt, an dem alles für immer endet, zu nichts? Diese Vorstellung ist als eine verläßliche Tatsache so ungestützt, daß sie dem Traum eines Geistesgestörten gleicht und als vollkommen unwissenschaftlich wie auch logisch inkonsequent erscheint.

Jeder von uns wird von den „schlaflos" wirkenden kosmischen Gesetzen augenblicklich und auf der Stelle auf der Waage immer aktiver, nie irrender natürlicher Gerechtigkeit gewogen. Es dürfte wohl einleuchten, daß wir das Gleichgewicht in der Natur nicht stören können und ihre Strömungen von Ursache und Wirkung nicht einmal durch unser Sterben ändern, ohne daß uns dadurch etwas widerfährt. Jede Tat, die wir vollbringen, jede gute Tat und jede böse, jeder gute Gedanke, den wir denken, und jeder böse Gedanke, dem wir erlauben, sich in unserem Denkprinzip einzunisten und dadurch unser Verhalten zu beeinflussen: alles muß seine unvermeidliche konsequente Wirkung haben, die der Kraft, welche sie erzeugte, streng proportional ist. Nachdruck soll hier allein auf den folgenden Punkt gelegt werden: Wo bringt sich jene Kraft oder Energie in Resultaten zum Ausdruck? Nur nach dem Tode oder in künftigen Leben? Die Antwort lautet: in beidem; doch besonders in letzterem, den künftigen Erdenleben, weil eine Erdkraft keine wirkungsvolle Manifestation ihrer selbst in außerirdischen Sphären finden kann. Eine Ursache muß ihre konsequenten oder notwendigen Folgen am Tatort haben und nicht anderswo. Oder aber – um ein einfaches Beispiel heranzuziehen – es wäre logischerweise möglich, daß ein Mann, der ein Auto besteigt, um in die Stadt zu fahren, sich plötzlich über dem Pazifik befände und in Richtung China flöge! So etwas geschieht nicht. Lebende Menschen erzeugen Gedanken, lassen Handlungen entstehen, und nur lebende Menschen können deren Folgen ernten. Dennoch ist es durchaus richtig, daß Gedanken und Handlungen auch auf das Wesens-Gewebe des Handelnden in einem solchen Ausmaß einwirken, daß sogar die nachtodlichen Zustände durch das, was während des Lebens getan wurde, eine entsprechende Veränderung erfahren. Dies ist deshalb so, weil derartige Gedanken und Handlungen Substanz oder Körper von *Willen* und *Intelligenz,* ihre ursprüngliche Quelle, das heißt die Konstitution des Menschen, tiefgehend modifizieren oder verändern. In der Tat, die Energien in uns, die sich als Anzeichen höherer Dinge, innerer energetischer Operationen kundtun, leben wirklich weiter und finden im nachtodlichen Zustand zumindest einen teilweisen Ausdruck. Sie können gar nicht anders, da sie Manifestationen reiner Energie sind, die todlos und daher den spirituellen Sphären näher ist als der physischen Sphäre, also der Erde, auf der unsere niederen Neigungen ihren vollen Ausdruck finden.

V

Wir sehen also, daß der Mensch viele Male wieder und wieder geboren wird, und zwar weder auf Befehl oder durch das Mandat eines außerhalb seiner selbst Stehenden noch durch die rein automatische Tätigkeit einer seelenlosen Substanz, die ein völlig unfundierter Begriff ist und in Widerspruch zu ihrer eigenen Prämisse steht, sondern allein aufgrund der Ursachen, die er selbst in seinem Innern erzeugt hat. Als aktive Wirkungen oder Folgen zwingen ihn nun diese Ursachen, zu den Gefilden zurückzukehren, in denen er sich in früheren Erdenleben abgemüht hat. In diesem, unserem gegenwärtigen Leben setzen wir alle durch unser Denken und Tun Ursachen in Bewegung, die uns in ferner Zukunft wieder auf unsere Erde zurückbringen. Irgendwann in künftigen Zeiten werden wir in physische Inkarnationen zurückkehren, weil wir im jetzigen Leben Ursachen säen, die uns schließlich zwingen, zu neuer Existenz in Menschengestalt zu unserer Mutter Erde zurückzukommen. Dann werden wir die Ernte einholen, den reichen Ertrag aus den Samen unseres Denkens, Fühlens und Handelns, die wir in diesem Leben in die Gefilde unserer inneren Konstitution einpflanzen, das heißt in uns selbst.

Das ist jene Kette der Notwendigkeit, jenes Schicksalsgewebe, das jeder Mensch, jede Seele Glied um Glied schmiedet, während die Tage dahineilen. Es ist die ungebrochene, ja unzerbrechbare Kette aus Ursache und Wirkung, aus Aktion und deren Folge, die in der Esoterischen Philosophie kurz „Karman" genannt wird. Wenn in irgendeinem Leben der Tod an uns herantritt, dann verbleiben die

Geburt und Wiedergeburt – I

Samen der Ursachen, die wir früher einmal, als wir noch auf Erden lebten, gesät haben und die noch nicht zur Entfaltung einer vollen Blüte oder Frucht gelangt sind, in unseren inneren, unsichtbaren Teilen als latent liegende, sozusagen schlafende Impulse. Sie liegen latent wie schlafende Samenkörnchen, um im nächsten Leben und in den nachfolgenden Leben zu künftiger Tätigkeit zu erblühen. Sie verbleiben als psychologische Impulssamen und schlafen, bis die richtige Zeit für sie gekommen ist, um zu neuer Tätigkeit zu erwachen. In den nachtodlichen Zuständen unserer inneren Teile empfinden sie weder Ruf noch Impuls, noch Anziehung zu völliger Manifestation, denn nicht alle Samen sind von dieser Art. In den nachtodlichen Zuständen ist kein physischer Körper vorhanden, der für sie der geeignete wäre, um zu neuer Tätigkeit und Manifestation hervorzukommen. Als kausale Samen, die im physischen Körper durch diesen und seinen niederen und inneren Haushalt ins Dasein gerufen wurden, können sie sich in den unsichtbaren Reichen, in denen unsere psychologische Natur nach dem Tode schläft, natürlich nicht manifestieren. Aber, und das ist die Hauptsache, die beachtet werden muß: Wenn die menschliche Seele in der nachtodlichen Periode unsagbaren Glückes und Friedens ihre Ruhezeit, die Erholungszeit für ihre Kräfte, beendet hat; wenn sich die menschliche Seele völlig erfrischt fühlt wie nach einem langen, erquickenden Schlaf und nun sozusagen zu erwachen beginnt, dann beginnen sogleich auch diese Samen, den neuen Stand der Dinge zu fühlen, in dem sie sich jetzt befinden. Sie beginnen, die steigende Lebensflut aus der nun erwachenden menschlichen Seele zu fühlen, und sie erbeben unter der hereinbrechenden Flut von Impulsen, die in diesen Samen aufsteigen und aus denselben Samen hervorströmen, die im vergangenen Leben gesät wurden und die jetzt beginnen, in Tätigkeit zu treten.

Die *Samen* selbst beginnen nun mit ständig wachsender Neigung zum Selbstausdruck aufzukeimen. Diese stetig anwachsende Flut erwachender niederer Kräfte oder Energien, die aus vergangenen Leben mitgebracht wurden und bisher in Samengestalt schliefen, zieht die Seele nun an oder vielleicht hinab in eine neue irdische Inkarnation in menschlichem Fleisch.

Bei diesem Abstieg wird die Seele automatisch zu der Familie auf Erden hingezogen, die in bezug auf Atmosphäre und Milieu dem gesamten Aggregat ihrer persönlichen Impulse, Neigungen und Attribute am nächsten verwandt ist. So kommt es, daß die Seele in diesem ihr sympathischen Feld als menschliches Kind inkarniert, das heißt, sie tritt wieder einmal in einen menschlichen Schoß ein. Nachdem die Verbindung mit dem menschlichen Keim hergestellt ist – hierüber könnte eine äußerst faszinierende Darstellung esoterischen Charakters gegeben werden –, beginnen die niederen Elemente der sich wiederverkörpernden Seele von diesem Augenblick an, durch Wachstum deren künftigen Körper zu formen und zu gestalten. Wenn dann das Kind geboren ist und die Tage der Kindheit dahingegangen sind, werden die Prozesse der sich nun entwickelnden höheren Natur innerhalb der niederen Natur, die ihrerseits in der physischen Hülle verkörpert ist, sichtbar, und zwar deutlich sichtbar für alle, die Augen haben, zu sehen, und Vernunft, zu beobachten und zu verstehen. Jeder, der die psychologischen Vorgänge seines Denkens und Fühlens überprüft, erkennt, daß im Verlaufe der Jahre, welche die Wandlung vom Kinde zum Erwachsenen herbeiführen, eine unaufhörliche, fortschreitende Reihe innerer Offenbarungen vor sich gehen, die Anfänge und Erweiterungen neuen Verständnisses, deren sich der normale Mensch mit beobachtendem Charakter oft intensiv bewußt ist und von denen er weiß, daß sie aus ihm selbst kommen und nicht von anderwärts.

Für jene, die ein wirkliches Interesse an dieser äußerst faszinierenden Episode im menschlichen Dasein haben, ist folgendes von Wichtigkeit: Die verschiedenen spirituellen, moralischen, mentalen und psychischen Phasen, die der Mensch durchläuft, wenn er aus der Kindheit hinauswächst und sich zum Erwachsenen entfaltet, sind eine Analogie, eine Wiederholung oder Reproduktion im kleinen, das heißt im individuellen Menschen. Sie sind ferner eine Analogie von dem, was bei dem weitaus umfangreicheren Schicksal der sich wiederverkörpernden Monade stattfindet, während diese ihre Reise oder Pilgerfahrt durch Zeit und Raum unternimmt, angefangen von ihrem ersten Erscheinen als nicht ich-bewußter Gottesfunke zu Beginn des kosmischen Manvantaras bis hin zu ihrem gegenwärtigen Zustand als selbstbewußter Mensch. Was in der biologischen Wissenschaft über die physiologischen Veränderungen bekannt ist, die der Embryo in seiner Entwicklung vom Keim bis zum Kind durchläuft, ist ein weiteres Beispiel für die wunderbare Art und Weise, in der die Natur im Großen wie im Kleinen Gewohnheiten oder Bahnen der Aktionen folgt.

Beim Studium der vorangegangenen Abschnitte könnte dem Leser vielleicht der Gedanke gekommen sein, daß das skizzierte Bild, obwohl es in seinen Einzelheiten logisch und folgerichtig ist, doch das auszulassen scheint, was die moderne Biologie „Vererbung" nennt. Wenn dem Leser tatsächlich diese Vermutung in den Sinn gekommen ist, so kann das nur aus dem Grunde geschehen, weil er die Struktur des Bildes noch nicht genügend erfaßt hat. Er kann sich daher nicht vorstellen, daß die vermeintliche Übertragung von gewissen physischen und anderen Eigenschaften und Merkmalen von Vorfahren und Eltern auf die Kinder – was normalerweise „Vererbung" genannt wird – nicht von kausalem Charakter ist, sondern lediglich eine Folgeerscheinung darstellt. Mit anderen Worten: Die Vererbung ist in keinem Fall eine Ursache, denn die sich wiederverkörpernde Wesenheit betritt das physiologische Milieu oder die physiologische Umwelt, zu der sie sich am stärksten hingezogen fühlt. Oder anders gesagt: Sie wird als Kind in die Familie hineingeboren, zu der sie ihre eigenen psycho-mentalen und vitalen charakteristischen Merkmale am mächtigsten hinziehen. Hieraus ist zu erkennen, daß „Vererbung" nicht eine Sache an sich ist, sondern daß das sich wiederverkörpernde Ego in seiner eigenen Konstitution gewisse Eigenschaften oder Attribute besitzt, die es zu der Familie hinziehen, in der bereits ähnliche oder identische Charakterzüge oder Attribute in Manifestation getreten sind. So ist „Vererbung" tatsächlich weit davon entfernt, ein kausales Agens zu sein; sie ist die Fortsetzung gewisser Typen oder Charaktere, die nicht im üblichen Sinne „von Elter auf Kind" übertragen werden, sondern von Elter auf Kind fortgeführt werden. Eine derartige Fortführung kommt tatsächlich aufgrund der gleichen Charakterzüge und Urbilder zustande, die den sich wiederverkörpernden und als Kinder ins Dasein tretenden Egos innewohnen oder zugehören. Aus dem Vorhergehenden dürfte sich folgendes klar erkennen lassen: Das in den letzten Abschnitten skizzierte Bild zeigt nicht nur die weiterführenden Faktoren auf, die in dem Lebensstrom enthalten sind und die unwissenderweise als „Vererbung" bezeichnet werden, sondern es stellt die natürliche und getreue wissenschaftliche und philosophische Theorie dar, die erklärt, was „Vererbung" in Wirklichkeit ist.

VI

Zuweilen bringen jene Menschen, die nur wenig denken und deren Ideen daher gewöhnlich oberflächlich und impulsiv sind, ihre Mißbilligung gegenüber der Lehre von der Reinkarnation zum Ausdruck, indem sie sagen: Soll ich noch einmal ein solches Leben durchmachen wie das jetzige? Der Himmel bewahre mich davor! Ich habe mich nicht hierher gebracht, und ich möchte nicht wiederkommen, um noch einmal ein solches Leben wie das jetzige zu erleben!" – Wer hat dich denn hierher gebracht, mein Freund? Ein anderer? Dann sag mir bitte, wer! Gott vielleicht? Dann trägt auch Gott die Verantwortung, und du brauchst nicht mehr gegen ein Leben anzukämpfen, das dir so mißfällt. Aufgrund einer solchen Ansicht setzte Gott, der Allwissende und Allmächtige, dich, wie du bist, in dein jetziges Leben, und er weiß nicht nur alles, was dir bis zum Tode widerfahren wird, sondern er hat dich aufgrund seiner Allweisheit und Allmacht absichtlich erschaffen, damit du alles das denkst und fühlst und tust, was deinen Lebenslauf von der Wiege bis zum Grabe ausmacht. Folglich ist – ex hypothesi – Gott der Verantwortliche. Da Gott das alles tat, ist offensichtlich, daß Gott es auch auf sich nehmen wird, du aber tätest gut daran, deine Seele in Geduld zu fassen und das Beste aus alledem zu machen.

Nach dieser Theorie schuf uns unser vermeintlicher Schöpfer so, wie wir sind. Er erschuf uns mit einer gewissen Menge intellektueller und moralischer Kraft und mit gewissen daraus unfehlbar folgenden Impulsen, mit einem gewissen Sehnen und Streben sowie mit gewissen Trieben. Und da er allweise ist, wußte er genau, was wir in jedem einzelnen Fall tun würden, und doch, wozu erschuf er uns – zur Verdammnis oder für den Himmel? In jedem Fall können wir weder das eine noch das andere selbst verdient oder erworben haben, denn wir wurden ja in göttlicher Allwissenheit für das eine oder für das andere erschaffen, ohne die geringste Wahl unsererseits. Diese Gedanken lehnt der Schüler der Esoterischen Philosophie restlos ab, denn es handelt sich hier nicht um eine Lehre, die mit einem gesunden und ausgeglichenen Gemüt in Erwägung gezogen oder mit logischem Verstand angenommen werden könnte. Als Theorie ist sie sowohl vom Standpunkt der Philosophie als auch vom Standpunkt wahrer Religion nicht annehmbar. So ist es also nur natürlich, daß sich unser Sinn für moralische Gerechtigkeit und für die eingeborene geistige Ordnung der Dinge gegen sie auflehnt.

Die Esoterische Philosophie, die ja die Lehre aller vergangenen Zeitalter darstellt, lehrt andererseits folgendes: Im Verlaufe der Dauer empfängt jeder Mensch zu seiner Zeit genau das, was er für sich aufgebaut hat, nicht mehr und nicht weniger. Wenn er einst diese erhabene Wahrheit gelernt hat und von ihr überzeugt ist, wird er sein Antlitz der aufgehenden Sonne zuwenden, was besagen will, sich anstrengen, um sein Leben ehrlich und aufrichtig zu gestalten. Der Sinn für moralische Verantwortlichkeit ist dann in ihm erwacht, und er wird alle seine künftigen Handlungen leiten und beherrschen. Zudem wird sich sein Herz mit unauslöschlicher Hoffnung füllen, denn er weiß nun: was er gegenwärtig ist und hat, hat er sich selbst in der Vergangenheit erworben; wenn aber das, was er jetzt hat und ist, gering und gemein ist, so steht es in seiner Macht, es groß und erhaben zu gestalten. Er kann alles das werden, was er im grenzenlosen Universum wirklich ernsthaft sein *will,* denn er ist ein integraler und daher auch ein untrennbarer Teil von ihm.

Da – wie aus dem Vorhergehenden klar ersichtlich – ein Leben nicht lang genug ist, um allen Kräften, Mächten und Fähigkeiten der Seele ein Aufblühen in Knospe und Frucht zu gestatten, so ist es für den Menschen unvermeidlich, immer wieder auf die Erde zu kommen, damit er seine bislang unerschöpften Aspirationen zu edler Vollendung bringen kann oder vielleicht auch bis er alle unmanifestierten Neigungen zu Schwächen und Fehlern ans Licht gebracht und überwunden hat. Wenn der müde und abgetragene physische Körper abgelegt wird – wie etwa ein altes Kleidungsstück beiseite gelegt wird, wenn es zerschlissen ist –, schläft die Seele eine Zeitlang in unaussprechlicher Seligkeit und genießt ihre Ruhe in rosigem Glück, ungetrübt durch irgendeinen Gedanken an Sorge und Schmerz. Es kann ein Traum genannt werden; der Schläfer aber weiß nicht, daß er träumt. Ja, es ist wirklich das gleiche, was ein glücklicher Traum für das Gemüt eines müden, schlafenden Menschen auf Erden ist. Er geht zu Bett, legt sich hin und schläft, und am Morgen erwacht er erfrischt und nimmt seine Pflichten wieder auf. Ebenso macht es die Seele am Ende eines jeden physischen Lebens, und zwar noch genauer und buchstäblicher, als es sich der nicht instruierte Leser vielleicht vorstellen kann.

In gleicher Weise, wie ein Mensch in seinem gegenwärtigen physischen Körper zu seinem eigenen Wohl oder Wehe die Pflichten auf sich nimmt oder den Anziehungen folgt, die aufgrund der Gesamtsumme seines Charakters und dessen Einwirkung auf Leben und Umgebung an ihn herantreten, wird auch das reinkarnierende Ego in die Familie, das heißt zu dem Vater und zu der Mutter angezogen – die dem eintretenden Ego den Körper geben –, die den vibrierenden Attributen und Eigenschaften im Charakter des besagten Egos am nächsten kommen. Bei jeder Geburt tritt die reinkarnierende Wesenheit in einen männlichen oder weiblichen Körper ein, oder genauer ausgedrückt, belebt oder „überschattet" ihn aufgrund psycho-mentaler und emotionaler Ursachen, die in den letzten vorhergegangenen Leben auf Erden hervorgerufen wurden.

Es läßt sich vielleicht keine bessere Stelle finden als diese, um zu sagen, daß das Geschlecht für die Menschen und in den Menschen ein Übergangs-, ein Entwicklungsereignis im Schicksal des sich wiederverkörpernden Egos darstellt. Die Urmenschheit war geschlechtslos, und die Menschheit der fernen Zukunft auf unserer Erde wird, nachdem sie Zwischenstufen durchgemacht hat, wiederum geschlechtslos werden.

Das Geschlecht ist kein Grundbestandteil, das heißt, es ist nicht etwas, das bis zu den Wurzeln der menschlichen Konstitution hinabreicht. Es ist vielmehr die Folgeerscheinung von Tendenzen und Neigungen, die in Struktur und Gewebe des niederen Teiles der menschlichen Konstitution während einer Anzahl früher durchlebter Leben eingebaut wurden. Würden wir doch unseren kleinen Teil dazu beitragen, die Illusion der falschen Geschlechtsidee zu zerstören! Wir würden dadurch mithelfen, die edlen Interessen menschlichen Glücks und Gemütsfriedens zu fördern. Das Geschlecht ist eine Auswirkung früherer Gedankenniederschläge

Geburt und Wiedergeburt – I

von emotionalen und psychisch-mentalen Tendenzen und Neigungen, denen in früheren Erdenleben nachgegeben wurde, so daß diese Tendenzen und Neigungen zur Zeit zu relativ starken Einflüssen geworden sind, die das sich wiederverkörpernde Ego zu der Wahl anleiten, und zwar ziemlich automatisch, das nächste Mal entweder in einen männlichen oder weiblichen Körper zu inkarnieren. Wie gesagt, die ursprünglichen Ursachen hierfür sind nicht tiefer in der menschlichen Konstitution verwurzelt als in dem niederen Teil des menschlichen Egos oder der Seele. Sie haben ihre Wurzeln also durchaus nicht in einem der edleren, höheren Prinzipien oder Elemente der zusammengesetzten Konstitution des Menschen.

Normalerweise bleibt das eine oder das andere Geschlecht als quasi-automatische und relativ unbewußte Wahl des reinkarnierenden Egos einige Inkarnationen hindurch bestehen. Diesen folgen mehrere Inkarnationen in einem Körper des anderen Geschlechts, wobei der Wechsel auf eine Änderung der Neigungen und Tendenzen zurückzuführen ist. Warum und wie geht das vor sich? Die dominierende Ursache, ja es kann vielleicht mit Recht gesagt werden, die Hauptursache für den Geschlechtswechsel bei der Inkarnation ist eine starke Neigung zum anderen Geschlecht während einiger der vorausgegangenen Erdenleben – in seltenen Fällen können es auch relativ viele sein. Diese Anziehung, die vermittelnde Ursache der Tendenzen und Neigungen, die aus Gedanken und Gefühlsenergie aufsteigen, feminisiert oder maskulinisiert die Lebensatome je nach Lage des individuellen Falles, und die natürliche Folge ist dann eine Inkarnation in einen Körper des betreffenden Geschlechts, zu dem die entsprechende Anziehung hinführt.

Die männlichsten Männer und fraulichsten Frauen aber sind diejenigen, die sich am wenigsten zum anderen Geschlecht hingezogen fühlen. Hier wird jedoch nicht auf Fälle sexueller Entartung Bezug genommen, welche die Natur als Verletzungen eines ihrer fundamentalen Gesetze unvermeidlich bestraft. Dieser Abschnitt bezieht sich auf die Norm, auf die allgemeine Regel. Es bleibt zu hoffen, daß die vorausgegangene Bemerkung nicht von den vielen, vielen Menschen mißverstanden wird, die wahrscheinlich die große Mehrheit der Spezies Mensch bilden, welche die Anziehung des anderen Geschlechts zwar verstehen und ihr Folge leisten, die aber dennoch ein Leben führen, das von den abstrakten Prinzipien des dem Menschenherzen eingeborenen Moralgesetzes geleitet wird. Die Idee ist jedoch folgende: Da das Geschlecht im Grunde etwas Physisches ist und seine Wurzeln in den niederen psycho-mentalen Teilen der menschlichen Konstitution hat, sind diese also nicht der Boden, auf dem jene äußerst großartigen und schönen Attribute des menschlichen Herzens aufs edelste und feinste erblühen. Sie sind in den Teilen der menschlichen Konstitution verwurzelt, die jegliche Art geschlechtlicher Anziehung weit übersteigen, und tatsächlich bilden sie die ewig sprudelnde Quelle aller Inspirationen, des Sinnes für abstrakte Schönheit, unpersönliche Hingabe und Liebe, die dem menschlichen Leben Würde verleihen, es sogar göttlich machen können.

Auch das Gebiet des Geschlechts hat seinen ihm angemessenen Platz in diesem ständig von oben herabfließenden Strom, aber nur dann, wenn die niedere, leidenschaftliche Natur so gut unter Kontrolle gehalten wird, daß die Stimme der inneren Göttlichkeit vernommen werden kann und ihre Mahnungen und Befehle befolgt werden. Aus diesem Grunde wird noch einmal wiederholt:

Geburt und Wiedergeburt – I

Die männlichsten Männer und die fraulichsten Frauen sind nicht diejenigen, deren Aufmerksamkeit sich auf das Gebiet des Geschlechtlichen konzentriert und deren Gefühlsleben daran gefesselt ist. Es sind vielmehr jene, die – obwohl sie in Körpern, wie sie heute sind, leben – sich über diese niederen Gefilde menschlichen Bewußtseins in den Äther der höheren Natur hinaufschwingen können. Die schwächsten Männer und somit also die unmännlichsten sowie die unbeständigsten Frauen und somit die am wenigsten fraulichen sind gerade diejenigen, welche auf die oben angedeutete Weise Sklaven der niederen Teile der menschlichen Konstitution sind, was aus dem Vorhergehenden klargeworden sein sollte.

Das Obige sollte auch in keiner Weise als ungünstige Kritik und als philosophische Zensur in bezug auf den rechtmäßigen Platz aufgefaßt werden, den das Geschlecht im menschlichen Leben auf der gegenwärtigen Entwicklungsstufe in der sich entfaltenden Evolution einnimmt. Die Wahrheit steht im Gegensatz dazu, denn zur Zeit ist die Ehe im Hinblick auf die große Mehrheit der Männer und Frauen nicht nur durchaus richtig, sondern auch empfehlenswert, abgesehen davon, daß sie die beste Sicherheitsmaßnahme gegen Zügellosigkeit und Unmoral darstellt. Ein ehrenhaftes Eheleben ist nicht nur aus den genannten Gründen angemessen, sondern mehr noch deshalb, weil die Ehe das Aufsichnehmen von Verantwortungen und Pflichten in sich schließt und weil die engen Bindungen sehr wichtige Lektionen in bezug auf Selbstvergessen, ja häufig sogar in bezug auf Selbstaufopferung mit sich bringen, wodurch der menschliche Charakter mit der Zeit gestärkt und die Selbstsucht unterbunden wird. Rücksichtnahme auf andere, das unablässige In-Betracht-Ziehen der anderen sowie der Wunsch für ihr Wohlergehen werden der Psyche von Mann und Frau fortgesetzt eingeflößt. So werden diese Eigenschaften zu Gewohnheiten und damit zu integralen Bestandteilen des Charakters, der dadurch schneller wächst und sich entfaltet.

Weniger um einen neuen Gedanken hineinzubringen als um das Bild abzurunden und um noch einige Details einzusetzen, kann abschließend noch hinzugefügt werden: Es sind nur relativ wenige, denen es auf der gegenwärtigen Stufe menschlicher Entwicklung nach reiflicher Überlegung vollkommen gelingt, die normalen menschlichen Beziehungen mit ihren Pflichten zu lösen, um den einsamen, aber dennoch edlen Pfad der Chelaschaft zu beschreiten. Dies wird nicht deshalb gesagt, um jemanden zu entmutigen, die ersten Schritte auf diesem erhabenen Pfad zu unternehmen, denn das kann jeder Mensch, der ein rechtschaffenes und aufrechtes normales Leben führt. Dies wird vielmehr im Hinblick auf die etwas unsteten Gemüter gesagt, die meinen, eine forcierte Enthaltsamkeit des Körpers sei etwas Bewundernswertes, sie sei lobenswert oder zu empfehlen, obgleich das Gemüt ein Pfuhl unrühmlicher Süchte ist.

Diese ersten Schritte auf dem glorreichen Pfade der Chelaschaft, der Jüngerschaft, kann jeder tun. Sie bestehen in einer inneren Läuterung, die Herz und Sinn umfaßt, und in der Säuberung des Augiasstalles von mentalem, emotionalem oder psychischem Schmutz, der die niedere mental-leidenschaftliche Konstitution des Menschen überkrustet. Nicht diejenigen, die in bezug auf den Körper das Zölibat einhalten, deren Gemüter aber dennoch durch üble Sinnesträume verdorben sind, folgen dem Pfade. Es sind vielmehr jene Menschen, die, einerlei, in welcher Lebenslage sie sich befinden mögen, sich selbst mit starkem Willen und eisernem Training fest in der Hand haben und den Anfang machen, indem sie denjenigen, mit denen sie Bande der Ehre, der Pflicht oder Bindungen moralischer Verpflichtungen irgendwelcher Art verknüpfen, das gebührende Maß an gütiger Gerechtigkeit und Rücksichtnahme zuteil werden lassen.

Starke Zuneigung und ebenso starke Abneigung sind psychomagnetische Kräfte, deren Wechselwirkung einen weitreichenden Einfluß auf den niederen Teil der menschlichen Konstitution haben kann. Sie vermögen den Menschen, gleich, ob er als Mann oder Frau existiert, wirkungsvoll zu seinem künftigen Wohlergehen oder zu seinem künftigen Verderben zu leiten. Es ist sozusagen eine psychologische Eigenheit, daß es möglich ist, den abwärtsführenden Pfad sowohl durch irregeleitete Neigungen zu betreten als auch durch Unterwerfung des Willens und Denkens unter die starken inneren Antipathien, die der Mensch in sich beherbergt. Ein Weiser, ein Mann mit tiefem Verständnis, sagte: Liebe und Antipathie sind im Grunde das gleiche, sie sind lediglich polarisiert, um verschiedene Richtungen einzuschlagen. Antipathie oder Haß sind nicht immer zurückstoßend und abweisend in der Wirkungsweise und deren nachfolgenden Resultaten, sie scheinen eine ebenso geheimnisvolle zusammenführende und anziehende Kraft zu besitzen wie die Liebe, deren Gegenpol Haß oder Antipathie darstellen. Die zwei Pole der Elektrizität und des Magnetismus werden diese Tatsache durch Analogie wahrscheinlich aufhellen können.

Hieraus ergibt sich folgendes: Wo über den Abgrund des Todes hinaus Liebe oder Haß bestehen bleiben, was ja in Wirklichkeit stets der Fall ist, führen die in Bewegung gesetzten karmischen

Ursachen diejenigen Menschen zusammen oder vereinigen sie wieder, die diese gegensätzlichen Gefühle ursprünglich empfunden haben. Auf diese Weise begegnen sie sich dann in späteren Leben unvermeidlich wieder. Wenn nun das eine oder andere Gefühl sehr stark gewesen ist, kann die Reinkarnation der betreffenden Menschen sehr leicht in derselben Familie stattfinden, was tatsächlich oft der Fall ist. Fälle, in denen zum Beispiel Bruder und Schwester oder Bruder und Bruder oder Schwester und Schwester, ja selbst Eltern und Kind eine „unerklärliche" Antipathie gegeneinander haben, sind häufig genug, um universal anerkannt zu werden, obwohl sie wahrscheinlich ungewöhnlicher sind als die Fälle, in denen eine höchst bewundernswerte brüderliche und schwesterliche Freundschaft sowie Sympathie besteht.

Obiges gibt nur ein einzelnes Beispiel dafür, wie die besondere Operation der Natur, die Wiederverkörperung genannt wird, wirksam ist. Doch bezieht sich das, was in bezug auf Ursachen und deren Früchte gesagt wurde, ebensogut auf alle Fälle, die mit reinkarnierender Wiedergeburt in Verbindung stehen. Den Menschen hungert oder dürstet es nach hohen oder niedrigen Dingen, er strebt ihnen nach, er sehnt sich nach ihnen; dadurch aber setzt er Naturkräfte in Bewegung, und zwar nicht nur vor allem in seiner eigenen Konstitution, sondern ebenfalls auch in seiner Umwelt. Dies kann weder verhindert noch vollständig abgeleugnet werden, da es nicht anders möglich ist, denn der Mensch selbst, sein ganzes Wesen, ist in seine Umwelt verwickelt, und er kann seinem Schicksal, dem Schicksal, das er sich während vieler früherer Leben Schritt um Schritt für sich aufgebaut hat, ebensowenig entfliehen, wie die Planeten des Sonnensystems der festen Leitung von seiten ihrer Zentralsonne entrinnen können.

So sind es also diese unlösbaren Bindungen an die Natur und die vielen verworrenen Schicksalsfäden, die der Mensch – wie die Spinne ihr Netz – in seiner Umwelt und durch dieselbe um sich herum webt und die sein Schicksalsgewebe ausmachen, wie in vorhergehenden Kapiteln erklärt wurde. Durch diese werden die Sphären der Betätigung und die Gebiete der Durchführung abgesteckt und begrenzt, an welche die Monade zur Zeit gebunden ist und die daher auch ihre Rückkehr zu wiederholten Wiedergeburten auf Erden zuwege bringen.

VII

Einige Leute sagen: „Die Lehre von der Reinkarnation gefällt mir nicht. Sie scheint mir nicht wahrheitsgetreu zu sein." Fragt man nach dem Grund, so lautet die Antwort fast unterschiedslos neben anderen ebenso abgedroschenen und unbegründeten Einwendungen: „Weil ich mich an meine früheren Leben nicht erinnern kann." Warum aber sollte man sich an seine früheren Leben erinnern? Oder auch: Wie könnte man sich der Einzelheiten seiner vergangenen Leben erinnern? Man könnte diese Menschen wohl fragen: „Können Sie sich denn daran erinnern, wann sie sich in diesem Leben ihrer selbst bewußt wurden? Können Sie sich daran erinnern, wann Sie zum ersten Mal eine vollständige Mahlzeit zu sich nahmen und damit aufhörten, die Milchflasche zu nehmen und Brei zu essen? Können Sie sich auch nur daran erinnern, was Sie heute morgen erlebt haben, so daß Sie sich *alle* Einzelheiten in richtiger Reihenfolge ins Gedächtnis zurückrufen könnten? Können Sie sich daran erinnern, was heute vor einem

Jahr geschehen ist? Wissen Sie noch, an welchem Tag Friedrich der Große von Preußen gestorben ist oder an welchem Tag Napoleon nach St. Helena segelte? Wissen Sie noch, wann Julius Caesar geboren oder wann Antonius gestorben ist? Wissen Sie noch das Datum der Branntweinschlacht?"

Wenn der Einwand, daß man sich nicht daran erinnern kann – wie er gegen die Tatsache der Reinkarnation angewandt wird –, etwas wert ist, dann gilt dieselbe Regel auch hier: weil wir uns nicht daran erinnern können, hat niemand etwas von dem getan, was gerade angegeben wurde, das heißt, einer von ihnen wurde nie geboren und zwei sind nie gestorben. Der Fragesteller aber kam sich seiner selbst nie zum Bewußtsein, er erlebte auch nie die Zeit, in der er seine erste vollständige Mahlzeit einnahm, und das alles, weil er sich nicht daran erinnern kann! Das Argument ist wertlos, weil es trivial und oberflächlich ist, und es kann nicht angewandt werden, sofern es nachgeprüft wird. Hier kann noch die offensichtliche Tatsache hinzugefügt werden, daß jeder neue Körper auch ein neues physisches Gehirn enthält, welches das Instrument des physischen Gedächtnisses ist und folglich in jeder neuen Inkarnation erneut geschult werden muß. Es ist offensichtlich, daß als Einwand gegen frühere Existenz nicht vorgebracht werden kann, daß sich das Gehirn nicht an Dinge erinnert, die stattgefunden haben, bevor es existierte, und zwar aus dem einfachen Grund, weil es noch nicht da war, um sich an das zu erinnern, was stattgefunden hatte. Nichtsdestoweniger gehört das Gedächtnis tatsächlich zur inneren Struktur und zum Gewebe des sich wiederverkörpernden Egos. Der Verfasser geht sogar so weit, zu sagen, daß es möglich ist, wenn auch außergewöhnlich schwierig, vergangene Ereignisse nicht nur in ihrem weiten oder

Geburt und Wiedergeburt – I

allgemeinen Aspekt, sondern auch in ihren winzigen und besonderen Einzelheiten aus den Bewußtseinsschichten hervorzuholen. Doch zum großen Glück für die breite Masse der Menschen sind diese hierzu nicht in der Lage. Denn es darf wohl gewagt werden, zu behaupten, ohne befürchten zu müssen, mit den Tatsachen in Widerspruch zu geraten, daß man vor diesen Enthüllungen zurückschrecken würde wie vor einem Blick in die Hölle, könnte man in seine vergangenen Leben zurückschauen, die Schrecken und Erbärmlichkeiten sehen sowie das Elend, die Verbrechen und die Verzweiflung wie auch die Todesängste des Herzens und Gemüts, und dies trotz der Tatsache, daß man außerdem sicherlich auch Dinge von großer Schönheit finden würde, Taten von hohem Adel und Wagemut, Beispiele glorreicher Selbstverleugnung und alles andere, was die Leben in der Vergangenheit schön und erhaben gestaltet hat. Niemand, der wirklich weiß, was es bedeutet, „einen Blick in seine vergangenen Inkarnationen zu werfen", würde jemals das Verlangen haben, es zu tun, sondern er würde seinen Geburtsstern segnen, daß er vor der Geburt Lethe, den Fluß gesegneten Vergessens, überquert hat und nicht mehr von den plärrenden Schatten übler Erinnerungen an eine unedle Vergangenheit heimgesucht wird. Könnten die Schleusen der Erinnerungskanäle weit aufgetan und zurück durchschritten werden, bestünde wenig Zweifel darüber, daß die Enthüllungen aus der eigenen Vergangenheit, die der unglückliche Forscher finden würde, ihn wahrscheinlich in die Irrenanstalt bringen würden. Wie einer unserer großen Lehrer, K. H., einmal dem Sinn nach sagte: „Es gibt einige, die in ihre Vergangenheit zurückblicken können; ich für meinen Teil lege keinen Wert darauf." (in: „The Mahatma Letters to A. P. Sinnett", S. 145; engl. Originalausgabe von A. T. Barker).

Man betrachte das Gemüt eines Kindes, wie es sich vom Säuglingsalter an durch Kindheit, Jugend und Mannesalter entwickelt. Auf jeder Stufe erwirbt es sich neue Kräfte und Fähigkeiten und gewinnt neue Anschauungen. Auf allen Stufen dieses Entwicklungsganges oder des sich entfaltenden Wachstums erinnert es sich und vergißt dann ebenso schnell wieder sehr viel von den Dingen, die keinen tiefen Eindruck auf sein Gemüt hinterlassen haben, obwohl es diese durchlebt und vielleicht ihretwegen gelitten oder sogar Freude an ihnen gehabt hat. Dennoch ist es richtig, festzustellen, daß irgendwo in der inneren Konstitution des Menschen alles unauslöschlich aufgezeichnet ist, ja sogar bis zu den geringfügigsten Einzelheiten, die das Auge einfing, das Ohr hörte, der Tastsinn wahrnahm, der Körper fühlte und welche die Nase und die Zunge empfanden. Der inneren Konstitution geht von der unauslöschlichen Aufzeichnung nichts verloren. Was für ein ernstes, ja nachdenklich stimmendes Bild diese Tatsache uns doch vorlegt!

Neben einer Anzahl anderer Beweise, die angeführt werden könnten, haben wir einen äußerst schlagkräftigen Beweis für das Fortbestehen der Individualität bei vollständigem Verlust der Erinnerung an persönliche Identität auf unbestimmte Zeit in den sehr bemitleidenswerten Fällen psychologischer Amnesie (Gedächtnisverlust). In diesen Fällen erleidet ein hiervon betroffener Mensch plötzlich den vollständigen Verlust des persönlichen Gedächtnisses, seiner wirklichen Identität. Er geht zum Beispiel zu einer Polizeiwache oder anderswohin und sagt, er befinde sich in einer fremden Stadt und gehe durch die Straßen, die ihm gänzlich neu seien, und er habe keine Ahnung, wo er sei oder wer er sei. Die Zeitungen berichten von Fällen dieser Art. Nach einer mehr oder weniger langen Zeitspanne, die sich über ein paar Stunden, über Tage, Monate oder selbst Jahre erstrecken mag, kehrt das Gedächtnis des Betreffenden dann vielleicht ebenso plötzlich, wie es den Leidenden verlassen hatte, zurück, und es kann sein, daß dieser Mensch dadurch in äußerst peinliche Situationen geraten ist: Vielleicht ist er jetzt mit einer anderen Frau verheiratet; vielleicht hat er nun ein blühendes Geschäft oder einen guten Beruf und so weiter. Gemäß der Theorie: „Ich kann mich an meine früheren Leben nicht erinnern", hatte ein solcher Mensch nie sein früheres Leben, war nie sein früheres Selbst, und zwar lediglich aus dem Grunde, weil er infolge seiner seltsamen und bedauernswerten Krankheit alle diese Einzelheiten vollständig vergessen hatte. Dies ist wohl wert, darüber nachzusinnen und jene, die meinen, in der Idee des „Sich-nicht-erinnern-Könnens" stecke eine vernünftige und beweiskräftige Begründung, sollten dies ebenfalls tun.

Der beanstandete Einwand ist aber auch im übrigen nicht richtig: Tatsache ist, daß wir uns doch erinnern; aber nicht im einzelnen, sondern eher im allgemeinen, und zwar trifft das auch, wie gezeigt wurde, in jedem Einzelleben im Körper zu. Wir erinnern uns an Dinge, die in einer Lebenszeit auf unser Bewußtsein am meisten Eindruck gemacht haben; Dinge, die sich unserem Charakter eingeprägt und ihn auf diese Weise geformt haben; Dinge, die sich in die Tafeln des Gedächtnisses, des Gemüts, der Seele – man nenne es, wie man will – so eingeritzt haben, daß sie uns als unvergängliche und wirksame Tatsachen und Bewußtseinsfunktionen verblieben sind. Sogar unsere Wahrheitsliebe ist die Reminiszenz oder Erinnerung an ein in früheren Leben erworbenes Wissen, obgleich dieses Sich-Erinnern zur Zeit unbewußt sein mag.

In seinen jüngeren Jahren schrieb der englische Dichter Tennyson ein Sonett (Klinggedicht), das aus irgendeinem Grund in den späteren Ausgaben seiner Werke gewöhnlich weggelassen ist:

„Als ob mit gesenktem Blicke man sinnt und
grübelt und zurückebbt in ein früheres Leben,
als ob in wirrem Traume man weit zurückfällt
in Stadien, die mystisch sich ähneln;
man spreche nur, man räusp're sich, man rücke mit dem Stuhl,
stets wird das Wunder größer, immer größer,
so daß man sagt: ,All dies war schon zuvor,
all dies ist schon gewesen, ich weiß nicht wann noch wo.'
So, Freund, als ich zum ersten Mal ins Aug' dir blickte,
wie fand da gleich dein Denken und das meine
so wahre Antwort füreinander –
zwei Spiegeln gleich, einander gegenüber,
sich gegenseitig reflektierend –,
so daß mich dünkte, kenn' ich auch nicht Zeit noch Ort,
ich wär' dir schon so manches Mal begegnet
und jeder lebte in des andren Herz und Rede."*

Ja, das ist eins von den Dingen, die wir bewußt mit uns zurückbringen: Liebe und Wiedererkennen spiritueller Sympathien und außerdem, die Wurzel von allem, unseren *Charakter*.

---

* „Frühe Sonette", I.

4. Kapitel

Geburt und Wiedergeburt – II

Unter Charakter sind nicht nur die zu der Gesamtsumme einer Seele gehörenden je gedachten Gedanken, die je durchlebten Gefühlsregungen und der Ursprung aller je von ihr begangenen Taten zu verstehen; der Charakter ist weit mehr. Hierbei beziehen wir uns nicht so sehr auf den etymologischen oder historischen Gebrauch des Wortes „Charakter", sondern eher auf jenes essentielle *Ding* oder *Wesen,* für das Charakter eine der präzisesten Bezeichnungen ist. Dieses andere Etwas ist die innere Flut eines spirituellen Lebens, ein Bewußtseinsstrom, der, wenn als Individuum betrachtet, in der Umgangssprache gewöhnlich als ein *Zentrum* oder eine *Kraft* bezeichnet wird, aus der die ursprünglichen, in Taten resultierenden Motive sowie auch Intelligenz, Bewußtsein und moralische Impulse emanieren, die komponente Teile oder besser Aspekte des „Stromes" sind. Folglich ist der „Charakter" einer Wesenheit das Selbst dieser Wesenheit, das dem prüfenden Blick des inneren Auges als dual in der Manifestation erkennbar ist, aber als einheitlich in der Essenz, der essentielle Bewußtseinsstrom und das zusammengesetzte Gefüge des Denkens, des Fühlens und des daraus folgenden Impulses. Diese werden als Reaktionen auf den Druck der Kräfte des essentiellen Zentrums auf das umgebende Universum geboren oder hervorgerufen, in dem das Wesen lebt, sich bewegt und sein Dasein hat und von dem es ein integraler und daher untrennbarer Teil ist.

Wird das Wort Charakter jedoch in dem engeren, uns überdies vertrauteren Sinne angewandt als Bezeichnung für die individuelle Färbung, die die Manifestation aus dem essentiellen Selbst hervorlockt und die dadurch eine Wesenheit „charakteristisch" anders gestaltet als eine andere Wesenheit, dann ist ersichtlich, daß der „Charakter" in den durch Erfahrung entfalteten Produkten, die das Netz und das Gewebe der sich manifestierenden Monade formen, psychologisch festgelegt ist und daß der Charakter somit hauptsächlich das Aggregat der karmischen Folgen aus vergangenen Leben ist. So kommt es, daß nicht einmal zwei Bäume in sämtlichen Wäldern und Forsten der Erde einander völlig gleich sind, denn jeder einzelne Baum hat seine individuelle Färbung, die ihn von allen anderen Bäumen, selbst von denen seiner nächsten biologischen Verwandten, unterscheidet. Nein, nicht einmal zwei Blätter eines einzelnen Baumes sind vollkommen gleich, das ist offensichtlich, denn würden sie völlig übereinstimmen, wären sie nicht zwei Blätter, sondern nur eines. Jeder Baum, jede Pflanze, jedes Tier, tatsächlich jedes Atom oder auch jedes Molekül hat seinen eigenen „Charakter" – in diesem Sinne des Wortes –, genauso wie der Mensch seinen „Charakter" hat und dieser „Charakter" ihn von allen anderen Menschen unterscheidet. In all diesen Fällen ist der „Charakter" das Karman aus der Vergangenheit des Menschen oder der Wesenheit, so daß also ein Mensch tatsächlich sein eigenes Karman ist, das heißt die vereinigte karmische Anhäufung der Folgen aller seiner vergangenen Leben und Existenzen. Das gleiche kann von allen anderen Wesen und Wesenheiten im Universum gesagt werden, ob sie hoch oder niedrig, groß oder klein, relativ entwickelt oder relativ unentwickelt sind.

I

Der große Grieche Plato hatte vollkommen recht, wenn er alles Wissen, alle Weisheit, alles innere Lernen der Erinnerung zuschrieb, dem Wieder-Einsammeln, dem Wieder-Eingliedern der Dinge, die wir getan, der Gedanken, die wir gedacht, und der ideellen und materiellen Dinge, die wir *in anderen Leben* zu einem Teil von uns selbst gemacht haben und die somit zu Teilen unserer Seele, zu Teilen unseres besonderen Charakters, geworden sind. Diese Erinnerungen bringen wir in allgemeiner Form aus früheren Leben als Charakter mit, denn der Charakter eines Menschen besteht aus der Quelle, oder genauer gesagt, er ist die Quelle seines Genius und aller seiner Fertigkeiten, Talente, Befähigungen, Neigungen, Sympathien, Antipathien, Instinkte, Reize und seiner Abneigungen.

Legen wir uns einmal die in diesem Zusammenhang berechtigte Frage vor: Woher sind denn alle diese Elemente unseres Charakters gekommen? Sind sie zufällig da, weil wir geboren wurden? Was ist das für ein Argument, zu sagen, sie seien zufällig da? Sind wir Kinder, die noch nicht denken gelernt haben, oder sind wir uns unserer psycho-mentalen Prozesse noch nicht bewußt, daß wir uns durch ein derart abschweifendes Geschwätz beiseite schieben lassen? Solche Dinge sind nicht „zufällig" vorhanden, und zu sagen, sie wären es, ist durchaus keine Erklärung. Eine „Erklärung", die nur in anderen Worten das wiederholt, was bereits in einer Form des Wortes bekannt ist, ist lediglich ein Bekenntnis von Unwissenheit. So wird also noch einmal gefragt: Woher kamen diese Richtungen, Neigungen und Attribute des Charakters? Sie sind mit Sicherheit nicht „zufällig" da, und zwar aus dem einfachen Grunde, weil wir in einer Welt der Ordnung leben, in einer Welt strenger kausaler Aktivität, in der die Wirkungen auf die früher erzeugten Ursachen folgen. In dieser Kette folgt die Ewigkeit hindurch Handlung auf Handlung in endloser Verkettung von Verursachungen: eine Aktion erzeugt eine Reaktion und diese als Aktion wieder eine Reaktion usw., ohne Ende, und in bezug auf den Menschen geschieht dies ebenso unentrinnbar wie bei allen anderen Wesenheiten und Dingen.

Die Wirkungsweise dieser Kette der Verursachung ist es, die den Charakter aufbaut, genauer ausgedrückt, es ist die *Evolution,* das Entfalten, das Hervorfließen oder die Emanation der innersten Kräfte oder Impulse unserer Geist-Seele, die ständig nach weiterer Ausdehnung sucht, um sich auf immer neuen Gefilden des Lebens auszubreiten. Die Gesamtheit der Folgen oder Resultate dieser Aktivitäten, Kräfte oder impulsiven Antriebe formt den Charakter. So ist unser Charakter also etwas Wachsendes, das sich in Form von Neigungen, Tendenzen und Attributen, durch Talente und eingeborene Fähigkeiten sowie durch unsere Anlagen manifestiert.

Nichts ist hinsichtlich menschlicher Erfahrung so alltäglich wie die Unterschiede zwischen Männern und Frauen in bezug auf

Geburt und Wiedergeburt – II

ihren individuellen Charakter, ihre Fähigkeiten, persönlichen Eigenarten, Stärken und Schwächen. Das sind anerkannte Tatsachen; doch wie sind sie entstanden? Woher sind sie gekommen? Wir beobachten ferner die gravierenden Unterschiede, die in den mannigfaltigen Lebensumständen der Menschen bestehen, in die diese hineingeboren werden und denen sie mehr oder weniger ausgesetzt sind. Das eine Kind wird, wie die Redensart heißt, „mit dem goldenen Löffel im Munde" geboren, das andere muß von Jugend an hart für den bloßen Lebensunterhalt kämpfen, bis der Tod ihm Frieden und Ruhe schenkt. In bezug auf die wirklichen Qualitäten der Seele mag das letztgenannte Kind jedoch bei weitem der bessere Mensch sein, und dies ist sehr häufig der Fall.

Jeder Mensch folgt jener besonderen Lebenslinie, jenem besonderen Evolutionspfad, den die richtunggebenden Einflüsse der gesamten Ansammlungen aller Eigenschaften und Neigungen für ihn notwendig werden lassen. Sie wurden in früheren Inkarnationen ohne Unterbrechung eingesammelt und sind heute um das monadische Selbst, die Mitte oder den Kern seines Wesens, als dessen gegenwärtiger Charakter angehäuft.

Was aber jene Menschen betrifft, deren Leben scheinbar mehr als angemessen in Leid und Not abläuft, so kann mit Recht gesagt werden, daß die Schuld an diesen Schwierigkeiten und die Verursachung des Leidens durch eigene Fehler im Denken, Fühlen und Handeln in vergangenen Leben hervorgerufen wurde und daher auf diese zurückgeführt werden kann. Der absichtlich falsche Gebrauch des Willens, die Gleichgültigkeit dem moralischen Gesetz gegenüber oder die Vernachlässigung des richtigen Gebrauchs anderer Fähigkeiten haben in früheren Leben in dem betreffenden

Charakter sozusagen periodische Unvollkommenheiten hinterlassen. Wenn die Menschen dieser Art dann reinkarnieren, treten die karmischen Resultate unweigerlich in Form von Unvollkommenheiten des Verstehens oder von begrenzten Fähigkeiten zutage, die unfehlbar darauf hinauslaufen, daß sie Perioden des Unglücks, der Sorge oder des Schmerzes zuwege bringen.

Die Natur ist jedoch grundsätzlich äußerst gütig, denn ihr Herz ist absolutes Mitleid. Die Gesamttendenz und der Antrieb des Lebens äußern sich in dem ständigen Drang, vollkommener zu werden, und dieser führt letzten Endes zu – wenn auch relativer – Vollkommenheit, und zwar durch Evolution im Sinne des Auswickelns oder Entfaltens oder infolge emanierender Manifestation von Kräften, Fähigkeiten und Attributen, die der sich wiederverkörpernden Monade innewohnen, bisher aber noch latent waren. Auf diese Weise gibt uns die Natur durch wiederholte Inkarnationen, die in regelmäßiger, fortlaufender Ordnung einander folgen, unzählige Chancen, durch Fehler und Missetaten zu lernen, es besser zu machen und uns zu vervollkommnen, also unseren Charakter zu verfeinern für eine wahrhaft glorreiche Zukunft in kommenden Äonen. Das Leben ist in der Tat eine kosmische Schule, in der wir beständig lernen.

Denken wir aber auch daran, daß die Armen und Leidenden auf Dauer durchaus nicht notwendigerweise die Unglücklichsten sind. Ein Kind, das mit einer Schatzkammer von Fähigkeiten, Talenten oder Begabungen geboren wird und somit seinen speziellen Charakter besitzt, der von lichten Gedanken geleitet und von edlem Streben angetrieben wird, besitzt in seiner Geist-Seele etwas, von dem ein weniger bedeutender Mensch nichts weiß, obwohl dieser – physisch gesprochen – ein vom Schicksal verwöhnteres

Geburt und Wiedergeburt – II

Kind sein mag. Der erstere besitzt etwas Wirkliches, etwas von unsagbarem Wert, auf das er trotz der Prüfungen, trotz Schmerz und Leid, zurückgreifen kann, und dieses Etwas ist: er selbst! Unvorstellbare Schätze hat er in seiner Seelenessenz für den Gebrauch bereitliegen, die fast nach Belieben herangezogen werden können. Andererseits braucht für eine schwache Seele ein glückliches Leben – das vom Standpunkt materiellen Wohlstands so genannt wird – durchaus nicht etwas besonders Gutes zu sein in Hinblick auf die fast endlose Reihe von Gelegenheiten, die die Versuchung für den Abstieg oder Rückgang auf dem Lebenspfad eröffnet. In der nächsten oder einer zukünftigen Inkarnation wird die Kette der Verursachung, in der in endloser Linie verketteter Konsequenzen Wirkung auf Ursache folgt, diese schwache Seele dann zu Inkarnationen führen, zu denen sie ihre degenerierten Anziehungskräfte hinziehen mögen, ja fast unfehlbar hinziehen werden. Eine solche Seele, die ihre Chancen außer acht gelassen und ihre Gelegenheiten mißbraucht hat, muß dann härter leiden als eine andere Seele, die in diesem Bild den Kontrast darstellt und die sich bei einer passenden Drehung des Lebensrades vielleicht in die glücklichste physische Umwelt hinein inkarniert sieht und sich „gesegnet" fühlt in den physisch angenehmsten und reizvollsten materiellen Verhältnissen.

Die Natur macht keine fundamentalen oder grundlegenden Fehler. Reinkarnation ist die unvermeidliche karmische Folge oder Konsequenz des Ausbalancierens der Kräfte in der Konstitution des Menschen, und zwar exakt den umfassenderen Gesetzen entsprechend, die das Steigen und Fallen der Waage kosmischer Gerechtigkeit regieren. Wir säen und ernten schließlich genau das, was wir gesät haben. Der Grund aber, warum sich eine in Bewegung gesetzte Ursache nicht gleich in demselben oder in dem nächsten Leben manifestiert, ist folgender: es hat sich noch keine Öffnung aufgetan, durch die sich diese kausalen Impulse in charakteristische, folgerichtige Tätigkeit umsetzen konnten.

Diese Ursache wird jedoch als karmische Folge unfehlbar zur Manifestation drängen, sobald sich die Tür zur Ausdrucksmöglichkeit für sie öffnet. So kommt es, daß Ursachen vielleicht ein, zwei, drei oder selbst mehrere Leben lang latent im Charakter des Menschen verbleiben, bevor sie ihr geeignetes Manifestationsfeld finden, um sich zum Selbst-Ausdruck zu bringen.

Die heutigen Menschen, besonders die des Abendlandes, denen die „Innenschau" im wahren Sinne ungewohnt ist, scheinen anzunehmen, daß nur die Dinge, die zu den physischen Sinnen in Beziehung stehen, wahren Wert haben. In Wirklichkeit aber haben diese den geringsten Wert, und jeder Mensch mit normalem Verstand weiß dies instinktiv, wenn nicht auf andere Weise, sehr wohl. Was ist ein Dollar im Vergleich zu einer Idee? Was ist ein Poet, welche Stellung nimmt er ein; und was ist ein geldgieriger Mensch, welche Stellung nimmt dieser ein? Welcher von beiden ist die mächtigere Triebkraft in seiner Umwelt, und welcher wirkt kraftvoller auf sie, ja auf die gesamte Welt ein? Mit diesem zuletzt vorgebrachten Vergleich soll jedoch in keiner Weise ein ungerechtes oder abfälliges Urteil über ehrliches, rechtmäßiges Anhäufen von Gütern dieser Welt gefällt werden, vorausgesetzt, daß der erworbene Reichtum für erhabene Zwecke verwendet und nicht für übles oder rein selbstsüchtiges Handeln mißbraucht wird.

Was für Menschen sind der Philosoph, der Retter oder der Offenbarer? Sind sie Menschen, die sich in den wilden Wirbeln physischen Lebens verlieren? Oder sind sie Menschen, die positiv auf die negativ wirkenden Strudel physischer Existenz reagieren und dadurch aufgrund des unbezähmbaren Genies, das in ihnen lebt und durch sie wirkt, der Welt einen Stempel aufdrücken?

Große Männer und große Frauen sind immer jene, die das innere Leben gelebt und von den verschiedenen Quellen des Geistes getrunken haben, indem sie aus dem unerschöpflichen Born der Erfahrung tranken, die sie in fast ungezählten Leben auf unserem Globus und in anderen Sphären und Welten gewonnen haben. Der Charakter ist in seiner Essenz das Selbst, oder genauer gesagt, die Kleidung, die das Selbst um sich herum webt. Diese Kleidung ist teils aus der Essenz des Selbstes und teils aus den Gewändern der Erfahrungen und des in früheren Leben aufgespeicherten Wissens zusammengesetzt. Der Charakter ist also in seiner Manifestation während des Erdenlebens das – zumindest zum Teil –, was aus dem Selbst hervorevolviert ist, und zum Teil ist er die Schatzkammer des Wissens und der Erfahrung. Unter diesem sich entfaltenden Wachstum wird das Hervorfließen der Kräfte und Attribute des Geistes in aktive Manifestation verstanden. Diese wird dauerhaft und fest aufgrund des Aufbaus und der Zusammensetzung innerer, unsichtbarer Vehikel in der menschlichen Konstitution, die in ihrer Ansammlung die psychologische oder psycho-mentale Natur des Menschen bilden. Diese Wesensart oder dieser Charakter bringt sich durch das physische Gehirn zum Ausdruck. Das physische Gehirn reagiert automatisch und instinktiv auf die Kräfte, auf den Drang, auf den Antrieb oder die Impulse und Anregungen von seiten der unsichtbaren psychologischen Natur, die von innen hervorfließen, um sich zum Ausdruck zu bringen.

II

Der intuitive Leser sollte allmählich nicht nur eine allgemeine Vorstellung von den in der menschlichen Konstitution wirksamen Elementen gewonnen haben, die die Wiedergeburt zuwege bringen, sondern ebenfalls auch von den unaufhörlich aktiven, aus vorhergehenden Leben mit herübergebrachten Ursachen, die infolge ihres niemals sterbenden Impulses und Dranges nach Selbstausdruck neue Wiederverkörperungen zustande bringen. Um jedoch die Lehre der Wiedergeburt – wie der Mensch geboren und zu wiederholten Malen wiedergeboren wird – richtig und klar verstehen zu können, sollte man zumindest etwas über das wissen, was in manifestiertes physisches Leben auf Erden zurückkehrt. Es ist nicht der „Funke" oder das Zentrum der Gottheit (welche die spirituelle monadische Essenz der menschlichen Konstitution darstellt), das ohne Zwischenvehikel, Hüllen oder Gewänder des Bewußtseins in menschliches Fleisch inkarniert. Das ist nicht möglich, denn eine Unterbrechung des Überganges zwischen dem Spirituellen und dem groben Fleisch und Blut würde eine zu große Kluft bedeuten. Es werden Mittler gebraucht; vermittelnde und übertragende Faktoren sind notwendig, um den gewaltigen Glanz des Geistes „heruntertransformieren", damit er durch seinen emanierten Strahl das physische Gehirn und den physischen Körper erreichen kann. Außerdem benötigt der göttliche Funke die Erfahrung im Fleische nicht, denn er schwebt sozusagen hoch über diesen niedrigen Zuständen, durch die er sich in ferner Vergangenheit, in langvergangenen Äonen evolutionärer

Geburt und Wiedergeburt – II

Kreisläufe in der Materie, entwickelt hat, um das zu werden, was er jetzt als entfaltete Monade ist. Der göttliche Funke bleibt für immer in seiner eigenen Sphäre vollkommenen Bewußtseins und vollkommener Seligkeit, deren Licht und Kräfte unauslöschlich sind. Dennoch ist er unser Wesenskern, unser Herz, unsere göttliche Wurzel. Dies bedeutet, daß jedes Wesen und jeder Mensch in seinen innersten Teilen von einer solchen individuellen Monade erleuchtet wird: so viele Monaden im Himmel, so viele Menschen auf Erden. Die Monade benötigt keine irdische Erfahrung, denn in bezug auf diese ist sie in sich selbst völlig allwissend und steht jenseits und unbeeinflußt von allen Entwicklungsstufen grober Materie, die unsere Erde enthält. Die Natur macht keine zwecklosen und törichten Gebärden. Dies wäre so, als wollte man zur Sonne sagen: „Komm herab auf die Erde und schlage hier dein Gezelt auf!"

Auch ist es natürlich nicht der physische Körper, der reinkarniert, denn der Körper ist lediglich das Instrument, das Vehikel, der Träger, das Organ, durch welches sich die reinkarnierende Wesenheit auf unserem physischen Plan und auf unserer Erde zum Ausdruck bringt. Außerdem hat sich am Ende des letzten Lebens der damalige Körper in seine Bestandteile aufgelöst.

Bezug genommen wird hier auf das sich wiederverkörpernde Ego, denn es ist dieses Ego, häufig das reinkarnierende Ego genannt, das sich mittels seines projizierten Strahles wiederverkörpert und dadurch sein physisches Vehikel, den Körper, belebt, inspiriert und zusammenhält. Trotzdem gibt es noch eine andere Bedeutung, der zufolge mit Recht gesagt werden kann: Der physische Körper eines Erdenlebens reinkarniert oder wiederverkörpert sich nicht *in* dem physischen Körper, sondern *als* der physische Körper des nächstfolgenden Lebens. Dieses geschieht durch die wandernden und transmigrierenden Lebensatome, die den Körper in einem Erdenleben aufbauen und beim Tode, bei der physischen Auflösung des Körpers, frei werden und die nun ihre Wanderungen durch die Elemente und Reiche der Natur verfolgen. Aufgrund der starken psycho-magnetischen Anziehung, die das „herabsteigende", sich wiederverkörpernde Ego auf die Lebensatome ausübt, werden diese wieder zueinander hingezogen, um im nächsten Erdenleben den Körper aufzubauen. Dieses Thema wird in einem der nachfolgenden Kapitel des vorliegenden Werkes ausführlicher und so vollständig wie möglich behandelt werden.

Zwischen der göttlich-spirituellen Monade und dem physischen Körper gibt es aber, wie schon gesagt wurde, eine Anzahl Zwischenstufen oder -pläne der menschlichen Konstitution, und jeder derselben hat seine eigene besondere Eigenschaft, seine charakteristischen Fähigkeiten und Kräfte. Jeder Zwischenplan ist das Manifestationsfeld für eines der Bewußtseinszentren oder monadischen „Prinzipien" des Menschen. Diese Kräfte, Energien und Fähigkeiten manifestieren sich als Denken, Intuition, Inspiration, Gefühle, Liebe, Haß, Stolz, selbstsüchtige Impulse, Wünsche und vieles mehr, und sie unterscheiden sich voneinander als edel oder unedel, je nachdem, ob sie hoch oder niedrig sind, oder besser gesagt, ob sie aus den spirituellen oder den astral-physischen und niederen Zwischenprinzipien hervorgehen.

Um genau zu sein: es ist ein bestimmter Teil dieser ebenfalls zusammengesetzten Zwischennatur – kurz auch psychologische Natur genannt –, der reinkarniert oder sich Leben auf Leben im menschlichen Fleisch wiederverkörpert, denn er ist die Quelle, aus der das in selbstbewußte Funktion tritt, was allgemein die „persönliche Wesenheit" genannt wird. Diese nimmt in dem neuen physischen Körper die Fäden ihres Erdenschicksals wieder auf, nachdem sie von ihr in dem letztvergangenen Leben beim Tode des vorigen physischen Vehikels fallengelassen, oder besser gesagt, eingezogen worden waren. In jeder neuen Inkarnation

Geburt und Wiedergeburt – II

trifft diese lernende psychologische Wesenheit auf Lektionen, aus denen sie lernt und die sie in Zukunft dem Typus nach erhabener, bedeutender und edler machen werden.

Wie lange dauert es nun, bis die reinkarnierende Wesenheit zu unserer Erde zurückkehrt, um sich hier von neuem inkarnierend zu verkörpern? Das hängt von einer Anzahl von Umständen oder Faktoren ab, doch keineswegs vom Zufall, ganz und gar nicht, denn Zufall gibt es nicht. Eine Reinkarnation ist von gewissen „Gesetzen" abhängig, um den volkstümlichen Ausdruck anzuwenden. Die durchschnittliche Länge eines menschlichen Lebens beträgt etwa fünfzehn Jahre, wenn die Zahl der Menschen, die auf unserer Erdkugel zu irgendeiner Zeit existieren, mit 2 bis 3 Milliarden berechnet wird (um 1950). Diese Zahl beruht auf einer Durchschnittsregel, und es wird nicht behauptet, sie sei exakt oder genau. Kleinkinder, die zu Hunderttausenden sterben, und Männer und Frauen, die ein hohes Alter erreichen, halten einander hinsichtlich des Durchschnittsalters mehr oder weniger die Waage. Werden ferner Unfälle, Krankheiten und andere Begebenheiten in Betracht gezogen, z. B. die Todesfälle infolge der verschiedensten Ursachen wie Kriege, Epidemien usw., und wird hiervon der Durchschnitt berechnet, der die gesamte Zahl der menschlichen Gesellschaft in sich schließt, so ist es wahrscheinlich ziemlich korrekt zu sagen, daß sich in unserem gegenwärtigen Zeitalter das „Durchschnittsalter" des Menschen auf etwa fünfzehn Jahre beläuft.

Es gibt ein Gesetz oder eine Regel, die sich vollständig auf die Operationen der Natur stützt. Sie besagt, daß der Mensch normalerweise nicht vor einer Zeitspanne reinkarniert, die hundertmal so viele Jahre zählt, wie das letzte Erdenleben des betreffenden

Menschen währte. Die meisten Schüler der Esoterischen Philosophie kennen dieses Gesetz oder diese Regel nur unvollständig; richtig verstanden wird sie scheinbar nur von wenigen. Wird also die „durchschnittliche" Dauer eines menschlichen Lebens im gegenwärtigen Zeitalter auf fünfzehn Jahre festgesetzt und diese mit hundert multipliziert, so ist zu sehen, daß die durchschnittliche Zeitspanne zwischen dem Tod und der nächsten Wiedergeburt auf Erden fünfzehnhundert Jahre beträgt: fünfzehn multipliziert mit der Konstanten.

Wie bereits erwähnt, scheint die Annahme von fünfzehn Jahren ziemlich korrekt zu sein; ein Anspruch auf unbedingte Genauigkeit wird jedoch nicht erhoben. Die Sache ist sehr schwierig, da sich die Verhältnisse im Verlauf der Zeitalter beständig verschieben und verändern. Es gibt Zeiten in der Menschheitsgeschichte, in denen sich die Länge des durchschnittlichen Menschenlebens auf zwanzig, dreißig oder gar vierzig Jahre beläuft. Für das letzte Jahrhundert und die Gegenwart scheint die Schätzung jedoch ziemlich genau zu sein, daß in Anbetracht des äußerst komplizierten und aufreibenden Charakters unserer Zivilisation das Leben zumindest für den zivilisierten Durchschnittsmenschen etwa fünfzehn Jahre währt, sofern der Durchschnitt aus zehn Millionen und mehr Menschen gezogen wird.

Aus diesem Grunde ist selbst in H. P. Blavatskys Zeit festgestellt worden, daß, gemäß der Regel aus dem obigen Text, der nachtodliche Zeitraum zwischen Tod und der darauffolgenden Wiedergeburt ungefähr 1 500 Jahre beträgt, doch auch hier ist die nachtodliche Periode in gewissen Fällen sehr unterschiedlich, sie variiert gewaltig. Selbst heute gibt es Menschen auf Erden, die infolge vergangener karmisch günstiger Leben in ihrer jetzigen Inkarnation mit starken spirituellen Neigungen und Wünschen auftreten, obgleich dieses Sehnen vielleicht nicht von einer gleichermaßen entwickelten intellektuellen oder mânasischen Kraft geleitet ist. In anderen Fällen mag es aber auch vorkommen, daß derart hochspirituelle Menschen – wenn sie auf normale Weise und gemäß der umrissenen Regel sterben – ein weit längeres und intensiveres Devachan haben als der materiell ausgerichtete Durchschnittsmensch, gleich wie lang das Leben des physischen Körpers in solchen Fällen gewesen

Geburt und Wiedergeburt – II

sein mag. Ihr Devachan währt also wesentlich länger als die fünfzehnhundert Jahre, die der Lehre gemäß dem Durchschnittsmenschen zugeschrieben werden, die ihm aber, um die Wahrheit zu sagen, ziemlich willkürlich zugeschrieben werden.

Tatsache ist jedoch, daß die Länge der im Devachan zu verbringenden Zeit eher durch die Stärke der dem Menschen innewohnenden Spiritualität während des Erdenlebens bestimmt wird als durch eine rein statistische Durchschnittsregel; daran sollte stets gedacht werden.

Es mag vielen Menschen, und besonders den nachdenklichen Gemütern, seltsam erscheinen, daß es einen so großen Unterschied geben soll zwischen der relativ kurzen Zeitspanne, die ein Mensch während des Erdenlebens verbringt, und der weitaus längeren Zeitperiode, die er zwischen den Erdenleben in den unsichtbaren Welten durchmacht. Dies erscheint besonders seltsam, wenn man bedenkt, daß die universalen oder kosmischen Tag- und Nacht-Perioden, bzw. Manvantara und Pralaya, fast gleich lang sein sollen. Dennoch ist die Analogie richtig, sofern verstanden wird, sie auf den in Frage kommenden Fall anzuwenden. Wird von Manvantara und Pralaya gesprochen, so geschieht dies im Hinblick auf sichtbare und physische Dinge; wird jedoch der Mensch als eine Manifestation betrachtet, so erinnert dies an das seltsame Paradoxon, daß der Mensch als evolvierende Seele höher entwickelt oder entfaltet ist als die Erde, auf der er lebt. Aus diesem Grund hat der Mensch in seiner kleineren Bewußtseinsphäre tatsächlich schönere Träume als der Erdgeist, und er sehnt sich stärker nach einer bisher noch unentwickelten Selbstlosigkeit. Er hat mehr Hoffnungen, die während vieler Jahre des Erdenlebens genährt wurden, und allzuoft auch vereitelte wunderbare Träume und Intuitionen von spiritueller und intellektueller Erhabenheit, zu deren Erfüllung kein menschliches Erdenleben ausreichen würde. Mit diesem spirituellen Streben und intellektuellen Verlangen erfüllt er sein Wesen, und infolgedessen benötigt er, dem Gesetz oder der Gewohnheit der Natur entsprechend, eine längere Zeit der Ruhe und Erholung, eine Zeit ungefesselter spirituell-mentaler Aktivität, um seiner Sehnsucht Gelegenheit zum Aufblühen zu geben – wie mâyâvisch oder illusorisch dieses Blühen an sich auch sein mag. Es ist sehr real und wird von dem Ego, in dessen Bewußtsein diese Träume stattfinden, intensiv „gefühlt".

Das Devachan ist also in Wirklichkeit eine Periode des Erblühens gehemmter spiritueller und hochintellektueller Energien, die ihre Wirkung auf das Charaktergefüge der träumenden Wesenheit ausüben, die sie erlebt und tatsächlich auf diese Weise „assimiliert" und „verdaut". So kommt es, daß aufgrund dieser spirituellen und intellektuellen Erweiterung des Bewußtseins der Charakter im Devachan stärker geformt und verändert wird als selbst im Erdenleben, das, so gesehen, eine „Welt der Verursachung" ist, während das Devachan eine „Welt der Wirkungen" darstellt.

Das Manvantara und das Pralaya zum Beispiel eines Sonnensystems, also der kosmische Tag und die kosmische Nacht, sind von gleicher Länge, wobei hier absichtlich auf physische Dinge Bezug genommen wird, in denen das Gleichgewicht ausbalanciert ist. Mit dieser Feststellung wird jedoch in keiner Weise beabsichtigt, die Idee zu übermitteln, daß das kosmische Universum oder das Sonnensystem keine spirituellen oder unsichtbaren Teile besitzt, denn das Gegenteil hiervon entspricht der Wirklichkeit. Worauf hier angespielt wird, ist der Unterschied, der zwischen dem kosmischen Tag und der kosmischen Nacht einerseits und den

Geburt und Wiedergeburt – II

Lebensperioden der gesamten menschlichen Konstitution andererseits gemacht wird, die in ihrer spirituellen und intellektuellen Natur sehr viel höher evolviert oder entfaltet ist als der physische Körper des Menschen.

Unser menschlicher „Tag", das heißt unser Erdenleben, ist im Falle des Durchschnittsmenschen so sehr mit spirituellem Sehnen, mit intellektuellem Streben und dem Verlangen nach Schönheit und Frieden, nach Liebe, Wissen und Weisheit erfüllt, daß keine Lebensspanne auf Erden lang genug wäre, um dieses alles noch auf Erden in Erfüllung gehen zu lassen. Weil es sich hierbei aber um intensive spirituelle und intellektuelle Kräfte handelt, die ihren entsprechenden Ausdruck in Funktion und Aktion suchen – was aber normalerweise vereitelt wird –, so bieten sich uns Gelegenheiten, diese in der Ruhezeit nach dem Tode im Devachan zum Ausdruck zu bringen. Denn das Devachan ist die illusorische Erfüllung aller erhabenen, schönen und edlen Dinge, die in dem gerade durchlebten Erdenleben nicht zuwege gebracht werden konnten, sie ist jedoch sehr real für die Wesenheit, die sie erlebt. Die Erfüllung dieses Strebens und Sehnens benötigt selbst im Traumbewußtsein eine lange Zeit. Doch ist es wichtig, zu beachten und zu bedenken, daß es gerade diese Dinge sind – diese ursprünglich aus unserem Erdenleben geborenen, daher also mit unserem Erdenleben psycho-magnetisch verbundenen Aspirationen und Sehnsüchte –, die uns anziehen und auf diese Weise das inkarnierende Ego auf die Erde zurückbringen, wenn seine devachanische Traumperiode beendet ist. Mit anderen Worten: gerade diese ursprünglich aus den Erfahrungen unseres Erdenlebens geborenen Dinge ziehen uns zur Erde zurück.

Wie schon gesagt wurde, können diese Bestrebungen und Wünsche eines Menschen weder in einem einzigen Erdenleben erfüllt werden noch in einer Reihe von Erdenleben. Das ist nicht möglich. Die Kontinuität des Bewußtseins kann niemals unterbrochen werden, da der Mensch essentiell ein Bewußtseinsstrom ist. Objektives Bewußtsein wird uns nur in periodischen Zeiträumen zuteil, wenn wir zur Erde zurückkehren und erneut einen menschlichen Körper annehmen. So wird ersichtlich, daß diese Aspirationen, dieses Sehnen und Verlangen und Hoffen, in welchem Maße es auch im Devachan in Erfüllung oder teilweise in Erfüllung gegangen sein mag, jedesmal mit uns zurückkehrt, und zwar sozusagen mit etwas mehr Aussicht auf Erfüllung und jedesmal etwas besser verstanden. Wenn wir nun in die Zukunft blicken und daran denken, daß die Wiederverkörperungen des Egos so lange fortwähren, wie unsere Planetenkette im gegenwärtigen Manvantara bestehen bleibt, dann können wir uns leichter vorstellen, daß wir Hunderte und aber Hunderte von Malen zur Erde zurückkehren. Bei jeder Rückkehr aber werden wir, falls unser Karma es erlaubt, geeigneter, stärker und bereiter, dieses Streben, dieses spirituelle und intellektuelle Sehnen zu wesentlicheren Teilen des Gefüges unseres Seins zu machen, um es mit der Zeit unserem Charakter einzuverleiben, der auf diese Weise im Verlauf von Äonen stetig verbessert und veredelt wird.

Folgendes ist jedoch noch hinzuzufügen: Was uns Menschen als so lieb, schön und wunderbar erscheint, ist im Vergleich mit den erhabenen, großen und schönen Aspirationen und Idealen, dem Sehnen und Verlangen, den Inspirationen und Intuitionen der Götter sehr unvollkommen. Wie unvollkommen erscheinen uns zivilisierteren Menschen zum Beispiel die Aspirationen und

Wünsche eines Wilden, der in primitiver Weise von den leicht zu sammelnden Früchten der Erde und den Produkten der Jagd lebt und der, sofern es ihm möglich ist, aus einer gestohlenen Dose Schmieröl trinkt: die Träume, die Sehnsüchte, die Aspirationen des naiven Wilden! Doch für ihn selbst sind sie sehr real. Mit der Zeit entwachsen wir in Wahrheit sogar dem in Herz und Sinn ehedem Höchsten, das durch Dinge ersetzt wird, die in jeder Hinsicht weit schöner, edler und erhabener sind. Die Wünsche eines Kindes auf dem Schoße der Mutter erscheinen uns als kindisch, doch wie real sind sie für das Kleine selbst! Erwachsene vergessen manchmal, daß kleine Kinder sehr stark empfinden, daß sie ihre eigene Sehnsucht und Liebe, ihre Hoffnungen und Aspirationen haben, die um so stärker sind, weil sie häufig unausgesprochen bleiben. Sie wissen nicht, wie sie diese gegenüber den oft tauben Ohren und verständnislosen Gemütern von Vater und Mutter zum Ausdruck bringen sollen. Für die Eltern sind die schönen und erhabenen Aspirationen oder Hoffnungen, Sehnsüchte oder Träume des Kindes nichtig und unwichtig. Alles hat seinen relativen Wert.

So ist es mit uns Menschen. Die Dinge, die uns lieb und wert sind und die uns so sehr am Herzen liegen, erscheinen in den Augen der Wesen, die in der Evolution weit fortgeschrittener sind als wir, als sehr unwichtig, ja sogar als trivial; es ist gut, diese Tatsache zu erkennen, weil ein großer Trost in ihr liegt. Vergegenwärtigt sich der Mensch, daß die Dinge, die er nicht besitzt, nach denen er sich aber sehnt und die ihn daher unglücklich machen, weil er sie nicht besitzt, im Grunde von relativ geringer Bedeutung sind, so ändert diese Erkenntnis seine Lebensanschauung sehr, und er gewinnt eine neue Perspektive für eigentliche Werte. In diesem

Gedanken liegt wirkliche spirituelle Schönheit, er enthält wahren Trost, indem er dem Menschen mehr Güte verleiht, eine aus einem erweiterten Verständnis erwachsene Güte. Eine derartige Erkenntnis erweckt in ihm Mitgefühl für den Leidtragenden, und den Schmerzen Erduldenden gegenüber wird er freundlicher, weil ihm nun aus einem verständnisvolleren Herzen Erleuchtung zuteil wird.

Tatsächlich kann gesagt werden, daß die höchsten und erhabensten Träume nicht immer in Erfüllung gehen, weil sie sich in dem Prozeß der Verwirklichung ständig erweitern und so zu etwas noch Erhabenerem und Höherem evolvieren. Wie oft illustriert doch das heranwachsende Kind diese Tatsache, das, wenn zum Jüngling herangereift, die Dinge der Kinderstube nicht mehr begehrt und, wenn zum Erwachsenen herangereift, die Dinge der Jugend ablegt.

III

In den vorangegangenen Abschnitten wurde sehr viel über die höhere Natur des Menschen – spirituell und intellektuell – und über die Natur der devachanischen Periode geschrieben; relativ wenig hingegen wurde über das nachtodliche Schicksal der Menschen gesagt, die dem Typ nach grober und materialistischer sind, sei dies nun im Denken, im Fühlen oder in den emotionalen Impulsen. Je höher ein Mensch auf der evolutionären Skala steht, desto länger ist das Devachan in der Regel, hingegen ist es um so kürzer, je grob-materieller der betreffende Mensch war. So kommt es, daß grob geartete Menschen, relativ gesprochen, sehr schnell reinkarnieren, während spirituell gesinnte Menschen wesentlich länger in den unsichtbaren Welten verweilen. Warum? Weil ihre Seelen dort beheimatet sind und ihr erweitertes spirituelles Erwachtsein sie ihre Verwandtschaft mit jenen Welten stärker empfinden läßt. Die grob materielle Sphäre, in der sich unser Erdenleben abspielt, ist in einem Sinne fremdes Land für ihre Seelen. Sie besitzt wenig Anziehungskraft für den spirituell gesinnten Menschen, doch für den grob gearteten Menschen liegt der Fall umgekehrt. Denn geradeso, wie ein Mensch in einer Inkarnation auf Erden ein Leben lebt, das mehr oder weniger vollständig von seinem Karma geleitet und beherrscht wird – wodurch für dieses Leben innerhalb vernünftiger Variationsgrenzen ein Zeitabschnitt festgesetzt ist –, wird auch nach dem Tode die devachanische Periode durch das Karma des soeben durchlebten Erdenlebens, verbunden mit dem verbliebenen unausgeglichenen Karma früherer Leben, beschränkt oder verlängert. Wenn ein Mensch einen sehr hohen spirituellen Charakter besaß, seine idealistische Sehnsucht während dieses Erdenlebens aber nur geringe Erfüllung fand – hat dieser Mensch also spirituelles Sehnen und Hoffen, dem die letzte Inkarnation nicht genügend Ausdrucksmöglichkeiten bot –, dann besteht die hohe Wahrscheinlichkeit, daß das devachanische Zwischenspiel vor der nächsten Wiedergeburt auf Erden sehr lange währen wird. Hat jedoch im Gegensatz dazu ein Mensch während der letzten Inkarnation ein grob materielles oder übles Leben gelebt – in beiden Fällen ein in die Dinge der materiellen Sphäre verwickeltes Leben –, wenn er nach Sensationen, nach immer mehr Sensationen hungerte, sich danach sehnte und so lange solches Verlangen danach hatte, bis das Sehnen zu einer wahren Krankheit der Seele wurde, dann wird die Anziehung dieser materiellen Sphäre auf die exkarnierte devachanische Wesenheit sehr stark sein. Sobald also die wenigen spirituellen Sehnsüchte und unerfüllten Hoffnungen zufriedengestellt sind, das heißt, wenn ihre Energie im Devachan verbraucht worden ist, dann wird die starke Anziehung erdwärts die Oberhand gewinnen und die devachanische Periode nur sehr kurz sein.

Ein Mensch wie Plato verbringt vielleicht Tausende von Jahren im Devachan, sofern nicht andere Bedingungen eintreten und das Problem komplizieren. Umgekehrt hat eine Person, die in der Welt Unheil stiftet und ihren Mitmenschen Übles antut – wie es einige der unglücklichen, degenerierten Verbrecher tun –, und falls es sich nicht um eine absolut seelenlose Wesenheit handelt*, ein Devachan von außerordentlich kurzer Dauer. Tatsache

---

* Fälle von „absolut seelenlosen" Wesen sind außerordentlich selten. Doch sie kommen vor und sind die in der Esoterischen Philosophie als „verlorene Seelen" bekannten und besprochenen Fälle. Der Leser sollte aber nicht in den Fehler verfallen – der übrigens ganz natürlich wäre – und annehmen, jeder Mensch, der ein grob-materielles Leben oder sogar das degenerierte Leben eines Verbrechers führt, sei eine „verlorene Seele". Denn solange auch nur eine einzige spirituelle Aspiration vorhanden ist, wie schwach ihr Strahl und wie matt ihr Licht auch sein mag – und diese kann selbst in der Konstitution solcher Wesen verweilen –, haben diese noch eine Chance für innere Erlösung. Sie haben noch die Chance, ihren abwärtsgerichteten Lauf durch Ausübung ihres Willens und ihrer Wahl zu hemmen, und die Möglichkeit, wieder dem Lichte entgegen aufwärtszuklimmen. Derart „verlorene Seelen" können oft eine durchaus nicht geringe angeborene Intelligenz besitzen, Scharfsinn sowie eine fruchtbare Verstandeskraft, denn mentale Energie ist sozusagen fast die automatische Auswirkung der ursprünglichen spirituell-intellektuellen Impulse, die während früherer Zeiten in der Konstitution der entsprechenden Person aktiv waren, als diese noch „normal" oder „durchschnittlich" war. Dies kann vielleicht mit einer in Bewegung gesetzten Maschine verglichen werden, die gute Arbeit leistet und noch für eine Weile in Bewegung bleibt, nachdem

ist, daß der Durchschnittsmensch, spirituell und intellektuell gesehen, weder sehr erhaben noch sehr grob-materiell ist. Er ist durchschnittlich, und die Folge hiervon ist die, daß die meisten Menschen, die große Mehrheit der Menschen, eine Periode devachanischer Existenz durchmachen, die als von mittlerer Länge bezeichnet werden könnte. Ein guter Durchschnittsmensch, der ein hohes Alter erreicht hat – sagen wir fünfundachtzig Jahre –, ein Mensch mit durchschnittlich schönen Inspirationen, edlen und lauteren Gedanken und ungestillter spiritueller Sehnsucht, wird gemäß der gegebenen Regel Tausende von Jahren in den unsichtbaren Lebensbereichen verbleiben: fünfundachtzig mal einhundert, also achttausendfünfhundert Jahre. Stirbt ein Mensch im Alter von vierzig Jahren und ist er von dem gleichen allgemeinen Typ wie der gerade erwähnte, verbringt er vielleicht viertausend Jahre in den unsichtbaren Welten, bevor er zur Erde zurückkehrt.

Auf den vorhergehenden Seiten wurde aber bereits nachdrücklich betont, daß diese Regel nicht zu starr und eng ausgelegt werden sollte. Die einzelnen Umstände der Menschen unterscheiden sich sehr stark voneinander, insbesondere dann, wenn letztere als Individuen mit sehr kompliziertem und verworrenem Karma betrachtet werden. Während also in bezug auf den statistischen Durchschnitt die Regel stimmt, weichen die Einzelfälle sicherlich sehr stark von ihr ab.

Neben den vorgenannten Typen gibt es sehr fromme Menschen und darüber hinaus Menschen von höherem spirituellem und evolutionären Rang: die wahrhaft Großen und die einzelnen sehr

---

die ursprüngliche, antreibende Kraft abgeschaltet worden ist. Die „Maschine läuft" in diesem Fall einfach „ab".

Großen, die Buddhas und die Christusse. Die letzteren sind so hoch evolviert, spirituell so sehr entfaltet, daß sie die nachtodliche Ruhe und den Frieden, die erholsame Periode, in der die Lektionen und Erfahrungen des letztvergangenen Lebens assimiliert werden, nicht nötig haben. Aus diesem Grunde ist das nachtodliche Schicksal der letzten Klasse oder der beiden letzten Klassen anders als das der großen Masse der Menschen. In der Regel kehren sie schnell zur Erde zurück, und zwar nur dem eigenen Wunsch und Willen entsprechend. Sie sind von dem heiligen Motiv gedrängt, die Evolution ihrer Mitmenschen, die weniger weit als sie entwickelt sind, voranzutreiben. Wenn wir den devachanischen Zustand genau analysieren und dadurch zu einer wirklich klaren Vorstellung von seinem Wesen und seiner Bedeutung gelangen, dann müssen wir zu der Erkenntnis kommen, daß er – wie schön und spirituell dieser Zustand auch sein mag und wieviel wahre Ruhe und Gelegenheit er zur Erholung auch bieten mag – dennoch für diese Zeit ein Zustand spiritueller Isolierung ist, und daher handelt es sich, zumindest im wesentlichen, um einen selbstsüchtigen Zustand. Für die große Mehrheit der Menschen ist das Devachan jedoch auf der augenblicklichen Stufe der Evolution des Durchschnittsmenschen ein notwendiges spirituelles Zwischenspiel, und zwar gerade deshalb, weil es eine Periode der Erholung und des ungestörten Friedens ist, in der durch Assimilation und „Verdauung" der Erfahrungen des soeben abgeschlossenen Lebens ein Wiederaufbau der inneren Substanz der Konstitution vor sich geht. Dies alles zugegeben, ist die devachanische Periode dennoch im wesentlichen eine selbstsüchtige Existenz, da sie von dem sie umgebenden Leben und der individuellen Existenz anderer Wesen gänzlich isoliert ist. Während der Hunderte oder gar Tausende der im Devachan

Geburt und Wiedergeburt – II

verbrachten Jahre sind die devachanischen Wesenheiten in rosige Träume von unaussprechlichem Glück und Frieden versunken, und die zurückgelassene Welt mag ins Verderben gehen, ohne daß die Wesenheiten im Devachan davon Kenntnis haben oder sich darum sorgen. Würden sie dies erkennen und sich darum kümmern, würde unsagbares Leid und Elend in diesen Zustand hineingetragen, was *de facto* völlig unmöglich ist, denn dann wäre es kein Devachan mehr.

Die glorreichen Buddhas des Mitleids nehmen einen derartigen Zustand des Gemütes oder des Geistes aber nicht an, denn ihr ganzes Wesen ist sowohl in der Gesamtheit als Hierarchie als auch als Einzelwesen dieser Hierarchie dem reinen und völlig selbstlosen Dienst zum Wohle und für den Fortschritt aller anderen Wesen geweiht, ohne Rücksicht auf deren Art, Evolutionsgrad, spirituellen oder moralischen Stand. Wie diese Gegenüberstellung deutlich zeigt, ist es die Liebe, die unpersönliche Liebe, die alle Dinge, die großen wie die kleinen, umfaßt und die sogar von den herrlichen Träumen des Devachan befreit. Es ist gerade dieser Geist, der Geist unpersönlicher Liebe, der Liebe für alle Wesen und Dinge beinhaltet sowie das Sehnen danach, allen Wesen ohne Ausnahme, aber doch im Einklang mit dem kosmischen Gesetz und der kosmischen Harmonie, zu helfen – hierin liegt der eigentliche Kern des Geistes, der die Buddhas des Mitleids beseelt.

In ferner, ferner Zukunft, während die revolvierenden Zeitalter ihre Geheimnisse durch Evolution und auf andere Weise hervorbringen, werden die Menschen in ihrer Gesamtheit die spirituellen Attribute, Kräfte und Fähigkeiten, die jetzt noch in den meisten latent liegen, so weit entfaltet haben, daß sie zu Beispielen des

Geistes, der in der Hierarchie des Mitleids herrscht, geworden sind. Mit anderen Worten: in jenen fernen zukünftigen Zeiten wird die gesamte Menschheit selbst zu Buddhas des Mitleids geworden sein, obwohl die einzelnen Menschen in dieser erhabenen Hierarchie notwendigerweise unterschiedliche Grade innehaben oder verschiedene Rangstufen einnehmen werden. Diesem großen Endziel der Evolution wandert die Menschheit unentwegt entgegen, obwohl ihr dies in dem gegenwärtigen materialistischen Zeitalter völlig unbewußt ist; nicht unbewußt aber ist es den Mahâtmans und deren Chelas oder Schülern. In der großen Bruderschaft lebt und wirkt derselbe Geist, der die Hierarchie des Mitleids leitet und regiert. Die Lehre und das Leben ihrer Mitglieder dienen als Beispiele, denn die große Bruderschaft ist auf unserer Erde der Repräsentant dieser Hierarchie. Daher ist die Ausbildung der Chelas oder Schüler der Meister oder Mahâtmans wohlüberlegt aufgebaut, und sie wird fortgeführt, um die spirituellen und intellektuellen Fähigkeiten und Instinkte der Chelas oder Schüler anzuspornen, soweit dies unter dem karmischen Gesetz möglich ist. Dies geschieht, damit sie den evolutionären Lauf schneller zurücklegen und das große Ziel eher erreichen oder zumindest schneller zu seinen Anfangsstadien gelangen können als die große Mehrheit der Menschen, die spirituell, moralisch oder intellektuell noch nicht genügend erwacht ist, um Interesse an dem zu haben, was dem Chela zum Endziel seiner erhabensten Träume und höchsten Hoffnungen geworden ist.

Eine Methode dieser Schulung besteht in dem Bemühen, zumindest eine Verkürzung der devachanischen Periode herbeizuführen, damit der Chela, abgesehen von allen anderen Faktoren, mehr Zeit

Geburt und Wiedergeburt – II

für tätiges selbstbewußtes Streben und wohltätiges Handeln gewinnen kann, dessen Ausführung verständlicherweise unmöglich sein würde, wenn sich das wiederverkörpernde Ego in die unaussprechlich glücklichen Träume des Devachan begeben oder darin versinken würde.

Aus diesem Grunde tut der Chela unter Leitung, Belehrung und Hilfe seines Lehrers für eine gewisse Anzahl von Leben alles, was in seiner Macht steht, um die Periode devachanischer Ruhe zu verkürzen. Dabei verfolgt er die einzigen Methoden, die eine positive und energetische Wirkung zur Folge haben können, nachdem der Tod Anspruch auf seinen abgetragenen Körper erhoben hat. Diese Methoden umfassen unter anderem folgendes: intensive spirituelle und mentale Konzentration auf die Erweckung sowie die Ausübung unpersönlicher Liebe für alle Lebewesen. Hierin ist der ebenso intensive Wunsch eingeschlossen, ausnahmslos allen Wesen dabei zu helfen, spirituell und intellektuell zu wachsen. Durch diese Bestrebungen oder Anstrengungen wird der *locus* des Bewußtseins des Chelas von der normalen oder niedrigen Stellung, die er in der menschlichen Konstitution einnimmt, nach aufwärts in einen höheren, spirituelleren und daher unpersönlicheren Teil seines inneren Wesens verlagert. Sofern der aufmerksame Leser die im vorstehenden enthaltenen Faktoren verstanden hat, die das Devachan zu dem machen, was es ist, wird er ohne weiteres erkennen, daß der Chela durch die Verlagerung seines Bewußtseins auf höhere Ebenen die Wurzel der das Devachan hervorbringenden Ursachen berührt, wodurch das Bedürfnis nach dem Devachan allmählich immer schwächer wird. Der Gedanke ist der, daß ein Chela seine selbstbewußten aktiven Fähigkeiten in einen Teil seiner selbst verlagert, der eine devachanische Periode der Ruhe und

Erholung nicht mehr benötigt und kein Verlangen mehr nach dieser hat.

Die Gedanken des Strebenden sollten sich also vor allem auf die Lehren der Alten Weisheit sowie auf deren Verbreitung in der Welt konzentrieren. Die Gründe hierfür sind augenfällig genug, wenn die unpersönliche Natur dieser Lehren und ihr mächtiger, zu Unpersönlichkeit führender Einfluß auf die Schüler und Anhänger beachtet wird. Diese Bestrebung setzt die höheren Energien der Wünsche, die in ihrer Aktivität über Tod und Auflösung des physischen Körpers hinausgehen, in spirituelle Bewegung. Da diese Energien der Wünsche in den spirituellen Reichen verwurzelt sind, wirken sie – auch wenn sich ihr Betätigungsfeld auf der Erde befindet – ständig darauf hin, selbst während des Erdenlebens, eine Lokalität des selbstbewußten Zentrums in den spirituellen Reichen zu realisieren. Auf diese Weise heben sie den Praktikanten dieses einzig wahren spirituellen Yogas weit über das Verlangen und das Bedürfnis nach dem devachanischen nachtodlichen Zwischenspiel empor.

Dieses Thema kann auch in andere Worte gekleidet werden: Ein Mensch, der sich um *seiner selbst willen* nach Frieden sehnt oder gar darum fleht; der sich *um seiner selbst willen* nach spiritueller Freude sehnt; der *um seiner selbst willen* danach strebt, Wissen zu erlangen; und der vielleicht ohne den alles beherrschenden Wunsch, anderen zu helfen, in seiner eigenen religiösen oder musikalischen, seiner eigenen philosophischen oder poetischen, seiner eigenen wissenschaftlichen oder anderen ähnlichen Welt lebt: ein solcher Mensch wird augenscheinlich das längste Devachan haben. Es wird dem Charakter nach das ausgeprägteste und infolgedessen das intensivste sein. Warum? Weil sich seine

Geburt und Wiedergeburt – II

hauptsächlichsten spirituellen und intellektuellen Energien auf den Wunsch konzentrieren, Licht, Frieden und Glück und so weiter *um seiner selbst willen* zu erlangen, und solch ein psychologischer Charakter ist seiner Art nach typisch devachanisch.

Der Leser sollte die vorangegangenen Worte nicht dahingehend mißverstehen, als bedeuteten sie, daß es an sich falsch wäre, sich spiritueller Freude und spirituellem Wissen zu widmen oder sich der Religion, der Musik, der Philosophie, der Dichtung oder der Wissenschaft zu weihen, denn dies ist durchaus nicht falsch. Der Leser, der den Gedanken so mißversteht, verfehlt den Sinn vollkommen. Der Gedanke ist folgender: Es ist die Konzentration des Selbstes, und zwar des menschlichen Selbstes, auf diese Dinge um der *eigenen* Freude und individuellen Befriedigung willen, die das unaussprechlich herrliche devachanische Aufblühen unseres irdischen Sehnens hervorbringt, für das ein einzelnes Erdenleben keinesfalls lang genug ist, um eine angemessene Erfüllung herbeizuführen. Gerade die vereitelte Erfüllung dieses Sehnens nach Schönheit, hohem Denken und spirituellen Freuden *für das Individuum selbst* verursacht das Devachan nach dem Tode.

Wird der Schüler oder Chela unter richtiger Anleitung geschult, dem Edelsten und Besten, dem Erhabensten und Erhebendsten im Menschenleben zu folgen, und zwar auf eine Weise, die letzten Endes universal unpersönlich ist und sich nicht mehr auf das individuelle Selbst konzentriert, dann steigt er aufgrund seines zunehmenden Wissens über den Plan hinaus, auf und in dem das Devachan in seinen Myriaden von Bewußtseinszuständen stattfindet. So beginnt der Schüler mit dem Verkürzen seiner devachanischen Perioden und schreitet schließlich über das Bedürfnis hinaus, ein Devachan zu erleben. Wird diese letzte Stufe erreicht, ist er ein Meister des Lebens, ein „promovierter" Chela und dem Wesen nach ein Mahâtman.

Das Geheimnis dieses Prozesses liegt also in dem täglichen Bemühen, die Liebe für die gesamte Menschheit, für alles, was ist, zu vertiefen. Dies führt zunächst langsam, dann aber immer schneller dazu, das Selbst und die Liebe zum Selbst zu vergessen, wie schön diese Liebe in ihren höheren Formen auch zu sein scheint, ja vielleicht auch ist. Die Ausübung des einzig wahren und wirklich spirituellen Yogas gibt dem intensiven Wunsch, anderen zu helfen, auch eine bestimmte Richtung, um dies auf wohlüberlegte und praktische Weise zu tun. Mit anderen Worten und noch einmal wiederholt: das Geheimnis liegt darin, daß man immer unpersönlicher wird, und zwar auch den Wesen und Dingen gegenüber, die man am meisten liebt, da intensive persönliche Hoffnungen von erhabener, schöner Art die Veranlassung für eine lange devachanische Ruhe geben. Um die devachanische Periode zu verkürzen, muß sich der Mensch also von der persönlichen Knechtschaft dieses selbsterzeugten Verlangens und Wünschens abwenden und sich weigern, ihr weiterhin zu folgen. Statt dessen sollte er den unpersönlichen Wunsch und das Verlangen haben, allen anderen Wesen ohne Unterschied das Beste zu geben, das in ihm ist. Er muß den Wunsch und das Verlangen haben, anderen zu helfen, sich so zu entwickeln, bis diese es ihm gleichmachen. Er muß den Wunsch und das Verlangen haben, der Welt in ihrer Sorge und Pein zu helfen, und er muß vor allem anderen den Wunsch und das Verlangen haben, Millionen und aber Millionen strebender Menschen Licht und Frieden zu bringen. Die hieraus resultierende Folge für die Menschen, die in Unkenntnis des wah-

Geburt und Wiedergeburt – II

ren Weges stumm dulden – wie es bei den meisten der Fall ist –, ist Fortschritt und Besserung.

All dieses Sehnen und Verlangen ist seinem Charakter nach unpersönlich, und der Strom seiner spirituellen und intellektuellen Kräfte ist also auf die Mitmenschen gerichtet. So bildet dieses Sehnen und Verlangen die ungeheuer starken spirituellen Energien, welche die devachanische Ruhe nach dem Tode unfehlbar verkürzen und den Menschen mit möglichst geringem Zeitverlust wieder zur Erde bringen.

Damit bei den Lesern kein Mißverständnis aufkommt und das Gesagte nicht falsch ausgelegt wird, ist es hier wohl angebracht, nachdrücklich darauf hinzuweisen, daß die Wandlung des einzelnen während der Schulung für ein unpersönliches und selbstloses Leben niemals das Aufgeben oder Zurückweisen bereits auf sich genommener oder irgendwann eingegangener Verpflichtungen in sich schließt. Gerade das Gegenteil ist unabänderlich der Fall. Kein Mensch kann ein wahrer Schüler oder Chela der Meister sein, der grausam und vorsätzlich, oder etwas milder ausgedrückt, unedel und gedankenlos Verpflichtungen und Pflichten versäumt, die er früher einmal auf sich genommen hat und die noch nicht erfüllt sind. Die Situation ist augenfällig: Die Zurückweisung oder Aufgabe bereits auf sich genommener Pflichten wäre eine Handlung, die der Richtung entgegenläuft, die der besagte Schüler oder Chela zu verfolgen bestrebt ist, denn dies wäre lediglich eine neue Art der Konzentration – und in diesem Falle eine sehr selbstsüchtige – seiner Wünsche und seiner Aufmerksamkeit auf sich selbst, das heißt darauf, etwas zu bekommen, was er gern haben möchte. Eine Handlungsweise dieser Art ist aber typisch selbstsüchtig. Sie ist dem unpersönlichen und selbstlosen Leben direkt entgegengesetzt, welches ja das Vergessen seiner persönlichen Wünsche und seines Verlangens in sich schließt, deren Opponent er seinem Gelübde zufolge *ex hypothesi* geworden ist.

Ein konkretes Beispiel hierzu: Ein Mensch, der sich weigert, seine verschiedenen ehrbaren Verpflichtungen zu erfüllen, so daß für andere dadurch Verlust, Schaden oder Enttäuschung verursacht wird, oder derjenige, der die von ihm abhängigen Menschen im Stich läßt, setzt seinen Fuß nicht auf den

Pfad der Chelaschaft. Er gibt hierdurch vielmehr kund, daß er den Hauptgrundsätzen der Jüngerschaft untreu ist – wie sehr er sich im übrigen auch nach unpersönlichem und selbstlosem Leben oder nach Chelaschaft sehnen mag.

Für manchen Leser, der über diese Sache nicht genügend oder zumindest nicht scharf genug nachgedacht hat, erscheint die hier gegebene Warnung vielleicht weit hergeholt und unnötig. Sie ist jedoch in aller Wahrheit weder weit hergeholt noch unnötig, was jedem nachdenklichen Gemüt klar sein sollte.

IV

Ein denkender, scharfsinniger Leser könnte sich nun die Frage stellen, was geschieht, wenn kleine Kinder sterben, ihre Inkarnation also nur kurz, bei Säuglingen sogar außerordentlich kurz war. Welcher Art ist dann das Devachan, falls es in diesen Fällen überhaupt eines gibt? Die Antwort lautet: Ein Kind, das stirbt, reinkarniert außerordentlich schnell, und zwar aus dem Grunde, weil es während seiner kurzen beziehungsweise sehr kurzen Lebensspanne weder Zeit noch Gelegenheit fand, ein Gewebe von persönlichem Bewußtsein aufzubauen, das heißt eine Struktur, die zum großen Teil aus unbefriedigten Aspirationen besteht, aus unverwirklichten Idealen, vereitelten Hoffnungen und Enttäuschungen und vielen vergeblichen mentalen und emotionalen Anstrengungen, die von der höheren Natur des Menschen ausgehen.

Es scheint eine recht traurige und nach Ansicht vieler unnütze Sache zu sein, daß ein menschliches Wesen ins Erdenleben geboren

Geburt und Wiedergeburt – II

wird, nur um es nach einer kurzen Zeitspanne der Existenz in dieser Sphäre wieder zu verlassen. War es nicht der unnachahmliche Isaac Watts, ein englischer Geistlicher, der einst schrieb:

„Wenn ich so früh erschöpft bin,
für was wurde ich begonnen?"

Zweifellos haben Millionen Menschen, die vor oder nach der Zeit des Verfassers dieses seltsamen kleinen Verspaares gelebt haben, ebenfalls über dieses Problem nachgedacht, das dem Wesen nach sowohl philosophisch als auch religiös ist: Warum sollte ein Kind nur aus dem Grunde geboren werden, um nach wenigen schwachen Atemzügen wieder zu sterben? In der Natur vollzieht sich alles nach den unfehlbar gerechten, sich zum Guten hin auswirkenden Gesetzen der Natur, nach Gesetzen der Harmonie, die im wesentlichen der Wiederherstellung der Ordnung dienen. Das frühe Sterben ist jedoch in allen Fällen die Folge karmischer Ursachen, die in früheren Leben erzeugt wurden. Die Seele hat sich selbst gewisse Schranken errichtet, sie hat versäumt, gewisse Fertigkeiten zu erwerben und gewisse Ziele zu erreichen. So kann es vorkommen, daß infolge der komplizierten und oft einander widersprechenden Elemente, die im Charakter des einzelnen am Werk sind, in Fällen dieser Art wohl der Versuch zu inkarnieren unternommen wird, obwohl es nicht der richtige Zeitpunkt ist, um ein Erdenleben erfolgreich fortzusetzen. In dem reinkarnierenden Ego ist der Drang zur Verkörperung so stark, daß es sich zu einer ungünstigen Zeit zur Fortsetzung des Erdenlebens mit dem ungeborenen Körper eines Kindes verbindet, so daß diese Inkarnation nicht erfolgreich sein kann. Es kann aber auch möglich sein, daß ein reinkarnierendes Ego die Wiederverkörperung mit einer Last karmischer Verwicklungen und eines komplizierten Charakters unternimmt, die unfehlbar den Tod zur Folge hat.

In vielen, in sehr vielen Fällen sterben junge Menschen, ohne ein reiferes Alter zu erreichen, weil Karma dazwischentritt. Doch alle Fälle des frühzeitigen oder vorzeitigen Todes gehen natürlich auf vorangegangene karmische Ursachen zurück, die sich im Erdenleben auswirken, sobald sich die erste Gelegenheit für karmisches Handeln ergibt. Es muß noch hinzugefügt werden, daß frühzeitiges oder vorzeitiges Hinscheiden in keinem der Fälle willkürlich durch irgendeinen außerkosmischen Einfluß bewirkt wird oder auch nur auf außerkosmische Kräfte zurückzuführen ist. Dem Pilger aber, dem reinkarnierenden Ego, dient letzten Endes alles zum besten, und in der letzten Analyse läßt sich schließlich alles auf die nie irrenden, barmherzigen, unendlich weisen Gesetze der Harmonie zurückführen, welche die Wiederherstellung des Gleichgewichtes und des Friedens kontrollieren, und zwar sowohl in der Natur selbst als auch im einzelnen Individuum.

Werden die vorangegangenen Abschnitte in Erwägung gezogen, so ist ersichtlich, daß es in den Fällen des Todes von Säuglingen oder sehr kleinen Kindern kein Devachan geben kann, weil in den frühzeitig beendeten Leben kein spirituelles, intellektuelles sowie psychisches Sehnen und Verlangen zu einem Schatz unerschöpfter Impulse intellektueller oder anderer Art angehäuft wurde. Die strikte, logische Konsequenz, die aus dem angeführten Gedanken resultiert, ist die, daß Säuglinge und sehr junge Kinder – weil es für sie kein devachanisches Zwischenspiel gibt – fast sofort wieder inkarnieren. Das geschieht allerdings nicht in derselben Stunde oder am selben Tag und auch nicht unbedingt im selben Jahr, aber doch sehr bald. Der Zeitpunkt hängt in jedem Einzelfall von den angehäuften karmischen Ursachen ab, welche die Inkarnation oder Verkörperung ursprünglich vereitelt haben und die nach dem Tode des kleinen Kindes umgestaltet werden, damit eine neue Einkörperung zustande kommen kann.

Jedem vorzeitigen Tod folgt ein devachanisches Zwischenspiel, das von unterschiedlicher Länge ist. Es entspricht exakt den Ursachen, die in dem abgeschlossenen Leben des betreffenden Individuums bewirkt oder aktiviert wurden. Daher ist es nicht möglich, auch nur mit einiger Genauigkeit zu sagen, eine wie lange Zeit im Devachan den einzelnen Fällen frühzeitigen Sterbens folgen wird. Jeder Mensch schafft sich seine eigenen Bedingungen für das anschließende Devachan, für dessen Dauer und Art. Es kann jedoch gesagt werden, daß die Norm oder Regel bei frühzeitigem Tod in der Kindheit oder Jugend ein entsprechend kurzes Devachan erfordert. Bei vorzeitigem Tode während der Blütezeit eines Mannes oder einer Frau ist das Devachan entsprechend länger. Dies wird jedoch noch komplizierter durch die weitere Tatsache, auf die jeder intelligente Leser stoßen wird, daß Menschen von sehr spiritueller und intellektueller Art *de facto* ein wesentlich längeres Devachan haben als Menschen von grob materiellem Charakter. So kann das frühzeitige Sterben eines Menschen der ersteren Klasse ein wesentlich längeres Devachan zur Folge haben, als es das relativ kurze Devachan eines Menschen mit einem groben Charakter ist, der aber ein reifes Alter erreicht hat.

Es gibt auch noch andere menschliche Typen, zum Beispiel jene mit angeborenem Schwachsinn, für die das Devachan aus den dargelegten Gründen praktisch gleich Null ist. Oder man denke an Selbstmörder, die, indem sie ihr Leben beenden, bevor es seinen normalen karmischen Ablauf vollendet hat, ein fortgesetztes

Ansammeln devachanischer Ursachen, wie dies genannt werden könnte, vereiteln. Außerdem gibt es Opfer gewaltsamer Todesarten: Ermordete, Kriegs- und Unfallopfer. Auch für diese gelten dieselben Regeln, die hier skizziert wurden. Des weiteren ist zu bedenken, daß der Eintritt in das Devachan erst dann vollzogen werden kann, wenn die richtige Zeit für sein „Kommen" da ist, das heißt, wenn das reinkarnierende Ego nacheinander völlig das abgeworfen hat, was ihm von den niedrigsten und niederen Prinzipien noch anhaftet. Das will besagen: zuerst wird der physische Körper mit seiner groben tierischen Vitalität und dem ihm gehörenden Linga-śarîra abgeworfen, diesen folgen dann die niedrigsten kâma-mânasischen Niederschläge. Auch muß hinzugefügt werden, daß bei plötzlichen Todesfällen oder bei gewaltsamem Tod ausnahmslos sofort und augenblicklich Bewußtlosigkeit eintritt, die eine gewisse Zeit andauert, nämlich genau so lange, wie die normale Lebenszeit des physischen Körpers gewährt hätte, wäre nicht der Tod durch Unfall oder Gewalt eingetreten.

Bei Selbstmord liegt der Fall jedoch etwas anders, und es ist vielleicht angebracht, hier mit Nachdruck darüber zu sprechen, um zumindest auf gewisse, oft furchtbare Folgen hinzuweisen, die aus Selbstmord resultieren. In der heutigen Zeit besteht in der Welt eine zunehmende Neigung oder der mentale Hang, Selbstmord in vielen Fällen nicht nur vom ethischen Standpunkt aus zu rechtfertigen, sondern, wie dies einige Unglücksmenschen tun, ihn sogar als empfehlenswert anzusehen. Gedanken dieser Art entspringen der mentalen kimmerischen Finsternis, die über der abendländischen Psychologie und deren Vorstellung von dem lebenden und toten Menschen liegt.

Geburt und Wiedergeburt – II

Von dieser Psychologie und der sie begleitenden Weltanschauung wendet man sich mit gemischten Gefühlen ab. Dabei vereint sich Mitleid in Verbindung mit Abscheu und Widerwillen für den einzelnen, der Selbstmord beging. Wie bereits gesagt wurde, entsteht die ganze Situation aus tiefer Unwissenheit; diese unglücklichen Menschen wissen wirklich nicht, was sie tun. Daß sie es nicht wissen, ist ihre einzige Entschuldigung, und die Natur wird unfehlbar und behutsam den Tatbestand ausbalancieren und ihm Rechnung tragen. Durch ihre automatische Tätigkeit wird er auf die Waage ihrer nie irrenden Gerechtigkeit fallen, und ein entsprechender Ausgleich ist die unfehlbare Folge davon. Nichtsdestoweniger mißt die Natur dem einzelnen Menschen, der Selbstmord begangen hat, notwendigerweise und unfehlbar exakt die Belohnung, die Vergeltung, den Lohn und die vergeltenden Folgen zu, die er verdient hat, und zwar gute oder schlechte, wie der Fall gerade liegen mag.

Die Gesetze der Natur sind sehr genau. In ihnen herrschen weder Begünstigung und Parteilichkeit noch Ärger und Ungerechtigkeit, wie geheimnisvoll und schwer nachprüfbar dies auch sein mag. Selbstmord ist in keinem Fall zu entschuldigen, denn er bedeutet einen Eingriff in den Plan und den Rahmen des karmischen Schicksals, den sich der Mensch früher aufgestellt oder aufgebaut hat. Innerhalb dieses Planes oder Rahmens von Umständen sind die Naturgesetze mit unfehlbarer Genauigkeit und strengster Gerechtigkeit wirksam, um aus ihnen die besten Folgen für den Menschen herauszuholen, ganz gleich, ob diese Konsequenzen ihrer Natur nach vergeltend oder entschädigend sind. Wir können diese Gesetze nicht beiseite schieben. Wir sind weder weise noch gut genug, um dies auch nur zu versuchen, denn die Naturgesetze sind in Wirklichkeit die Auswirkungen oder Tätigkeiten hoher spiritueller Intelligenzen im kosmischen Universum, das von ihnen regiert wird. Diese Intelligenzen wissen weit besser als wir unvollkommenen Menschen, was letzten Endes am besten ist, und zwar nicht nur für uns, sondern auch für das Universum, in dem wir leben, uns bewegen und unser vollständiges Dasein haben.

Diese Tatsache begrenzt oder lähmt jedoch in keiner Weise weder die vollkommen freie Betätigung des menschlichen Willens, noch beschränkt oder behindert sie in irgendeiner Weise deren Ausübung. Die Naturgesetze, mit denen die das Universum umgebende Struktur, deren Kräfte und Attribute gemeint sind, warten vielmehr auf jede Entscheidung des freien Willens und der freien Wahl des Menschen und handeln überdies streng folgerichtig und koordiniert mit diesen, in einem gewissen Maß sogar untergeordnet. Der Grund und die Ursachen hierfür sind, daß der essentielle Wille und die essentielle Intelligenz des Menschen nicht aus den uns umgebenden zusammenwirkenden Tätigkeiten des Universums hervorgehen, sondern aus der spirituellen Essenz des Universums selbst stammen. Wenn ein Mensch also handelt, indem er seinen freien Willen oder die Kraft freier Wahl anwendet, wie wenig er diese erhabenen Attribute seines Wesens auch entwickelt haben mag, dann handelt er aus der Quelle der Göttlichkeit in ihm. Er erhebt sich dann in einem Sinne durch jede Handlung des freien Willens und der freien Wahl, auch wenn sie intellektuell fehlgeleitet ist, über die niedere Struktur des Universums. Denn Wollen und Wählen dieser Art sind der grundlegenden Essenz des Kosmos verwandt.

Geburt und Wiedergeburt – II

Willens- oder Wahlfreiheit werden folglich nicht durch das uns umgebende Universum „begrenzt" oder eingeschränkt. Sie stehen vielmehr im genauen Verhältnis zu dem Entwicklungsstand, den ein Mensch selbst erlangt hat, sei dieser bedeutend oder unbedeutend, höher oder weniger hoch entwickelt. Die gleiche Regel gilt für alle Wesen und Wesenheiten im Universum, denn sie alle sind im Kern des Kernes ihres Wesens in gleicher Weise mit der Essenz des Universums verbunden. Von einem Standpunkt aus kann gesagt werden: Die Mücke, die an einem Sommerabend scheinbar ziellos umherschwirrt, besitzt im Verhältnis zu ihrer niedrigen Entwicklungsstufe auf der Lebensleiter ihr kleines Maß an freiem Willen oder freier Wahl, die in bezug auf Qualität und Art ebenso ungefesselt sind wie der freie Wille und die freie Wahl eines der Götter des Sonnensystems. Der Unterschied zwischen beiden hinsichtlich ihrer Willensfreiheit besteht einzig und allein in einer relativ unevolvierten bzw. relativ hoch evolvierten, das heißt entfalteten oder entwickelten, inneren oder eigenen Willenskraft.

Diese subtile Frage kann noch etwas anders und vielleicht etwas verständlicher ausgedrückt werden: Ebenso wie ein Gott hat auch eine Mücke ihren geringen freien Willen oder ihre geringe freie Wahl. In beiden Fällen ist es die gleiche Freiheit, deren sie sich erfreuen, doch die Kraft der Betätigung differiert beträchtlich. Der Wille ist in gleicher Weise frei, wie gering oder umfassend das „Maß" an Willenskraft auch sein mag. Weil die Gottheit aber höher entwickelt ist, sie ihre inneren Fähigkeiten und Kräfte weiter entfaltet hat, handelt sie auch mit einem größeren „Teil" oder einer größeren „Kraft" des Willens.

Um ein konkreteres Bild zu geben, könnte diese Sache vielleicht durch den folgenden Hinweis erklärt werden: Gleiche Färbungen, Schattierungen oder Nuancen einer Farbe – wie zum Beispiel Rot – sind identisch. Es ist dabei ganz unwesentlich, ob mit der entsprechenden Farbe ein Punkt oder der gesamte Himmel gemalt wird. Die Identität bleibt bestehen, nur wurde in dem einen Fall eine geringe Menge, in dem anderen Fall eine große Menge der roten Farbe angewandt. Ebenso verhält es sich in bezug auf die Willens- oder Wahlfreiheit, über die viele Generationen scheinbar nutzlos argumentiert und gestritten haben. Die essentielle Qualität der Freiheit ist in der Mücke die gleiche wie in der Gottheit, weil die erstere aber relativ unentwickelt ist, hat sie im Gegensatz zu dem in weit höherem Maße entwickelten Gott nur einen geringen Teil ihrer essentiellen Göttlichkeit in sich entfaltet.

In bezug auf Selbstmord ist es richtig, zu sagen, daß jeder Selbstmörder zeitweilig psychisch krank ist; er befindet sich in einem abnormen Zustand, der durch sehr starke Gemütserregungen und mentale Verwirrung hervorgerufen wurde. Geht, wenn ein Geisteskranker den Finger ins Feuer steckt, das Feuer als Folge dieser Torheit des Unglücklichen aus, oder wird das dem Feuer innewohnende charakteristische Merkmal, das Brennen, dadurch verändert? Werden die Naturgesetze ausgeschaltet, weil jemand schwachsinnig ist und dementsprechend handelt? Selbst geistig Behinderte können lernen; sie sind, zumindest auf ihre Weise, bewußt und nicht unbewußt wie ein gefällter Baumstamm oder Baum. Geistig Behinderte können noch bis zu einem gewissen Grade lernen; nur jene, die von Geburt an behindert sind, sind in vielen Fällen nicht imstande, außer den rein körperlichen Tätigkeiten oder ähnlichen Handlungen andere Dinge zu erlernen.

Es ist also nicht richtig zu sagen, Selbstmord sei eine verantwortungslose Handlung. Jeder Selbstmörder ist mehr oder weniger für seine Tat verantwortlich, und zwar gerade aus dem Grunde, weil er mental mehr oder weniger aktiv bewußt ist, wie verwirrt

Geburt und Wiedergeburt – II

seine Mentalität zu der entsprechenden Zeit auch sein mochte. Ein Mensch, der sich erschießt, vergiftet oder auf andere Weise Selbstmord begeht, vollbringt eine Tat, für die er bis in die letzte Konsequenz zur Rechenschaft herangezogen wird, denn *er ist verantwortlich* für seine Tat, und die Naturgesetze werden mit striktester Unparteilichkeit gegenüber seiner Handlung auf ihn zurückwirken, denn die Natur kennt weder Begünstigung noch Furcht. Die Naturgesetze können nicht beiseite geschoben werden, wenn ihre Tätigkeiten unangenehm sind. In Wirklichkeit mögen wir sie manchmal einfach deshalb nicht, weil wir sie und ihre unerbittlich gerechten und unbeugsamen automatischen Tätigkeiten – „automatisch", wie sie uns halbblinden Menschen normalerweise erscheinen – nicht verstehen.

Ein Mensch wird mit einem gewissen Vorrat an Vitalität geboren, die einen Teil seiner Konstitution ausmacht. Er kann also tatsächlich nicht eher sterben, das heißt nicht tatsächlich „tot" sein, bis der Vorrat an Lebenskraft bis zum letzten Tropfen, bis zur letzten Schwingung, bis zum letzten Rest der Energie erschöpft ist. Ein Beispiel mag dies verdeutlichen: Ein Motor wird so lange weiterlaufen, bis der Vorrat oder die Reserve an Kraft vollständig aufgebraucht ist. Wer sich also des physischen Körpers mit Gewalt entledigt, indem er ihn tötet, bleibt dennoch in und auf inneren Plänen ebenso intensiv wie zuvor bestehen. Er befindet sich nun jedoch in einem Zustand, der um vieles schlimmer ist, als es der Zustand während seiner Verkörperung auf Erden war. Das ist deshalb so, weil auf den inneren Plänen noch alles von dem Menschen vorhanden ist, mit Ausnahme des physischen Körpers, der jetzt „tot" ist. Durch die Tat des Selbstmordes hat sich der Mensch in einen Bewußtseinszustand gebracht, in dem er den

Akt des Selbstmordes unter zunehmendem mentalem Entsetzen ständig wiederholt, bis die Zeit naht, da der Vorrat an Vitalität aufgebraucht ist. Dann kommt für ihn gesegnetes Vergessen, bis die Reinkarnation des mit Sünde befleckten Egos von neuem auf Erden stattfindet.

In bezug auf den Selbstmörder kann kurz folgendes gesagt werden: Der Akt des Selbstmordes bedeutet den zeitweiligen Verlust des spirituellen und intellektuellen Haltes, den der Mensch, der die Tat begeht, erleidet. Die Handlung ist begangen; darauf setzt sofortige Bewußtlosigkeit ein, und zwar für eine kürzere oder längere Zeit, was von dem individuellen Fall abhängt. Dieser folgt ein langsames oder auch schnelleres Erwachen in der Astralwelt, dem Kâma-loka, in der das erschrockene Bewußtsein, mit dem Entsetzen der begangenen Tat gestempelt, in seiner Tätigkeit oder Funktion den Akt des Selbstmordes wieder und immer wieder von neuem wiederholt, denn das Bewußtsein ist durch die Tat so beeindruckt worden, daß es nun gezwungenermaßen höchst aktiv ist. Diese sich wiederholende Tätigkeit wird mit stetig abnehmender Intensität bis zu dem Zeitpunkt fortgesetzt, da der normale Tod des Menschen eingetreten wäre, wenn er noch weiter auf Erden gelebt hätte, das heißt also, bis sein Vorrat an Vitalität erschöpft ist. Im Anschluß hieran versinkt die Wesenheit wieder in Bewußtlosigkeit, während der das höhere Ego, das bis dahin auf den niederen Planen unbewußt gewesen ist, sich von den niederen Teilen der Konstitution frei macht und allmählich in den glückseligen devachanischen Zustand hinübergleitet. In vollkommenem Frieden und unaussprechlicher Seligkeit verbleibt es darin und braucht seinen Vorrat an angehäuftem spirituellem Sehnen und Verlangen auf, bis die Zeit für die nächste karmische Wiederverkörperung auf Erden gekommen ist.

Der Grund für die Fortdauer des sich immer und immer wiederholenden Aktes des Selbstmordes ist der, daß das Bewußtsein die letzte selbstbewußte Tat auf Erden, den Akt des Selbstmordes, ständig wiederholt, denn das Töten des physischen Körpers ist für die innere Konstitution ein erheblicher Schock, da ihr höherer Teil von dem niederen weggezerrt wird. Gerade der niedere Teil aber ist in diese unaufhörliche Wiederholung mit dem damit verbundenen Entsetzen über die Tat des Selbstmordes verwickelt.

Es ist nur natürlich, daß als Folge des Todes des physischen Körpers augenblicklich vorübergehend vollständige Bewußtlosigkeit auf allen Plänen eintritt. Dies geschieht genauso wie das Einschlafen, das vorübergehende, doch sofortige Bewußtlosigkeit in sich schließt, bevor die Periode des Träumens beginnt, die unruhig und schrecklich oder friedlich und glücklich sein kann. Ebenso wie der Träumer den regellosen Einfällen des Bewußtseins in der Traumwelt unterworfen ist, die allein das physische Gehirn des Träumers zu beeinflussen vermag, folgt nach dem Tode und seiner vorübergehenden augenblicklichen Bewußtlosigkeit eine Aufenthaltsperiode im Kâma-loka, während der der niedere Teil des Bewußtseins seine Träume hat: unruhige im Fall von schlechten Menschen und fast nicht-existierende oder unmerkliche im Falle des wirklich höher stehenden Menschen mit hochentwickelter Spiritualität. War der Selbstmörder normalerweise ein Durchschnittsmensch mit spirituellem Sehnen und Verlangen, dann gleitet er nach der zeitweiligen Bewußtlosigkeit während des Todes und nach den üblen Träumen im Kâma-loka schließlich in den Zustand des Devachan, in dem er so viel Frieden, Seligkeit und Erholung genießt, wie er sich in dem vergangenen Leben auf Erden verdient hat. War der Selbstmörder jedoch ein sehr schlechter, grober und stark materieller Mensch, der wenig Gutes aufzuweisen hatte, dann ist das Devachan entsprechend kurz; doch diese Fälle sind selten. Zu diesem Thema kann noch etwas gesagt werden, das die leidtragenden Angehörigen eines Selbstmörders trösten mag, ja trösten wird: War derjenige, der Selbstmord begangen hat, schon älter, so daß das Ende seines physischen Lebens bald auf natürliche Weise eingetreten wäre, und war diese ältere Person überdies auch ein spiritueller Typ mit freundlichen und schönen Gedanken für andere, dann ist die Periode vor dem Devachan, das heißt der Zustand im Kâma-loka, kurz, das Devachan selbst entsprechend schön und sehr friedlich wie auch von wesentlich längerer Dauer.

Falls Selbstmord von jungen Leuten begangen wird, kann das Devachan – wie aus den vorhergehenden Abschnitten ersichtlich ist – der Verfahrensweise der Natur entsprechend nicht eher beginnen, als bis eine ziemlich lange Zeit nach dem Abwerfen des physischen Körpers verstrichen ist, nämlich die Zeit, die natürlicherweise auf Erden durchlebt worden wäre, wenn der Selbstmörder sich nicht umgebracht hätte.

Selbstverständlich spielt das Motiv für die schreckliche Tat des Selbstmordes eine Rolle, ja sogar eine sehr bedeutende, weil es die Qualität und die Art der nachfolgenden Konsequenzen bestimmt und bewirkt. Wenn der Akt des Selbstmordes aus Mangel an Kenntnis der Naturgesetze und in Konsequenz einer oder mehrerer der vielen verwickelten emotionalen Einwirkungen, die die heutigen Menschen erleiden, die Folge eines Denkfehlers war, wenn überdies kein starkes Element intensiver Selbstsucht mit dem Akt verbunden war und er hauptsächlich durch unangebrachte und falsche Gedanken für das Wohlergehen der Überlebenden vorgenommen wurde, dann ist offensichtlich, daß die Tat des Selbstmordes viel weniger, ja sehr viel weniger von dem schweren moralischen Stigma enthält, das vorhanden ist, wenn der Akt des Selbstmordes lediglich deshalb ausgeführt wurde, weil der Betreffende ein Feigling war oder weil das eine oder andere

Geburt und Wiedergeburt – II

ähnlich unmoralische oder verabscheuungswürdige Motiv ihn zur Tat getrieben hatte.

In all diesen Fällen sind der Selbstmord und daher auch die sich daraus ergebenden Folgen ausnahmslos eine Sache des Bewußtseins und seiner Funktionen. War das Bewußtsein zu Lebzeiten im großen und ganzen sauber und rein, dann werden die nachtodlichen Konsequenzen des Selbstmordes entsprechend weniger schrecklich sein. War das Bewußtsein aber verdorben von irdischen Gedanken, von grober, schwerer Leidenschaft, von großer moralischer Feigheit oder ähnlichen schlechten Einflüssen, dann sind die Resultate oder nachtodlichen Folgen dementsprechend schwer mit Grauen und nachfolgender Finsternis belastet. Denn das muß noch einmal betont werden: Es ist allein das Bewußtsein, das tätig ist und daher leidet, das sich zuerst für den Selbstmord entschied und dann die Natur, die Qualität und Art der Konsequenzen und Resultate, die im Kâma-loka erfolgen, bestimmt hat.

Dies alles ist aus dem Studium von Unfällen oder plötzlichen gewaltsamen Todesfällen durch Mord oder Tod, der in Kriegen erfolgte, klar ersichtlich. Der Tod eines guten Menschen bei einem Autounfall zum Beispiel oder der Tod eines guten Menschen durch die Tat eines Mörders bringt dem, der auf diese Weise sein Leben verlor, keine schlechten Folgen. Im Gegenteil wird das Devachan schließlich große, überreichliche spirituelle Entschädigung für ihn bereithalten. Nichtsdestoweniger kann das Devachan aber nicht eher stattfinden oder sich ergeben, bevor die natürliche Lebenszeit des vorzeitig Verstorbenen abgelaufen ist. Das ist Naturgesetz. Es wird durch den Vorrat an Vitalität verursacht, der der Konstitution des Verstorbenen innewohnt. Dieser Vorrat an physisch-astraler Vitalität muß in allen Fällen erschöpft oder aufgebraucht sein, bevor das sich wiederverkörpernde Ego die niederen Teile der Konstitution abwerfen oder sich von ihnen frei machen kann.

V

Wir wollen uns nun wieder dem allgemeinen Thema des vorliegenden Kapitels zuwenden. In Verbindung mit der Wiederverkörperung wird oft die Frage gestellt: Reinkarnieren auch die Tiere? Die Antwort lautet: Ja. Tiere reinkarnieren oder wiederverkörpern sich genau wie alle anderen „beseelten" Wesenheiten, die Menschen einbegriffen. Denn ein Tier besitzt einen Strahl oder es ist vielmehr ein Strahl einer sich wiederverkörpernden Monade, ebenso wie jede andere individualisierte und sich wiederverkörpernde Wesenheit, zum Beispiel der Mensch. Doch bestehen gewisse wichtige Unterschiede zwischen der menschlichen Reinkarnation und der der Tiere. Der Mensch ist ein mehr oder weniger stark individualisiertes und erwachtes Ego, was das Tier nicht ist. In bezug auf die Tiere steht die erwachende Egoität, oder anders ausgedrückt, das Arbeiten des mânasischen Bewußtseins, nur erst in seinen elementaren Anfängen. Die Folge hiervon ist, daß menschliche Wesen, oder besser ausgedrückt, menschliche Egos, als mehr oder weniger individualisierte Egos reinkarnieren, jedes mit einem individuellen Charakter, daher mit einem individuellen Ego-Karma. Das menschliche Ego besitzt infolgedessen Willenskraft oder freie Wahl, intellektuelles Unterscheidungsvermögen, Urteilsfähigkeit und moralischen Instinkt, der seine endgültigen Entscheidungen für Gut oder Böse leitet. Alle diese Fähigkeiten existieren zwar auch in den Tieren, sind aber lediglich latent vorhanden, sie existieren in den Tieren nur erst im Umriß als schwache Andeutungen.

Steigt man auf der Lebensleiter noch weiter hinab zu dem tieferstehenden Pflanzenreich, so findet man, daß sich auch die Vegetation wiederverkörpert, und ebenso wiederverkörpern sich die Atome in ihrer besonderen Sphäre. Doch in keinem Naturreich unterhalb des menschlichen sind die individuellen Wiederverkörperungen Reinkarnationen von mehr oder weniger entwickelten Ego-Seelen, wie dies bei den individualisierten menschlichen Wesen der Fall ist.

Das Tier reinkarniert als dicht verhangener, dennoch schwach leuchtender monadischer Strahl, dem die bestimmten Attribute oder Fähigkeiten eines entwickelten Individuums und eines mehr oder weniger moralischen Charakters fehlen, weil die Evolution diese Attribute oder Fähigkeiten noch nicht zum Selbstausdruck gebracht hat. In Analogie hierzu hat ein Säugling noch nicht das hervorgebracht, was später zu den relativ voll zum Ausdruck gebrachten Fähigkeiten des Erwachsenen herangereift ist. Man stelle sich für einen Augenblick den Unterschied zwischen einem voll entwickelten Menschen und einem Säugling vor. Zwischen diesen beiden bestehen gravierende Unterschiede, die allein schon dem noch nicht abgeschlossenen Wachstum zuzuschreiben sind. Der individuelle oder erwachsene Mensch besitzt die eingeborene Fähigkeit und Kraft, sich seinen Weg im Leben auszuwählen und definitive intellektuelle und moralische Entscheidungen zu treffen, mit anderen Worten, den Pfad zur Rechten oder zur Linken zu beschreiten. Er wählt sich seine Laufbahn oder seinen Beruf, baut sich ein Zuhause auf, wird zum Beispiel Leiter eines Werkes, einer Weltfirma, eines Staates oder etwas anderes – vielleicht wird er auch nur ein Landstreicher. Der Säugling tut nichts dergleichen, obgleich er, einstweilen noch unentwickelt, alle Möglichkeiten des Erwachsenen in sich trägt, der er eines Tages sein wird. Dennoch handelt es sich bei Reinkarnationen von Säuglingen und Erwachsenen um egoische Zentren, sich wiederverkörpernde Egos. In einem gewissen Sinn kann mit Recht gesagt werden, daß das Tier ein unentwickeltes Ego, das Baby-Ego, ist, so wie der Säugling ein unentwickelter, ein Baby-Mensch ist. Die Pflanze ist noch weniger entwickelt als das Tier, das mineralische Atom noch weniger als die Pflanze. Der Mensch ist das höchstentwickelte oder -evolvierte Wesen der sieben Naturreiche, die den Menschen an dem einen und das erste Elementalreich an dem anderen Ende der Reihe, das heißt an deren Anfang, umfassen.

VI

Die bewirkenden Ursachen, die ihrerseits wieder fruchtbar werden und wiederholte Verkörperungen hervorrufen, wurden so offen und frei besprochen, wie dies mit Rücksicht auf den hohen technischen und oft sehr esoterischen Charakter des vorliegenden Studiums möglich ist. Ebenfalls wurden die unvermeidbaren und sehr unterschiedlichen Verhältnisse der nachtodlichen Existenz einschließlich der Natur des Devachan und seiner jeweiligen Dauer betrachtet. In anderen Kapiteln wurde – besonders in denen, die von evolvierenden und revolvierenden Seelen, von Himmeln und Höllen sowie von den Schicksalsgeweben handeln –

Geburt und Wiedergeburt – II

den mannigfachen nahe verwandten Zweigen oder Aspekten dieses allgemeinen Themas ausführlicher nachgegangen. Bevor dieses Studium aber abgeschlossen wird, erscheint es ratsam, die Aufmerksamkeit noch auf eine äußerst wichtige Tatsache zu lenken, die geradezu als die Grundlage betrachtet werden kann, auf der dieser Zweig der Lehre der Esoterischen Philosophie, dieser Teil der Esoterischen Tradition, beruht. Diese Grundlage besteht darin, daß der Mensch nicht nur ein Brennpunkt, ein Kraftzentrum eines spirituellen, intellektuellen und psychischen Charakters ist, er ist vielmehr auch ein Fokus, von dem viele Formen der vitalen, astralen und physischen Eigenschaften und Attribute der menschlichen Konstitution ausströmen, um sich zu manifestieren. So schafft sich der Mensch selbst und schmiedet sich sein eigenes Schicksal; er verfängt sich in den Schlingen des Gewebes seines Seins, seiner Art sowie seiner Selbst-Ausdrücke. Auf diese Weise erzeugt er sich nicht nur die äonenlange Wanderung oder Pilgerschaft, die ihn durch die Sphären führt, sondern auch die Körper, Behausungen oder Vehikel, in die er eingeht und die er in diesen mannigfachen Welten oder Sphären bewohnt.

Ein wichtiger Punkt, der beachtet werden sollte, ist folgender: *Der Mensch empfängt präzise und exakt das, wonach er selbst verlangt.* Er kann mit der Zeit bis zur Göttlichkeit aufsteigen, die er im langen Evolutionsverlauf schließlich auch tatsächlich eines Tages erreichen wird. Doch während er für diese großartige Vollendung menschlicher Evolution arbeitet, kann er sich ebensogut auch in die verschiedenen Tiefen ehrloser Existenz hineinbegeben. Das ist der Kerngedanke hinter dem alten Ausspruch: „Wie man im Herzen denkt, so ist man" (Spr. XXIII, 7). Dieser Ausspruch ist derart tief und bedeutungsschwer, daß sein eigentlicher Sinn der Aufmerksamkeit fast aller Menschen entgangen ist. Es ist die Richtung, die wir unseren Gedanken und Wünschen geben, die unabänderlich und in jedem Fall nicht nur unser Schicksal bestimmt, sondern auch den Pfad, dem wir folgen, die Fallgrube, auf die wir stoßen, oder das Glück, das nicht von ungefähr zu uns kommt, sondern das wir uns auf unserer Wanderung die Zeitalter hindurch selbst bereiten.

Soweit dem Verfasser bekannt ist, hat niemand diesen Kerngedanken der esoterischen Lehre jemals besser ausgedrückt als ein sehr früher Hindu-Schriftsteller, der vermutlich noch vor der Zeit des großen Pâṇini gelebt hat. Dieser Denker und Gelehrte der alten Geschichte ist unter dem Namen Yâska bekannt. In seinem „Nirukta" (X, 17,6) spricht Yâska diesen Gedanken klar und kurz folgendermaßen aus:

„Yadyad rûpam kâmayate devatâ,
tattad rûpam devatâ bhavati."

Übersetzt lauten diese Worte: „Nach welchem Körper (oder nach welcher Form) sich ein göttliches Wesen sehnt, gerade dieser Körper (oder diese Form) wird das göttliche Wesen." Der Leser wird gebeten zu beachten, welcher Nachdruck auf dem Sanskrit-Verb *bhavati,* das heißt „wird", liegt. Hier ist der Kerngedanke der Lehre exakt und treffend ausgedrückt.

Das sich wiederverkörpernde Ego vollzieht seine Wanderungen durch die Welten und Sphären, steht jedoch nicht, wie im Abendland fälschlich behauptet wird, außerhalb des Universums. Denn das ist ihm einfach nicht möglich. Es tritt daher auch nicht lediglich in Körper nach Körper ein, sondern es wird vielmehr aufgrund seines vergangenen Karmas, das die Gesamtsumme seiner selbst ist, zu den Wesen, nach denen es Verlangen gehabt und nach denen es sich gesehnt hat. Das Sehnen und Verlangen des Egos veranlaßt dieses, Körper anzunehmen, die in bezug auf Attribute und Qualitäten exakt seinem inneren Drang entsprechen. Ja, es wird sogar in diese hineingezogen und vereinigt sich so eng mit ihnen, daß es tatsächlich zu ihnen wird, und zwar deshalb, *weil* sich das Ego danach gesehnt, weil es Verlangen nach ihnen gehabt hat. Hierdurch liefert es ein Beispiel für die strenge, unbedingte Gerechtigkeit Karmans.

In dieser tiefen Naturwahrheit liegt auch der Grund, warum die latenten karmischen Samen von Impulsen und Eigenschaften, von Attributen und Gefühlen, die aus vergangenen Manvantaras herübergekommen sind, die wandernde Monade antreiben, ihre äonenlange Pilgerreise zu den Welten der Form und Materie zu unternehmen, um sich Zeitalter um Zeitalter mit ihnen zu identifizieren, bis sie schließlich durch ihr selbstgeborenes inneres Sehnen und Verlangen nach höheren Dingen angestachelt, angetrieben oder angespornt wird, in die höheren Welten und Sphären des Geistes zurückzukehren. Hierin ist also der Schlüssel zum Verständnis der Gründe zu finden, warum die spirituelle Monade in die „Materie hinabfällt" und später wieder daraus emporsteigt, um mit der Zeit eine voll evolvierte und völlig selbstbewußte Gottheit zu werden.

Die gleiche subtile und tiefgründige Lehre läßt auch erkennen, aus welchen Gründen das sich wiederverkörpernde Ego einerseits zu den Himmeln und andererseits zu den Höllen hingezogen wird. Dies geschieht auf die Art und Weise, die in den diesem Studium gewidmeten Kapiteln eines anderen Werkes desselben

Autors umrissen ist (siehe Kap. V und VI in „Mit der Wissenschaft hinter die Schleier der Natur"). Abschließend kann noch hinzugefügt werden, daß dieselbe Regel, das gleiche Gesetz der Natur, auf alle nur denkbaren Wesenheiten Anwendung findet. Aus dieser hier kurz skizzierten Tatsache wird der nachdenkliche und scharfsinnige Leser ebenfalls die Ursache für die wunderbare Mannigfaltigkeit und die differenzierte Betätigung erkennen, welche die manifestierten Welten zu so überwältigend geheimnisvollen, oft eigenartig schönen und manchmal sogar furchterregenden Lebenssphären oder -welten macht.

Die Wiederverkörperung ist die Lehre „einer neuen Chance" für alle Menschen, und weitere Chancen werden anderen, vorangegangenen, folgen. Da diese wiederholten Chancen mit zyklischer oder fortlaufender Gesetzmäßigkeit in Leben auf Leben des reinkarnierenden Egos stetig wiederkehren, bieten sie diesem immer wieder Gelegenheit, durch wiederholte Erfahrungen zu wachsen und zu evolvieren. Durch diese stets wiederkehrenden Gelegenheiten und durch das unaufhörliche Entfalten der Kräfte und Attribute der spirituellen Monade im Innern sind die Großen das *geworden,* was sie waren und was sie *sind.* Denn diese heilige Bruderschaft existiert auch heute noch auf Erden und wirkt unter den Menschen für deren Besserung und evolutionäre Entfaltung, obwohl sie normalerweise in der Stille tätig ist und der gedankenlosen Öffentlichkeit unbekannt bleibt.

Ebenso wie wir auf Erden nach einem langen, erholsamen Nachtschlaf des Morgens erwachen, erwacht auch die menschliche Seele, die bereits erwähnte „Zwischenwesenheit". Sie kehrt wieder in die Sphären selbstgeborenen Bewußtseins zurück, in denen

Geburt und Wiedergeburt – II

sie einstmals die Samen früherer Betätigung in die Gefilde irdischen Lebens gesät hat. Die menschliche Seele wird durch Anziehung zurückgezogen, durch persönliche psycho-magnetische Anziehungen. Es könnte auch gesagt werden: psychologische Anziehungen ziehen sie hierher, geradeso wie der Magnet das Eisen an sich zieht oder umgekehrt. Selbst dann, wenn sich ihr Geist zeitweilig jenseits des Sirius, des Polarsternes oder jenseits der äußersten Grenzen des bekannten Weltraums aufhält, kann die menschliche Seele doch nicht die Tätigkeit der universalen Kräfte begrenzen. Sie werden die Seele immer und immer wieder zu dem Ort früherer Anziehung zurückrufen, und dieser befindet sich dort, wo der Mensch einst Wirbelwinde oder schönes Wetter gesät hat. Die Samen werden, wenn er auf die Erde zurückkehrt, entweder in diesem, in einem folgenden oder in mehreren späteren Leben erblühen, wenn die Schranken dem Drang innerer karmischer Impulse nach äußerem Ausdruck nachgeben. Die Samen tragen ihre Früchte in dem sich wiederverkörpernden Ego, ihrem Urheber, ihrem „Schöpfer".

Die menschliche Seele, das heißt das sich wiederverkörpernde Ego, kann der Anziehungskraft ihres früheren Tuns nicht entfliehen; sie hat sich durch ihre eigenen Handlungen, Gedanken und vibrierenden Emotionen in das Schicksalsgewebe eingesponnen, das ihr nun anhaftet, ein Gewebe, das sie früher einmal selbst gewebt hat: Es ist fest zusammengefügt durch Gedanken und Neigungen, Vorurteile und deutlich ausgerichtete Impulse, durch Gefühle und noch unerschöpfte, unerfüllte Wünsche, die für die ihnen innewohnende antreibende Kraft nach Ausdruck suchen. Alles dies bringt das Ego dann auch ins physische Leben zurück, und wenn diese Bindeglieder und der wachsende menschliche

Embryo dann erst einmal fest und stark miteinander verknüpft sind, beginnt der Embryo in seiner Entwicklung sogleich die allgemeine Richtung einzuschlagen, die ihm von allen diesen Kräften aufgezwungen wird. Zu ihrer Zeit erblühen dann die bislang latenten „Samen" als neue Handlungen, Gedanken, Impulse, Gefühle und Wünsche, seien diese nun gut oder schlecht, und sie formen auf diese Weise den Charakter des Menschen und machen ihn anders, als er vorher gewesen ist. Jede Wiedergeburt bringt der inkarnierenden Seele eine neue Chance, etwas anderes, etwas Neues zu lernen. Das allgemeine Resultat hiervon ist allmählicher Fortschritt und Wachstum zu größerer und edlerer intellektueller und spiritueller Manifestation der Monade in unserem Wesenskern, die letzten Endes unser wirkliches, ewiges SELBST ist.

Wenn wir das Leben so betrachten, erkennen wir darin wahrhaftig „jenen stillen, schmalen Pfad", wie ihn die Hindu-Upanishaden nennen. *Wer ihm folgt, den führt er zum wahren Herzen des Universums;* und auf dieser mystischen Wanderung findet das große Suchen aller menschlichen Seelen seine Erfüllung.

5. Kapitel

Leben in Theorie und Praxis – I

Das zwar noch nicht vergessene, doch nicht gerade schmerzlich vermißte 19. Jahrhundert hat seinem Kind, dem 20. Jahrhundert, ein Vermächtnis hinterlassen, an dem die Welt noch heute krankt. Es sind jedoch schon überall Anzeichen vorhanden, die die Befreiung aus seiner unseligen Herrschaft auf spirituellem, intellektuellem und moralischem Gebiet verkünden und – zumindest für sensible, einfühlende Gemüter – einen Aufstieg in eine freiere, edlere Atmosphäre deutlich erkennen lassen. Es war ein hartes, bitteres Jahrhundert, das 19. der sogenannten christlichen Ära, ein Jahrhundert, in dem jeder edle Instinkt der menschlichen Seele an die mehr oder weniger elementare niedere Natur des Menschen schweren Tribut zahlen mußte.

In der uns bekannten Geschichte gibt es wohl keine einzige Zeitspanne von 100 Jahren, die durch die Berichte moralischer Verfehlungen so schwer gezeichnet ist und die von dem fast ungehinderten Vorwärtsdrängen der Betriebsamkeit reiner Selbstsucht und der Jagd nach Macht – ohne Rücksicht auf Gemeinwohl und Nutzen der Menschheit – in allen menschlichen Angelegenheiten so geschwärzt ist wie die des 19. Jahrhunderts. Es war ein selbstzufriedenes, blasiert-genügsames und sehr egoistisches Zeitalter, in dem die Menschen glaubten, sie hätten den Gipfel allen nur möglichen Wissens in bezug auf Religion, Philosophie und Wissenschaft erreicht – oder doch fast erreicht.

Alles dies wurde größtenteils dadurch herbeigeführt, daß Spiritualität und Moralgefühl einem Kampf untergeordnet wurden, bei dem es um rein materiellen Aufschwung ging und um herzlosen Handelsgeist, verbunden mit nationalem und politischem Eigennutz. Die Folge hiervon war das grauenvolle, lasterhafte Ringen von Mann gegen Mann, Nation gegen Nation und Rasse gegen Rasse, das in der fast weltweiten psychischen Feuersbrunst dieses Jahrhunderts 1914 seinen Höhepunkt erreichte.

Die intensive Konzentration der Aufmerksamkeit aller Menschen – besonders in den westlichen Ländern – auf persönlichen Wohlstand und Gewinn, ungeachtet des Gemeinwohls, war nur eine logische Folge der äußerst unmoralischen Prinzipien, die in allen Zweigen der menschlichen Gesellschaft zur Herrschaft gelangt waren.

Einige der größten, jedenfalls der führenden modernen wissenschaftlichen Denker, die ebensosehr Kinder des 20. Jahrhunderts sind, wie ihre Vorgänger Kinder des 19. waren, halten nicht länger mit der offenen Bekanntgabe ihrer Meinung zurück hinsichtlich der Fehler und der sogenannten Tugenden der letzten 150 Jahre, besonders aber des beendeten Jahrhunderts, das sich so gern das „Jahrhundert des Fortschritts" nannte.

Die nachstehende Anführung aus A. N. Whiteheads Buch „Science and the Modern World", S. 256 f., ist kennzeichnend sowohl für den Wechsel der menschlichen Psychologie als auch für die vorwärtstreibende Strömung menschlicher Weltanschauung. Er schreibt:

„Kampf ums Dasein, Wettbewerb, Klassenkampf, Wirtschaftskrieg und militärischer Krieg unter den Völkern, das waren die Schlagworte des 19. Jahrhunderts. Der Kampf ums Dasein wurde zum Evangelium des Hasses konstruiert. Dagegen ist die vollständige Schlußfolgerung, die aus einer Philosophie der Evolution gezogen werden kann, glücklicherweise von ausgeglichenerem Charakter. Erfolgreiche Organismen modifizieren ihre Umgebung, und zwar sind jene Organismen bei der Modifizierung ihrer Umgebung erfolgreich, die sich gegenseitig unterstützen. Dieses Gesetz findet in der Natur in weitestem Maße seine Bestätigung. ... Ein Wald ist der Triumph einer Organisation von untereinander abhängigen Arten. An dem bereitwilligen Gebrauch von Gewalt aber ist irgend etwas, das ihren eigenen Zweck vereitelt. Ihr hauptsächlicher Fehler ist der, daß Kooperation verhindert wird. Jeder Organismus benötigt eine Umgebung von Freunden, die ihn zum Teil vor gewaltsamen Veränderungen schützen, zum Teil mit dem versorgen, woran es ihm mangelt. Das Evangelium der Gewalt ist unvereinbar mit sozialem Leben. Unter ‚Gewalt' verstehe ich Antagonismus im allgemeinen Sinne."

Andererseits war das 19. Jahrhundert sehr sonderbar, voller verblüffender Gegensätze und unmöglicher Widersprüche, die gemeinsam, sozusagen Schulter an Schulter, marschierten und sich rücksichtslos ihren Weg durch das menschliche Leben bahnten. Dabei brachten sie es jedoch fertig, untereinander eine Art friedlichen Einklangs zu bewahren – etwas, was uns Menschen des 20. Jahrhunderts als eine unmögliche Situation erscheint. Und das alles lieferte eines der geheimnisvollen Rätsel menschlicher Psychologie. Vielleicht haben zu keiner Zeit in der Menschheitsgeschichte je derartige intellektuelle und moralische Widersprüche nebeneinander existiert und sich allgemeiner Anerkennung erfreut, als wären sie vollkommen natürlich und ergänzten einander. Die Folge hiervon war, was schon damals von gewissen außergewöhnlichen, glänzenden Denkern vorausgesehen wurde: der Einsturz des auf dem Sande unfundierter Theorien, besonders wissenschaftlicher, errichteten Hauses, der neben Staubwolken unsagbaren Kummer und Bedauern zurückließ.

Wenn man nun zurückblickt und die psychologischen Faktoren studiert, die mit dem Leben des 19. Jahrhunderts verbunden waren, dann kann man sich nur wundern, daß im menschlichen Bewußtsein so unvereinbare Elemente jahrzehntelang nebeneinander existieren konnten und daß ihre gänzliche Unvereinbarkeit nicht eher entdeckt oder bloßgestellt und in ihrer Hohlheit und Verkehrtheit nicht schon früher angeprangert worden ist.

Es war ein Zeitalter, in dem der Durchschnittsmensch noch nicht durch Leiden erweckt worden war und noch nicht gelernt hatte, zumindest mit etwas Klarheit zu denken. In einem Teil seines Gehirns bewahrte er gewisse mißverstandene religiöse Überzeugungen auf oder akzeptierte sie, und in einem anderen Teil hegte und pflegte er wissenschaftliche Theorien und Hypothesen, die ebenso unbewiesen waren wie die religiösen Ideen, die jedoch völlig unvereinbar und daher unversöhnlich mit diesen waren. Der möglicherweise schlimmste Fehler des 19. Jahrhunderts war wohl die Überbewertung der unrealen Werte materieller Dinge, und das trotz der intuitiven Vorstellung, daß die Dinge des Geistes den Dingen der Materie ausgesprochen zuwiderlaufen und letzten Endes doch diejenigen sind, die im menschlichen Leben bleibenden Wert besitzen. Dies aber wurde normalerweise unbeachtet gelassen.

Dieser psychologische Sinn für unpersönliche Widersprüche war der schlimmste „Defekt", weil er aufgrund des unbewußten Strebens des Menschen nach innerem mentalem Frieden eine Gemütsverfassung heraufbeschwor, die zu den verschiedenartigen häßlichen Formen der Scheinheiligkeit und Heuchelei kristallisierte. Die menschliche Natur war gespalten, gegen sich selbst geteilt durch diese nur schwach bemerkten inneren Widersprüche, denen offen entgegenzutreten sich die meisten jedoch weigerten. Ob dies aus moralischer Feigheit geschah oder aus einer gewissen Angst heraus, auf eine Leere zu stoßen, bleibt noch ein interessantes Problem, das es zu lösen gilt.

Zu den anderen hauptsächlichen Übeln des 19. Jahrhunderts gehörte die Anbetung von Gewalt und Macht, wie sehr diese auch hinter wortreichem Geschwätz, scheinheiligem Dünkel und Moralpredigten über unfehlbare ethische Tugenden verborgen wurde, und ebenso auch hinter gedankenlosen Wiederholungen der edlen, erhabenen Lehren des großen Avatâras Jesus, der über die Notwendigkeit der praktischen Ausübung der Nächstenliebe und unentwegter gütiger Gerechtigkeit allen, besonders den Schwächeren gegenüber sprach! Zwar hatten alle die Lehre von der unpersönlichen, brüderlichen Liebe auf den Lippen, doch die Praxis lief dieser edlen Lehre sowohl in den internationalen Angelegenheiten als auch in den nationalen, sozialen und politischen Beziehungen entgegen. Es war ein Jahrhundert, in dem die Anbetung der Gewalt – unter welcher Verkleidung sie sich auch verbarg – überall zu erkennen war; und obwohl beständig versichert wurde: „Recht ist Macht", galt in der Praxis jedoch fast immer: „Macht ist Recht". Heute aber kann jeder vernünftige Mensch deutlich erkennen, daß die einzige rettende Tugend in den Beziehungen sowohl zwischen Mensch und Mensch als auch zwischen Nation und Nation der unbeugsame Wille ist, allen gegenüber wohlwollende Gerechtigkeit zu üben, und zwar ohne Rücksicht auf eigene Interessen. Diese ohne Beachtung zeitweiliger Verluste verfolgte Politik, das heißt die Ausübung der Lehre von der unpersönlichen Liebe, ist das einzige, was auf Erden Frieden und guten Willen allen Menschen gegenüber bringen kann und was für jede Kultur, die dieses Namens wert ist, stabile Grundlagen sichert. Die Gründe sind offensichtlich: Unpersönliche Liebe, die nicht das geringste mit rührseliger Sentimentalität zu tun hat, wirkt vereinigend, weil sie anziehend ist, und nicht entzweiend, weil sie nicht wie Selbstsucht und Haß trennt. Philosophisch gesprochen ist dies der einzige Kurs, den ein philosophisch denkender Mensch einschlagen kann, da er auf den unumstößlichen, unentrinnbaren Gesetzen kosmischer Harmonie basiert.

Den unsterblichen Göttern sei Dank, daß sich die in den Anregungen des obigen Textes enthaltenen Gedanken heute wie ein Lauffeuer über die ganze Welt verbreiten. Sie finden in Herz und Sinn nachdenklicher, intuitiver Menschen Aufnahme, und zwar bei den zivilisiertesten Völkern ebenso entschieden wie bei den rückständigsten oder unterentwickeltsten. Mit denselben Grundgedanken wurden seit dem ersten Weltkrieg viele Bücher über die verschiedensten Themen geschrieben. Als treffendes Beispiel mag der folgende Auszug aus „The Power of Non-violence" (1934), S. 229 f., von Richard B. Gregg dienen:

> „Lieben heißt, die Einheit allen Lebens und aller Dinge zu fühlen und sie so stark zu fühlen und zu erkennen, daß unsere Umgebung sie – wenn vielleicht auch nur schwach – allmählich ebenfalls fühlt und dadurch ein stärkeres Bewußtsein der Einheit und Sicherheit bekommt. Lieben heißt auch, den Wunsch zu haben, neues Leben zu schaffen, und zwar ein reicheres Leben, durch die Verwirklichung dieser überfließenden Kraft und Einheit. Zu leben, als seien wir ewig, heißt, in der Liebe zu leben. Liebe schenkt uns Furchtlosigkeit, Offenheit, Freiheit und Wahrheit."

Für den Schüler der Esoterischen Philosophie, der im 20. Jahrhundert lebt und ein nachdenkliches Gemüt besitzt, das zu eini-

Leben in Theorie und Praxis – I

ger Klarheit und zu logischer Folgerung fähig ist, und der eine philosophische Neigung hat, könnte es wahrscheinlich kein deutlicheres Bild der in den vorhergehenden Abschnitten enthaltenen Tatsachen geben als dasjenige, das bei einem gründlichen Studium der beachtenswerten Reihe von Dokumenten in dem Buch „Die Mahâtma-Briefe an A. P. Sinnett" gefunden werden kann. Hier begegnet der Schüler einer wirklich außergewöhnlichen, ja äußerst ungewöhnlichen und daher faszinierenden Situation, die von zwei großen Weltlehrern geschaffen wurde. Sie taten ihr Äußerstes, um in die Gemüter zweier Durchschnittsmenschen des 19. Jahrhunderts zumindest einige Samenkörner der Spiritualität zu säen, in die Gemüter von Mr. A. P. Sinnett und Mr. A. O. Hume. Von diesen beiden war Mr. Sinnett vielleicht der etwas Höherstehende in bezug auf spirituelle Unterscheidungskraft, wenn dies so gesagt werden darf, während Mr. Hume vom Standpunkt intellektueller Fähigkeiten aus vielleicht der etwas Überlegene war.

Diese beiden typischen Vertreter des 19. Jahrhunderts, die mit all den intellektuellen Fehlern ihres Zeitalters behaftet waren und relativ wenige Tugenden besaßen, standen in einem fast vertraulichen Briefwechsel mit zwei Mahâtmans, zwei Meistern der Weisheit und des Mitleids. Nichts könnte nun interessanter sein, als die erstaunlich geduldige Güte der Lehrer zu beobachten, die mit der gänzlich unbewußten, doch unglaublich egoistischen Selbstgenügsamkeit und der blasierten Selbstsucht ihrer beiden „Laienchelas" zu ringen hatten. Aufgrund einer unnachgiebigen Gemütshaltung und einer streitlustigen Überredungskunst taten die beiden Schüler ihr Äußerstes, um den Willen der beiden Meister ihren eigenen Ideen darüber zu unterwerfen, wessen die Welt am meisten bedürfe. An die Schatzkammer der Alten Weisheit glaubten sie nur halbwegs, vielleicht bezweifelten sie sogar, daß die Meister diese Weisheit besitzen. Ihre Haltung war ein fast immerwährendes Bestehen darauf, daß die Botschaft im Einklang mit dem Gefüge der Gedanken und Auffassungen verkündet werden müsse, die sie in ihrem selbstgenügsamen Egoismus als Kanal empfahlen, durch den die Verkündigung besagter Botschaft an die Menschen fließen sollte. Mr. Sinnett und Mr. Hume bestanden darauf, daß mit dem Hervorbringen von „Phänomenen", wie diese damals seltsamerweise genannt wurden, Zeit gewonnen werde (die großen Lehrer aber sagten, es würde Zeit verloren werden). Ihr diesbezüglicher Gedanke war der, daß eine durch und durch egoistische, selbstzufriedene Welt durch Wundertaten materieller Art fast gewaltsam zum Glauben an die esoterische Weisheit bekehrt werden würde. Die beiden Lehrer wiesen jedoch darauf hin, daß gerade dies die allerschlechteste Methode sei, um eine Grundlage für den künftigen Überbau einer spirituell-intellektuellen Philosophie zu schaffen. Dies zu begreifen aber war den beiden „Laienchelas" nicht möglich. Tatsächlich wurde die einzig richtige Antwort gegeben. Sie war überdies auch äußerst vernünftig, wie wir heute wissen, denn es wäre nicht bei einem Gesuch um „Phänomene" geblieben, es hätten unweigerlich immer mehr „Phänomene" folgen müssen. Als die Mahâtmans dann ferner geradeheraus erklärten, es wäre für die Grundsätze der archaischen Weisheit besser, sie für immer vor der Allgemeinheit zu verbergen und geheimzuhalten, als sie auf psychologischem Flugsand aufzubauen, da zeigten die beiden typischen Vertreter des 19. Jahrhunderts durch ihre Briefe sehr deutlich, daß ihrer Ansicht nach Moral und Ethik nur zweckdienliche, wenn auch äußerst richtige Konventionen oder Regeln der menschlichen Gesellschaft seien, die jedoch auf keiner wirklichen Grundlage der Gesetze der

Natur basierten. Aufgrund dessen hatten sie das Gefühl, daß die Bedingungen, die an die Herausgabe der erhabenen Botschaft geknüpft wurden, unnötig und willkürlich, ja letzten Endes nicht weit davon entfernt seien, in einem weltklugen Sinn töricht zu sein. Ein seltsames Schauspiel!

Nichts von dem Gesagten sollte als Kritik an dem Charakter der beiden sonst ehrbaren, ernsten Männer aufgefaßt werden. Diese Bemerkung scheint mir erforderlich zu sein, weil es in der westlichen Zivilisation eine der beklagenswertesten Gewohnheiten ist, die Charaktere von Menschen lieber zu verunglimpfen, anstatt die begangenen Fehler, den angerichteten Schaden oder die falschen Ansichten mit so viel Güte, wie nur möglich, aufzuzeigen. Mit anderen Worten: Es ist die Sache selbst oder vielleicht das Üble, das zu brandmarken nötig sein mag, immer aber ist es unfair, den Charakter der Menschen anzugreifen. Nur wenige Menschen – wenn überhaupt welche – sind weise oder gerecht genug, um dies tun zu können.

Jeder wahre Schüler der Esoterischen Philosophie ist daher sowohl Mr. Hume als auch Mr. Sinnett aufrichtig dankbar für das einst ausgezeichnete Werk, das sie für die Theosophische Bewegung vollbracht haben, mit der sie eine Zeitlang in Verbindung standen – Mr. Sinnett wesentlich länger als Mr. Hume. Schüler der Esoterischen Philosophie erheben keinen Einspruch gegen die Charaktere dieser beiden Gentlemen, denn niemand fühlt sich kompetent, über sie zu Gericht zu sitzen. Mr. Hume und Mr. Sinnett waren Kinder ihrer Zeit, und es sind die Laster und Fehler, der Materialismus und die seelenzerstörenden Verneinungen ihres Zeitalters, auf die Bezug genommen wird.

Welche privaten Ansichten Mr. Sinnett und Mr. Hume hatten, war natürlich gänzlich ihre eigene Angelegenheit, und niemand hat das Recht oder den Wunsch, sie zu kritisieren. Alles dies aber hindert nicht daran, zu erkennen und äußerst stark zu bedauern, daß sie verfehlten, einen größeren Gewinn aus der einmaligen Gelegenheit zu ziehen, die ihnen zuteil geworden war, nämlich in den direkten persönlichen Kontakt mit zwei Mitgliedern der Großen Bruderschaft zu kommen. Dies ist eine so seltene Tatsache, daß von ihr gesagt werden könnte, sie sei ein ebenso seltenes Vorkommnis wie das Erscheinen des traditionellen Phönix.

Zweifellos hätten sie weit mehr empfangen, wenn die Haltung ihres Zeitalters sowie ihre eigene Haltung die von Schülern gewesen wäre, die gewillt sind, die Wahrheit so anzunehmen, wie sie ihnen gegeben wird, ohne auf einer Reihe von Bedingungen zu bestehen, in deren Rahmen Wahrheit mitgeteilt werden sollte. Der Geist des 19. Jahrhunderts war jedoch angriffslustig, egoistisch und selbstzufrieden im Sinne äußerster Überheblichkeit. Er war zudem durch und durch psychologisiert von der völlig falschen Idee, daß alles Weitere, was der Fülle des Wissens noch hinzugefügt würde, nur eine bloße Vermehrung dessen sei, was wissenschaftlich schon bekannt ist – der reinste Unsinn.

Eine spätere Generation von Wissenschaftlern, die heute so glänzend die Vorhut wissenschaftlicher Forschungsarbeit führt, ist zur Nemesis der Wissenschaft des 19. Jahrhunderts geworden, indem sie eine Revolution oder einen vollständigen Umsturz dessen heraufbeschwor, wovon im letzten Jahrhundert angenommen wurde, es wäre für alle Zeit fest und sicher bewiesen.

Die mit Leben und Tod verbundenen Themen interessierten Mr. Sinnett und Mr. Hume besonders; doch hatten sie keine wirklichen Kenntnisse hierüber, und dessen waren sie sich im Herzen auch bewußt. Aber durch falsche Erziehung in Religion und Naturwissenschaften wie auch durch den Geist ihres Zeitalters war ihr Gehirnverstand so irregeleitet und kristallisiert, daß sie keine Mühe scheuten, um mit den großen Lehrern nicht nur darüber zu diskutieren, was die Welt am nötigsten brauche, sondern auch über die Art und Weise, in der das ihrer Meinung nach Nötigste den Menschen übergeben werden müßte. Als ihnen dann offen gesagt wurde, und das sowohl direkt als auch indirekt durch Erläuterungen schwieriger Gedankengänge, daß die von den sogenannten „Mysterien des Todes" handelnden Lehren in den meisten Fällen nur Chelas oder Jüngern gegeben wurden, die ein Gelöbnis – ohne Möglichkeit des Rücktritts – abgelegt hatten, da waren sie so sehr Kinder ihrer Zeit, daß sie mit den von ihnen akzeptierten Lehrern diskutierten und zäh an dem strittigen Punkt festhielten.

Leben in Theorie und Praxis – I

Häufig wurden sie „geradezu ungehalten" über die Auferlegung von Bedingungen, für die sie erstens keine Notwendigkeit sahen und denen sie daher auch nicht zustimmten und für deren Wert sie zweitens nicht das geringste Gefühl besaßen.

Da sie eben nur zu den Durchschnittsmenschen des 19. Jahrhunderts gehörten, deren glückliches Karma sie in eine Situation gebracht hatte, in der sie den Großen noch wesentlich mehr hätten helfen können – für ihre geleistete Hilfe aber sind wir alle ihnen aufrichtig dankbar –, ist es sehr wahrscheinlich, daß Leben und Tod für sie ganz unterschiedliche, streng gegensätzliche Dinge waren anstatt zwei Aspekte ein und derselben Sache – und das sind sie tatsächlich: der Gang der evolvierenden und revolvierenden oder pilgernden menschlichen Monade in die Erdsphäre hinein und wieder aus ihr heraus. Anders ausgedrückt: der Tod ist nur eine der Funktionen des Lebens, und der eigentliche Gegensatz zum Tod ist nicht „Leben", sondern Geburt. Das eine bezeichnet den Eintritt in die Sphäre der Erdanziehungen, das andere den Austritt aus ihr.

Im 19. Jahrhundert war für alle Zweige der menschlichen Gesellschaft eine intensive Konzentration des menschlichen Denkens, der Imagination und der menschlichen Aktivität fast ausschließlich auf die Angelegenheiten des materiellen, physischen Lebens charakteristisch wie auch die fast vollständige Vernachlässigung jener Fähigkeiten der menschlichen Seele, die zu der höheren Natur des Menschen gehören. Dies war im Grunde für jene Geisteshaltung verantwortlich.

In der heutigen Zeit haben sich die Ansichten der Menschen enorm gewandelt, und zwar weit mehr, als sich der Durchschnittsmensch unseres 20. Jahrhunderts vorstellen kann. Das Abwerfen alter wissenschaftlicher Hemmungen und vorgefaßter Meinungen, die ihre höchste Blütezeit in den letzten Jahren des 19. Jahrhunderts erreichten, hat den Forschern der modernen Wissenschaft derart neue, bisher unbetretene Gefilde des Denkens und der Untersuchung eröffnet, daß eine Psychologie die Oberhand gewonnen hat, die völlig neu ist im Vergleich zu dem, was vor 80, 30, ja selbst noch vor wenigen Jahren bestand.

Einige der berühmtesten modernen Wissenschaftler äußern heute hinsichtlich der Natur der Materie sowie der elementaren Kräfte und Substanzen des Universums Gedanken und verleihen Theorien Ausdruck, die in den nachdenklichen Schülern der Esoterischen Philosophie das Gefühl erwecken, daß sich die Naturwissenschaft rapide der Anerkennung gewisser fundamentaler Lehren oder Grundsätze der archaischen Weisheit nähert. Die hauptsächliche Vorstellung oder Auffassung, die von vielen modernen, sehr fortschrittlichen Wissenschaftlern angenommen wird, ist die, daß die Essenz des Seins Geist-Stoff ist – wie es einige ausdrücken – oder kosmisches Bewußtsein, wie wir vielleicht mit Recht sagen können. Das ist tatsächlich ein enormer Fortschritt gegenüber dem alles leugnenden, alles verneinenden Materialismus, der am Ende des 19. Jahrhunderts fast allgemein anerkannt war. Von einem „kosmischen Mathematiker" oder einem „kosmischen Künstler" zu reden – wiewohl eine äußerst unvollkommene Sprache – ist eine Annäherung an die in dieser Beziehung weit tiefere Bedeutung der Esoterischen Tradition; sie ist ein großer Schritt vorwärts in eine Richtung, die die Schüler der Esoterischen Philosophie als die richtige empfinden. Es kann sehr gut angenommen werden, daß nach Ablauf einiger Jahre die Ideen dieser wirklich großen Wissenschaftler, Mathematiker und

Leben in Theorie und Praxis – I

anderer noch enger an die Grenzgebiete des Denkens der Alten Weisheit der Götter herankommen werden.

„Jeans erkennt den Zusammenbruch der mechanistischen Hypothese, macht aber keinen ernsthaften Versuch, sie zu ersetzen. Er meint, daß es ‚der Finger Gottes' gewesen sein könne, der die Dinge in Bewegung gebracht hat. Aber ich glaube nicht, daß Gott ein Zufallsspiel vom Stapel läßt. Weiter sagt Jeans, daß Materie aus einer unbekannten Dimension des Raumes in die Spiralnebel einzuströmen scheine. Doch das ist reine Wissenschaftsfeindlichkeit." (aus „God", S. 107 f., mit freundlicher Erlaubnis des Verfassers, J. E. Boodin, wiedergegeben)

Warum? Im Gegenteil, in Dingen wie diesen ist eine Vermutung, besonders wenn sie auf mathematischen Ansichten basiert, ebenso gut wie jede andere gut fundierte Vermutung. Jeans' „singuläre Punkte", auf die hier Bezug genommen wird, in anderer Hinsicht die „Layazentren" der Esoterischen Philosophie, sind weitaus philosophischer und vernünftiger im Hinblick auf kürzliche Entdeckungen über das Wesen der elektronischen Materie als die philosophischen Vermutungen von mehr unbestimmtem Charakter, selbst wenn sie auf gewisse feine, intuitive Aussagen des großen Plato zurückgehen.

„Und weiter fällt er in eine romantische Philosophie zurück, die den Kosmos zu einer unwirklichen Schaustellung mit dem Menschengeist als Zauberer macht. Es ist doch augenscheinlich, daß eine mechanistische Hypothese, nach dem Modell der anorganischen Materie gegossen, keine ausreichende Erklärung für das Universum sein kann. Die ganze Sache hängt schwindelerregend hoch in der Luft ohne vernünftiges Fundament. Es ist richtig, daß die für die kosmische Evolution vorgesehene Zeitspanne ungeheuer groß ist im Vergleich zu unserem Menschenleben. Doch dies sollte uns nicht blind machen gegenüber der Sinnlosigkeit des Ganzen. Wenn wir die mechanistische Hypothese als Philosophie akzeptieren, macht sie uns intellektuell bankrott. Sie erfordert ein Wunder, um die Welt in Bewegung zu setzen, und bietet kein Versprechen für die Zukunft außer universalem Tod." (ebenda)

In diesem Auszug aus dem überaus lesenswerten und interessanten Werk des bekannten Professors der Philosophie an der kalifornischen Universität zu Los Angeles legt Dr. Boodin seinen Finger gerade auf diesen wunden Punkt – die schwache Stelle an der Achillesferse –, der allen mechanistischen Theorien über das Universum unvermeidlich anhaftet. Tatsache ist, daß die mechanistische Hypothese ein „Wunder" fordert, das noch wunderbarer ist als die Wunder irgendeiner Religion. Denn daß tote, gefühl- und seelenlose Materie, die einer sinnlosen, dem Zufall überlassenen Tätigkeit nachgeht, Harmonie und Gesetz, Regelmäßigkeit und Folgerichtigkeit, Bewußtsein und Intelligenz, Denkvermögen, Liebe und Moralgefühl hervorbringen soll – und daß man diese gemäß der Hypothese oder Theorie überall finden soll –, das beansprucht unsere Leichtgläubigkeit mehr als die Annahme, daß ein „Gott" oder daß „Götter" das Universum aus dem „Nichts" oder aus sich selbst heraus geschaffen hätten.

Der Schüler der Esoterischen Philosophie aber läßt nirgends die Möglichkeit von „Wundern" gelten, falls ein „Wunder" eine Handlung oder ein Vorkommnis bedeutet, das der universalen Natur zuwiderläuft. Gerade aus diesem Grunde weist ein Schüler in voller Übereinstimmung mit Professor Boodin die materialistische oder mechanistische Hypothese zurück, und er weist ebenfalls die „Wunder"- oder Schöpfungstheorie der Monotheisten zurück. Professor Boodin hat so weit, wie er geht, zweifellos recht, und man wundert sich, warum ein so glänzender Denker nicht Schüler der Esoterischen Philosophie ist.

I

Das 19. Jahrhundert, auf das in unseligem Andenken geschaut wird, ist jedoch nicht das einzige Zeitalter, in dem die menschlichen Vorstellungen über das Wesen des sogenannten „Problems" von Leben und Tod sehr verworren und merkwürdig konfus waren. Auch ist es nicht die einzige Zeitperiode, in welcher der Einfluß einer materialistischen Psychologie die Menschen – selbst gegen ihre besten Intuitionen – dahin führte, zu erklären, daß das Leben eine Sache, eine fühlende Existenz sei und der Tod nur deren Abschluß und das sich daraus ergebende Finale oder die Vernichtung des fühlenden Wesens, das einmal war. Zeitalter hindurch haben ähnliche Ideen in der Welt existiert, die normalerweise darauf hinausliefen, daß Leben und Tod grundsätzlich und im wesentlichen verschieden und gegensätzlich seien, daß „Leben" Gefühl und Bewußtsein sei und „Tod" das Entgegengesetzte, das beides beendigt. Es ist jedoch wahrscheinlich, daß diese Idee in keiner Zeit so allgemein dem menschlichen Bewußtsein mit Nachdruck eingeprägt worden ist wie im 19. Jahrhundert.

Europäische Wissenschaftler und Denker, selbst Theologen und wahrscheinlich alle Philosophen, haben das „Leben" als einen Prozeß betrachtet, als das Aufbauen eines Körpers und die Existenz und Tätigkeit der Lebensfunktionen, die dieser Körper manifestiert: beim Menschen durch das Protoplasma der rund 26 Billionen Zellen, aus denen der durchschnittliche menschliche Körper bestehen soll. Den „Tod" aber betrachteten sie als das Zerbrechen oder Auseinanderfallen, als den Auflösungs- und Zerfallsprozeß jener Garbe oder jenes Bündels von Kräften, die während des Lebens – das heißt des physischen Erdenlebens jeder beseelten Wesenheit – ein „Lebewesen" bilden.

Alles dies ist wohl richtig, vorausgesetzt jedoch, daß klar verstanden wird, daß die beiden Wörter „Leben" und „Tod" nur für zwei Prozesse stehen oder diese repräsentieren. Jeder weiß, daß Lebewesen geboren werden, den ersten Schritt in die manifestierte physische Existenz unternehmen, daß sie wachsen, Reife erlangen – das heißt die volle Blüte der Kräfte einer jeden Wesenheit – und dann den Niedergang beginnen, der aufs engste im Zusammenhang steht mit Verfall. Dieser endet in Altersschwäche und dem sogenannten Tod, der Auflösung oder dem Zerfall des lebenden physischen Körpers. Diese beiden, Leben und Tod, sind offensichtlich Prozesse; sie sind nicht grundlegende oder unwandelbare Zustände, Bedingungen oder „Dinge an sich". Der Sinn dieser Bemerkung ist ein Protest dagegen, die Wörter „Leben" und „Tod" zu gebrauchen, als bedeuteten sie allein Prozesse, als seien Leben und Tod „Dinge an sich", die sich grundlegend voneinander unterscheiden. Der Protest richtet sich hier dagegen, eine völlig unwirkliche, nicht existierende und daher falsche Antinomie oder einen solchen Widerspruch anzunehmen.

Leben und Tod sind eindeutig Prozesse, die von dem monadischen Zentrum, das diese beiden Ereignisse durchmacht oder erlebt, bei seinem Durchgang durch die physische Sphäre verursacht werden. Strenggenommen sind sie in Wirklichkeit nur zwei Phasen eines Ereignisses, das durch die Veränderungen oder verschiedenen Entfaltungen von Attributen, Fähigkeiten und Körpern entsteht, die der Monade beim Durchschreiten der physischen Sphäre widerfahren. Infolge des Lichtes, das die großartigen Lehren der Esoterischen Philosophie auf diese sogenannten Probleme werfen, wird ersichtlich, daß der Tod buchstäblich nur ein Übergang in eine andere Lebensphase ist, wobei das Ende der letzteren herbeigeführt wird. Mit anderen Worten: der Tod sollte in der richtigen Weise als die Geburt der evolvierenden, revolvierenden und pilgernden Wesenheiten in andere Welten betrachtet werden. Wird jedoch exakter nur von dem Tod des physischen Körpers gesprochen, ist dieser als Übergang in eine andere Lebensphase zu betrachten. Somit wird das vergangene Leben tatsächlich lediglich unter anderen Bedingungen und in „neuen" Bewußtseinszuständen fortgesetzt.

Leben in Theorie und Praxis – I

Besonders über diese Punkte wurde in früheren Kapiteln dieses Werkes schon sehr viel gesagt.

Leben und Tod sind also zwei Prozesse oder „Ereignisse", oder vielleicht besser gesagt, zwei Erfahrungsweisen oder -phasen der einen dahinterliegenden, leitenden und evolvierenden monadischen Kraft-Substanz. Soviel sei hier in bezug auf die pilgernde Monade gesagt. Was nun den größeren Maßstab oder das manifestierte Universum betrifft, so sind Leben und Tod zwei Aspekte oder Erscheinungen derselben Tätigkeit der universalen kosmischen Kraft, die in allen Zeitperioden evolutionärer Manifestation diese duale Form annimmt. Doch hinter diesen beiden Prozessen – denn bloße Prozesse sind nicht Dinge an sich – steht die Lebenskraft, der intelligente Drang, die bewußte treibende Kraft oder Energie, die Wesen veranlaßt oder bewegt, einem Pfad evolutionärer Entwicklung zu folgen, der bereits latent dem Keim oder Samen innewohnt – sei dieser nun kosmisch oder einzeln und individuell. Durch evolutionäres Wachstum entfalten sich die wesentlichen Faktoren der Individualität, die zu Beginn im Kern oder Herzen des Keimes oder Samens der künftigen Wesenheit schlafend liegen.

Was ist nun diese treibende Kraft, oder um das Sprachbild zu ändern, was ist dieser intelligente, vitale Drang hinter und in dem Keim? Allgemein gesprochen ist jeder „Keim" oder „Same" eines der unendlich vielen monadisierten Atome des kosmischen Lebens. Die Worte „kosmisches Leben" sind jedoch nur ein verallgemeinernder Ausdruck. Wenn wir aber das individuelle Wesen, die individuelle Wesenheit, betrachten wollen, zum Beispiel einen Menschen, ein Tier, eine Pflanze oder ein mineralisches Atom, ist es nötig, ins einzelne zu gehen. Dann sehen wir, daß die treibende

Kraft, der innere Drang das Nach-außen-Wirken, der Ausdruck des Stromes oder der Flut der Lebensenergie ist, die in der Monade aufsteigt und aus ihr hervorströmt, denn die Monade ist das spirituelle Zentrum, der Kern eines jeden Wesens, einer jeden Wesenheit. Dieses spirituelle Zentrum, dieser Kern, ist natürlich selbst eine Wesenheit, eine spirituelle Wesenheit, der seit endloser Zeit die Charakteristika oder die Individualität des künftigen Wesens innewohnen, und von dort aus strömen diese in die evolutionäre Entwicklung oder in das Sich-Gestalten des künftigen Wesens ein. Dies ist in Kürze die Bedeutung und der allgemeine Sinn der Lehre vom „Swabhâva", die in früheren Kapiteln bereits erklärt wurde.

Warum ist eine Eichel immer der Elter einer Eiche? Warum bringt ein Kirschkern unabänderlich einen Kirschbaum hervor? Diese Fragen sind nicht unwichtig, auch sind sie nicht lediglich banale Wiederholungen einer allseits bekannten Tatsache. Es sind sehr berechtigte Fragen, die sich direkt an die Intelligenz des Lesers richten. Vielleicht sollte mit Nachdruck darauf hingewiesen werden, daß eine so allgemein bekannte Binsenwahrheit, die in den beiden Fragen enthalten ist, bis heute – außer versuchsweise in einem Schwall von Worten – noch von keiner bisher im Westen studierten Wissenschaft wirklich erklärt wurde. (Es ist vollkommen richtig zu sagen, es liege in der Matrix der Desoxyribonukleinsäure. Doch was oder wer legte diese Matrix nieder? D. Hrsg.) Es gibt eine Tatsache von unermeßlicher und tiefer philosophischer, religiöser sowie wissenschaftlicher Bedeutung: die Lehre vom Swabhâva, von der charakteristischen spirituell-vitalen Monade. Sie beantwortet diese Fragen; und besagt, daß die Eichel, der Kirschkern oder irgendein anderer individueller

Same stets seine eigene Art hervorbringt. Dieser Vorgang vollzieht sich unweigerlich aufgrund der innewohnenden charakteristischen Individualität des monadischen Strahles – des monadischen Charakteristikums im Herzen des Keimes der Eiche oder des Kernes des Kirschbaumes. Wenn die Dinge willkürlich wachsen würden; wenn es keine Kette individualisierter Verursachung gäbe, die unfehlbar Wirkungen oder Folgen im Einklang mit der „Individualität" vorausgegangener Ursachen hervorbringt; wenn es im Universum kein Gesetz individueller Regeneration gäbe: warum sollte dann nicht ein Kirschkern eine Bananenpflanze, ein Pfirsichkern einen Erdbeersprößling hervorbringen, oder warum könnten wir dann nicht in dem aromatischen Schoß einer Rosenknospe winzige Menschenkindlein entdecken?

Es ist unbedingt nötig, an dem Gesagten festzuhalten: In jedem Samen oder Keim gibt es einen inhärenten vitalen Drang, der die Reproduktion seiner eigenen Art zuwege bringt. Die Esoterische Philosophie würde dies folgendermaßen ausdrücken: Der innewohnende vitale oder charakteristische Drang, der seine spezifische Art zur Manifestation bringt, ist lediglich das Swabhâva, das in einem „schöpferischen", gestaltenden Fluß einen Strom oder Ströme vitaler Energie aus sich heraus emaniert oder aussendet. Diese Energie wirkt in dem und als der Kern oder das Herz des Keimes oder Samens. Sie gestaltet und formt ihn in seinen verschiedenen embryologischen oder anderen Wachstumsstadien, um für sich das geeignete Vehikel zu reproduzieren, in das sie sich einschließen kann – das heißt die besagte Emanation oder die vitale Flut, die der innewohnenden spirituellen Monade entströmt.

Abgesehen von der Tatsache, daß hierauf einer der geheimen Prozesse der Wiederverkörperung oder der Reinkarnation beruht, erklärt dies ebenfalls auch die Kontinuität der Art und die verschiedenen Spielarten, Spezies, Familien, Gattungen oder Klassen, die die einzelnen Naturreiche zusammensetzen. Mit derselben Tatsache ist ferner der Ursprung der Variationen der Spezies eng verknüpft, der für die Biologie bisher ein großes Problem gewesen ist. Alle diese Ursprünge und deren spätere Variationen in Raum und Zeit rühren von der Tatsache her, daß die Emanationen aus den innewohnenden spirituellen Monaden der verschiedenen Naturreiche in die physische Welt fließen und jede Flut durch ihre inhärente charakteristische Art oder ihr Swabhâva gekennzeichnet ist. Dies ist offensichtlich die Ursache für das Fortbestehen der Arten die Zeitalter hindurch, während der sie natürlich den durch die evolutionäre Entfaltung hervorgebrachten Modifikationen ausgesetzt sind. Diese Entfaltung ist – das sollte bedacht werden – ein streng emanationales Entfalten, das Entfalten innerer, bisher schlummernder charakteristischer Merkmale. Gerade diese emanationale Entfaltung bringt den sogenannten Ursprung und die Variationen der Lebewesen zustande.

Jede Monade ist ferner ein schöpferisches oder eher ein emanationales Zentrum, ein während eines Manvantaras ewig aktiver Brennpunkt, so daß sich zumindest am Anfang des Manvantaras, das heißt der Zeitperiode kosmischer Manifestation, aus ihrem Herzen ein unaufhörlicher Strom im Keim vorhandener charakteristischer Merkmale ergießt. Eine jede dieser keimenden Eigenschaften ist der Ausgangspunkt oder Ursprung einer neuen Variation, die, wenn sie weiterlebt und über die verschiedenen feindlichen Faktoren in der Umwelt die Oberhand gewinnt, sich als eine neue Spielart, Spezies oder auch als eine umfassendere Gruppe etabliert.

In diesem Zusammenhang ist jedoch etwas sehr Wichtiges zu beachten: Da sich das Globenmanvantara auf unserer Erde gegenwärtig auf dem aufsteigenden Bogen befindet, das heißt bereits den tiefsten Punkt des Abstiegs überschritten hat und den Aufstieg beginnt, wird von nun an die verwirrende Anzahl neuer Arten und Spezies, die den gesamten Verlauf auf dem absteigenden Bogen charakterisiert hatte, beständig und beharrlich geringer werden. Denn auf dem aufwärtsführenden oder aufsteigenden Bogen dient der ganze Arbeitsgang der Lebenswogen der Integrierung, was im Laufe der dahinrollenden Zeitalter eine stetig abnehmende Zahl von Arten und Familien herbeiführt. Auf dem absteigenden Bogen dagegen bestand die ganze Anstrengung der Natur in Differenzierung oder zerstreuender Aktivität, das heißt in dem Hervorbringen unendlich vieler spezifischer Variationen des fundamentalen allgemeinen Typs, der, da er monadisch ist, unaufhörlich fortwährt.

Es ist, wie schon gesagt wurde, die monadische Individualität, das individualisierte Charakteristikum, das inhärent im Keim oder Samen der künftigen Wesenheit vorhanden ist und diesen vitalisiert. Es liefert nicht nur den Antrieb oder den Drang, der schließlich das hervorbringt, was im Keim oder Samen selbst ist, sondern es leitet und führt auch die Beschaffenheit und Wesensart – die rassische wie andere – der Wesenheit, die später sein wird oder werden soll. Dieser vitale, intelligente Drang oder Antrieb ist das Aggregat von Kräften mehrerer verschiedener Arten, die in dem monadischen Strahl, der aus der Monade selbst hervorkommt, latent vorhanden sind oder schlummern. Letztere wird in der technischen Terminologie der Esoterischen Philosophie „Jîva" genannt. Die charakteristische Individualität, die der vitalen Energie des monadischen Strahles inhärent ist, prägt die Wirkungsweise, die Tätigkeit dieses monadischen Strahles in all seine Funktionen deutlich ein. Sie bringt daher mittels evolutionärer Entfaltung in Zeit und Raum das zum Ausdruck, was schon involviert oder eingefaltet in der Monade existierte. Dies ist die wahre Bedeutung von Evolution: ein Prozeß des Selbst-Ausdrucks des pilgernden Wesens in den Welten und Sphären der Materie, ein Prozeß, der sowohl in dem, was wir „Tod" nennen, als auch in dem, was wir „Leben" nennen, stattfindet. Jede individuelle Monade bringt durch ihre projizierte Kraft oder den monadischen Strahl ein besonderes Lebens-Charakteristikum oder eine charakteristische Individualität hervor, wickelt sie aus oder entfaltet sie aufgrund von oder durch Emanation. Gleichzeitig mit ihrem Erscheinen prägt die charakteristische Individualität der evolvierenden Substanz oder dem evolvierenden Körper – den sie gerade bewohnt – ihre Natur ein und erzeugt dadurch die ungeheuer große Mannigfaltigkeit an Rassen, Familien, Gattungen, Spezies und Spielarten in den uns umgebenden Menschen-, Tier- und Pflanzenreichen. Die Erläuterung in bezug auf die Tätigkeit der vielen monadischen

Strahlen ist ebenso auch auf die Ursache des Erscheinens jener flüchtigen, die moderne Wissenschaft gegenwärtig so verwirrenden physischen Verkörperungen im Mineralreich anwendbar, die heute als die etwa 92 chemischen „Elemente" bekannt sind (wenn von den künstlich erzeugten, aber unbeständigen Elementen abgesehen wird, d. Ü.).

II

Im Hinblick auf die Wichtigkeit der Gedanken, die in der unter dem Ausdruck „monadischer Strahl" angedeuteten Lehre enthalten sind, erscheint es ratsam zu erklären, was eigentlich mit „monadischer Strahl" gemeint ist, und ferner eine Skizze davon zu entwerfen, wie dieser innerhalb der Konstitution einer menschlichen oder einer anderen Wesenheit wirkt oder tätig ist. Obwohl von diesem „Strahl" als von einer Individualität gesprochen wird, ist er jedoch tatsächlich lediglich eine Hülle oder ein Bündel spiritueller Kräfte, die zu einer Einheit verbunden sind. Um aber Verwirrungen zu vermeiden, ist es ebenso gut, von einem Strahl als von einer Einheit oder Individualität zu sprechen, denn in einem erweiterten Sinne ist er tatsächlich eine Individualität.

Die menschliche Konstitution ist eine Zusammensetzung, ein Kompositum. Sie kann dem geistigen Auge bildhaft als ein Bewußtseinsstrom veranschaulicht werden, der dem todlosen Zentrum, der spirituellen Monade, entströmt, die zugleich die unsterbliche Wurzel des Menschen und sein essentielles Selbst ist. Die Monade, die somit das Höchste, das Innerste, die Wurzel, der Kern oder das Herz jeder manifestierten Wesenheit ist, ist die fundamentale Individualität, die Quelle des gesamten Bewußtseins und aller darin enthaltenen Selbstheit. Denn Bewußtsein und Selbstheit emanieren aus ihr in einem Fluß oder Strom, der durch die verschiedenen Stufen oder Grade der Konstitution der Wesenheit hindurchläuft. Es ist leicht zu ersehen, daß dieser Fluß oder Strom der monadische Strahl ist, von dem oben gesprochen wurde.

Vielleicht können wir das vielen vertraute Symbol benutzen, das von mehreren Schulen des Altertums angewandt wurde: das Symbol einer „Lichtsäule", welche die menschliche Konstitution, als einheitliches Ganzes betrachtet, versinnbildlicht. Diese „Lichtsäule", die aus dem Herzen der Monade emaniert oder „abwärts", „nach außen" in die Manifestation einströmt, ist in ihren höheren Teilen von himmlischem Glanz, von überirdischer Schönheit. Während sie aber „abwärts" oder „nach außen", das heißt tiefer in die Materie einströmt, wird ihr Glanz oder ihre Helligkeit fortschreitend trüber, bis sie an ihrem Ende, wenn sie die physische Sphäre erreicht hat, unsichtbar in einer Umgebung wirkt bzw. tätig ist, die „schwarz wie die Nacht" ist – das heißt in der vital-astral-physischen Triade der menschlichen Konstitution, die in ihrem unteren Aspekt der physische Körper ist. Überall innerhalb des gesamten Bereiches dieser „Lichtsäule" fließt der Strom der essentiellen Selbstheit oder des monadischen Bewußtseins, und dieser Strom ist der monadische Strahl, der von der „Lichtsäule" eingehüllt und umgeben ist – der inneren, unsichtbaren zusammengesetzten Konstitution des Menschen.

Während sich nun der monadische Strahl abwärts ergießt, in der „Lichtsäule" und durch diese wirkt, baut er sich in der „Säule" an geeigneten Stellen Knoten oder Brennpunkte aktiven Bewußtseins, und diese Knoten oder Brennpunkte sind ihrerseits geringere Monaden. Wird die zusammengesetzte Konstitution des Menschen also als ein einheitliches Ganzes betrachtet, dann ist jeder einzelne dieser Bewußtseinsknoten oder -brennpunkte als eine der Ego-Seelen der menschlichen Konstitution anzusehen. In absteigender Reihenfolge sind es die folgenden: die göttliche Seele, die spirituelle Seele, die mânasische oder menschliche Seele, die kâma-mânasische oder tierische Seele und die vital-astrale Seele. Jede dieser „Seelen" kann auch, wie gesagt, eine geringere Monade genannt werden. Durch sie alle fließt, wirkt und arbeitet jedoch der essentielle monadische Strahl; er ist, wie man sieht, identisch mit dem „Sûtrâtman" der Hindu-Philosophie. Das Wort „Sûtrâtman" ist ein Sanskritausdruck, der „Faden-Selbst" bedeutet; es hat, wie aus dem Vorausgegangenen gefolgert werden kann, seinen Sitz, seine Knoten- oder Brennpunkte in der aggregierten Gesamtheit der verschiedenen subtilen Hüllen oder Körper der obenerwähnten „Seelen".

Der gesamte Evolutionsgang besteht während des kosmischen Manvantaras in einem ununterbrochenen, fortschreitenden Emporsteigen – oder vielleicht Emporheben – des Grades des Selbstbewußtseins vom Niederen aufwärts und nach innen zum Höheren. Als Folge hiervon wird im Verlauf der Zeitalter in der besagten „Lichtsäule" oder in der zusammengesetzten Konstitution eine fortschreitend umfassendere Manifestation der innewohnenden Kräfte, Attribute und Fähigkeiten zuwege gebracht.

Tritt also für eine Wesenheit – in diesem Zusammenhang für einen Menschen – der Tod ein, so handelt es sich um einen Prozeß fortschreitender Involution oder Einfaltung. Dieser Prozeß ist

Leben in Theorie und Praxis – I

demzufolge die genaue Umkehrung des Prozesses der Evolution, der Entfaltung oder des Ausrollens, der zuvor während des Aufbaus der zusammengesetzten Konstitution oder der „Lichtsäule" stattgefunden hat. Zuerst wird der physische Körper zusammen mit der ihn begleitenden groben astralen Vitalität abgeworfen, was natürlich auch den Modellkörper, den Linga-śarîra, mit einschließt. Nach Verlauf einer gewissen Zeit, die in jedem Fall von den karmischen Attributen und Qualitäten des Menschen in seinem beendeten Erdenleben abhängig ist, erhebt sich das Bewußtsein aus den Astralwelten in das nächstfolgende, höhere monadische Zentrum, den Bewußtseinsknoten oder -brennpunkt, der schließlich seinerseits in den Schoß des monadischen Zentrums, das höher ist als das erstere, eingezogen wird, das heißt in den Schoß der spirituellen Monade. Hier geht die menschliche Monade, das menschliche Ego, in den devachanischen Zustand, die devachanischen Verhältnisse ein und erlebt seine wunderschönen, glückseligen devachanischen Träume. Hier macht es eine Zeit erholsamer Ruhe und mentaler Assimilation durch und verarbeitet die im letztvergangenen Erdenleben gelernten Lektionen.

Kommt dann die Zeit, da der devachanische Zustand sein Ende nimmt und die menschliche Monade aus ihren glückseligen Träumen sowie ihrer erholsamen Ruhe erwacht – weil die karmische Saat der aus dem letzten Erdenleben mit herübergebrachten Attribute und Eigenschaften, die bisher latent im menschlichen Ego gelegen hatten, aufgeht –, fühlt sie wieder die Anziehung erdwärts und folgt ihr sozusagen automatisch zur Erdsphäre. Dabei „steigt" sie durch die Zwischenreiche „hinab", die sie auf ihrer Reise aufwärts in den devachanischen Zustand durchschritten hatte. So begibt sie sich von der spirituellen Monade aus „abwärts" in materellere Reiche, während sie sich auf jeder Stufe geeignete Hüllen oder subtile Körper baut, in denen sie leben und sich auf diesen niederen Plänen manifestieren kann. Auf diese Weise bildet sie die Knoten- oder Brennpunkte, die sie vorher in sich eingefaltet hatte, aufs neue, bis sie schließlich die Erdsphäre erreicht, in der sie von dem geeigneten menschlichen Schoß angezogen wird, zu dem ihre karmische Affinität sie hintreibt. Dann wird sie zur rechten Zeit als menschliches Kind geboren.

Hier nun stoßen wir auf etwas sehr Wichtiges, auf das die gewissenhafte Aufmerksamkeit des Lesers gelenkt wird. Von dem „Menschen" des vorhergegangenen Erdenlebens kann als von dem „alten Menschen" gesprochen werden, während der jetzt zur Geburt kommende Mensch, der aller Wahrscheinlichkeit nach zur Reife heranwachsen wird, als der „neue Mensch" bezeichnet werden kann. Dieser „neue Mensch" ist das *Karma* des „alten Menschen", weil er, karmisch gesprochen, der vollständige „alte Mensch" ist, der im vorangegangenen Leben seine Existenz hatte. Zusätzlich – und gerade das ist ein sehr wichtiger Punkt – zu dem vergangenen karmischen Ganzen des „alten Menschen", der sich jetzt als der „neue Mensch" wieder manifestiert, kommen all die angehäuften Erfahrungen hinzu, das assimilierte Wissen und der neue Zustrom oder die Zunahme an höherem intellektuell-spirituellem Bewußtsein, die der „neue Mensch" aus dem devachanischen Zustand mit zurückgebracht hat.

Während es also richtig ist zu sagen, der „neue Mensch" im neuen Erdenleben sei das Karma oder die exakte karmisch aggregierte Folge, das karmische Ergebnis des „alten Menschen", so ist dennoch der „neue Mensch" aufgrund dieser neuen Zunahme an intellektuellem und spirituellem Bewußtsein „anders" als der „alte

Mensch". Mit anderen Worten: er ist nicht *identisch* mit dem „alten Menschen", auch wenn er „der gleiche" ist wie der „alte Mensch". Aufgrund der neuerworbenen Bewußtseinszunahme ist er „anders", und doch ist er „der gleiche" wie der „alte Mensch", weil er der exakte karmische Ertrag des „alten Menschen" ist. Gerade hier kann der achtsame Leser, der logisches Denken und klares Verständnis besitzt, sehen, daß viele Erfahrungen im neuen Erdenleben, die der „neue Mensch" als exakte *karmische* Ernte der Gedanken, Handlungen und Gefühle des „alten Menschen" durchzumachen hat, nicht von dem „neuen Menschen" „verdient" sind. Denn es ist offensichtlich, daß der Zuwachs an intellektuellem und spirituellem Bewußtsein nicht derjenige – oder mit anderen Worten, nicht die identische Wesenheit – war, welcher die Fehler des „alten Menschen" machte, dessen Sünden beging und sich der Torheiten in dessen letztvergangenem Erdenleben schuldig machte. Nichtsdestoweniger muß der „neue Mensch" diesen karmischen Folgen begegnen, die die Natur in ihrer nie irrenden Gerechtigkeit durch ausgleichende Prozesse geschehen läßt und denen sich der „neue Mensch" somit gegenübergestellt sieht. Hier also macht der „neue Mensch" vielleicht „unverdientes Leiden" oder entsprechend „unverdiente Freuden" durch.*

Aus dem Vorhergehenden sollte offensichtlich sein, daß die Esoterische Philosophie nicht die Existenz des Menschen als eines unveränderlichen, sich gleichbleibenden Egos lehrt, das von Leben zu Leben fortschreitet, lediglich um Erfahrungen zu sammeln, ohne aber eine Umbildung oder Umwandlung seiner selbst durchzumachen, wie dies in dem christlichen System enthalten zu sein

---

* Das Thema des „unverdienten Leidens" wird ebenfalls in dem Buch „Mit der Wissenschaft hinter die Schleier der Natur", Kap. III. behandelt.

scheint. Ganz im Gegenteil: das Ego ist unzweideutig ein evolvierender, sich entfaltender Bewußtseinsknoten oder -brennpunkt in der schon erwähnten „Lichtsäule" oder der menschlichen Konstitution. Daher befindet sich das menschliche Ego in dem nieendenden Prozeß fortgesetzter, unaufhörlicher Wandlung, oder was auf dasselbe hinausläuft, es erlebt beständiges Wachstum, eine beständige Ausweitung des Bewußtseins. Demnach ist das Ego – und hier wird besonders von dem menschlichen Ego gesprochen – keine unveränderliche Wesenheit, die von Geburt zu Geburt flattert. Aus diesem Grunde sollte das Reinkarnieren des sich wiederverkörpernden oder menschlichen Egos niemals so betrachtet werden, als wäre es der Durchgang einer sich gleichbleibenden spirituellen Marionette von Erdenleben zu Erdenleben.

Mit anderen Worten ausgedrückt: die Reinkarnation des sich wiederverkörpernden Egos ist nicht die exakte *Fortsetzung* eines unveränderlichen Egos, das aus dem oder den früheren Erdenleben herübergekommen ist. Das Ego ist vielmehr in jeder Wiederverkörperung oder Reinkarnation eine *Reproduktion,* oder besser gesagt, eine neue Hervorbringung, die aus dem Bewußtseinsknoten oder -brennpunkt hervorgeht, von dem schon als von der evolvierenden, sich entfaltenden und somit beständig sich verändernden, das heißt wachsenden geringeren Monade gesprochen worden ist.

Aus diesem Grunde betonte der Herr Gautama, der Buddha, mit Nachdruck, daß es im Menschen kein fortdauerndes, das heißt unveränderliches „Ego" (oder Seele) gibt. Die sehr tiefe Bedeutung dieser wahren Feststellung ist dem Verständnis aller Kommentatoren seit den Tagen des Buddha entgangen – mit

Sicherheit ging es allen europäischen Kommentatoren so und auch fast allen seinen sonst so ergebenen asiatischen Anhängern.

Das Thema ist sehr subtil, und es ist daher nicht nur etwas schwer zu erklären, sondern auch schwer zu verstehen. Es gibt jedoch eine analoge Veranschaulichung desselben, die angewandt werden kann und die, wenn gründlich studiert, Klarheit bringen kann. Betrachten wir nun einmal den Fall eines Menschen: Er wächst von Geburt an, durchlebt die Kindheit und wird erwachsen. Dann geht er durch das Stadium des Alterns und des Verfalls bis hin zu den Pforten des Todes. Es ist offensichtlich, daß der zehnjährige Knabe nicht der Fünfzigjährige ist. Zwischen dem zehnten und dem fünfzigsten Lebensjahr haben tiefgehende Bewußtseinsveränderungen dieses Menschen stattgefunden – und doch ist der Fünfzigjährige der Ertrag, die direkte karmische Konsequenz oder das Resultat, mit anderen Worten, das Karma des zehnjährigen Knaben.

Es kann sogar nicht einmal gesagt werden, daß das Ego des zehnjährigen Knaben dasselbe sei wie das Ego des Fünfzigjährigen, denn gerade während der Zwischenzeit von 40 Jahren hat das *Bewußtsein* dieses Menschen aufgrund des Wachsens und Erweiterns der Bewußtseinsattribute und -fähigkeiten tiefe und weitreichende Modifikationen durchgemacht. Der Knabe und der Mann sind zwar „die gleichen", doch sind sie nicht identisch: „die gleichen", weil sie derselbe Bewußtseinsstrom sind, doch nicht identisch, weil das Bewußtsein so sehr gewachsen oder evolviert ist, sich so sehr entfaltet hat, daß es geradezu absurd wäre, derart von dem Bewußtsein des zehnjährigen Knaben zu sprechen, als sei es das Bewußtsein des fünfzigjährigen Mannes. Es ist gerade das Ego – oder die „Seele" –, das, während es im Fünfzigjährigen seine Blütezeit hat, nicht als identisch mit dem Ego bezeichnet werden kann, das in dem zehnjährigen Knaben erblühte.

Allgemein gesprochen verhält es sich ebenso mit der Reinkarnation. Der „alte Mensch" ist „der gleiche" wie der „neue Mensch", doch ist er nicht identisch mit ihm. Denn der „neue Mensch" im neuen Erdenleben besitzt all den weiteren Zuwachs, den er in der devachanischen Zwischenzeit erworben hat, und dieser Zuwachs – zusammen mit dem gesamten Karma des „alten Menschen" – ist zu dem „neuen Menschen" geworden.

Hierin liegt vieles, was dem oberflächlichen Denker vielleicht nicht gefällt – doch nur deshalb, weil er nicht das gesamte Bild erfaßt. Es liegt etwas wunderbar und außerordentlich Tröstliches in dem Gedanken, daß das Alte nicht unverändert in dem Neuen fortbesteht, mit all den Schwächen, Sünden und Torheiten, den Heucheleien und Unvollkommenheiten des Alten. Die ganze Lehre beinhaltet unermeßliche Hoffnung und erhabene Inspiration, denn sie zeigt, daß jede neue Wiedergeburt ins Erdenleben – in den normalen Fällen menschlicher Wiederverkörperung – immer einen Schritt vorwärts bedeutet, der das Abtragen und somit das Vergessen vergangener Irrtümer und Sünden in sich schließt und immer wieder eine „neue Chance" für die Zukunft mit sich bringt.

Das bedeutet nun nicht, daß das „Alte" vernichtet oder ausgelöscht ist, denn das ist unmöglich. Das „Alte" bleibt so lange als karmische Ernte oder Erbschaft bestehen, bis es ausgeglichen oder erschöpft ist. Doch zu dem „Alten" kommt der ständige Zustrom neuer spiritueller und intellektueller Erträge, wodurch der

Charakter grundlegend gewandelt und verändert wird. So verschwindet im Verlauf der Zeit allmählich das „Alte", weil es sich selbst erschöpft, und das Neue wird stetig besser.

Es wäre einfach schrecklich, wollte man annehmen, daß ein Mensch, der in einem Leben ein Verbrecher war, für alle künftigen Leben ein Verbrecher bleiben müsse. Diese Annahme beruht auf der völlig falschen Theorie, daß das Zentrum des Selbstbewußtseins oder des menschlichen Egos permanent und ewig sei und sich nicht wandle.

Dies also ist das korrekte Bild, das in den unmittelbar vorangegangenen Abschnitten aufgezeigt wurde: die philosophischen und ethischen Erklärungen dessen, was letzten Endes eine der geheimnisvollsten Lehren der Esoterischen Philosophie ist – die Lehre von wiederholten Wiederverkörperungen, die durch ständiges Wachstum zuwege gebracht werden, das heißt durch Veränderung, durch Evolution oder Entfaltung innerer Fähigkeiten und Kräfte, die ihren Sitz in dem sich wiederverkörpernden Ego haben.

III

Leben ist also, wie aus den vorangegangenen Bemerkungen leicht zu ersehen ist, nicht nur ein fortgesetzter Prozeß des Aufbaus, der Konstruktion eines physischen Körpers, dem nach einer bestimmten Zeit plötzlich der Zusammenbruch folgt. Leben beinhaltet vielmehr auch den Eintritt in einen Zustand als Konsequenz der Auflösung des physischen Körpers, der sich grundlegend von „Leben" unterscheidet: den sogenannten „Tod". Der Tod ist der logische Gegenpol der Geburt. Mit noch strengerer Genauigkeit gesprochen, ist der „Tod" nicht einmal der Gegenpol, sondern eine andere Art „Geburt" – der Übergang des monadischen Strahles aus der Phase des Erdenlebens in die nachfolgende, folgerichtige Phase des sogenannten „Astrallebens".

Alle Prozesse der Natur sowie die verschiedenen Schritte ihres Verfahrens, die einander als ununterbrochene Kette der Verursachung in regelmäßiger Reihe folgen, sind ebenfalls systematisch und fortwährend zusammengesetzt. Es könnte keinen Prozeß des Aufbaus geben ohne eine entsprechende Tätigkeit des sogenannten Todes – in jedem Augenblick und immer gleichzeitig. Der „Tod" ist im eigentlichen Sinne nur ein Wechsel: der Abschluß eines „Ereignisses" in der Kette der Verursachung, der das nächstfolgende, karmisch folgerichtige oder resultierende „Ereignis" anbahnt. „Geburt" ins Erdenleben ist das exakte Analogon zum „Tod" des physischen Körpers, denn die Geburt des physischen Körpers ist das „Ereignis", das die pilgernde Monade in die Phase oder in den Teil ihrer Reise, der Erdenleben genannt

Leben in Theorie und Praxis – I

wird, einführt. Es kann keine Geburt geben, die nicht gleichzeitig „Tod", das heißt die Beendigung des unmittelbar vorausgehenden Ereignisses, ist, so daß die Geburt der Monade ins Erdenleben ihr „Tod" in der unmittelbar voraufgehenden Phase des Astrallebens ist.

Der Samenkeim kann nicht wachsen, wenn seine physische Umhüllung, seine Schleier, die äußere Schale, nicht stirbt, so daß der Keim sprießen kann. Die Zelle stirbt, um zwei neuen Zellen Platz zu machen, die aus der Substanz der Mutterzelle bestehen. Die majestätische Eiche, die jahrhundertelang den Stürmen trotzen muß, käme nicht aus der Eichel hervor, wenn diese ihr nicht ihr Leben gäbe. Der physische Körper mag als treffendes Beispiel dienen: Bei jedem Schritt begegnen wir den beiden Prozessen, die gemeinsam, gleichsam Hand in Hand, vorwärtsschreiten: „Leben" und „Tod" sind Zwillingsschwestern oder Zwillingsbrüder, die in ihren Tätigkeiten und Wirksamkeiten vollkommen untrennbar sind und in strengster Zusammenarbeit wirken, um einen daraus folgenden vitalen Organismus hervorzubringen. Es verbleibt keine einzige Zelle des Körpers, wenn sie völlig erschöpft ist, sie verschwindet vielmehr in ihrer Nachkommenschaft und wird durch eine neue, möglicherweise bessere Zelle aus ihrer eigenen Substanz ersetzt. Die Funktionen des Lebens sind denen des Todes tatsächlich in Wahrheit gleich. Jeder Augenblick des Wachstums bringt uns der Auflösung um einen Augenblick näher, und jeder Schritt des Wachstums, des „Lebens", wird durch den „Tod" des unmittelbar voraufgehenden Gliedes in der Existenz- oder Lebenskette zuwege gebracht. Nur wenn das Kleinkind „stirbt", kann es zum Knaben heranwachsen; nur wenn der Knabe „stirbt", kann er zum Erwachsenen werden; und wenn der Erwachsene den körperlichen Tod stirbt, dann wird er, vielleicht, zum inneren Gott, vielleicht aber auch nicht! Denn nur durch das Abwerfen der niederen Vehikel – einschließlich des Körpers – kann er die größeren Geheimnisse des Lebens kennenlernen. Es kann keinen Tod geben, wo nicht Leben vorhanden ist, denn im streng wörtlichen Sinne sind Leben und Tod keine Gegensätze, sie sind eins, sie sind *identisch*. Sterben ist ebenso die Frucht des Lebens, wie das Leben das Kind des Todes ist, und ebenso leiten Tod und Veränderung eine neue Lebensphase ein.

Der christliche Apostel Paulus schrieb hierzu in dem angeblich von ihm stammenden „1. Brief an die Korinther", Kap. 15, Vers 31, 35–37, 40 und 44, folgendes:

„Bei unserm Ruhm, den ich habe in Christo Jesu, unserm Herrn, ich sterbe täglich."

„Möchte aber jemand sagen: Wie werden die Toten auferstehen? Und mit welcherlei Leibe werden sie kommen?"

„Du Narr, das du säest wird nicht lebendig, es sterbe denn."

„Und das du säest ist ja nicht der Leib, der werden soll, sondern ein bloß Korn, etwa Weizen oder der anderen eines."

„Und es sind himmlische Körper und irdische Körper. Aber eine andre Herrlichkeit haben die himmlischen und eine andre die irdischen."

„Es wird gesäet ein natürlicher Leib, und wird auferstehen ein geistiger Leib. Ist ein natürlicher Leib, so ist auch ein geistlicher Leib."

Paulus hatte augenscheinlich in seinem tiefgründigen mystischen Gemüt denselben Gedanken, zumindest in den allgemeinen Grundzügen, der in den Gedankengängen des obigen Textes enthalten ist.

Obwohl Herbert Spencer oft ein scharfer Denker war, äußerte er einen tiefen philosophischen Irrtum, als er sagte, daß „Leben die ununterbrochene Anpassung des Innern an die Außenwelt" sei („First Principles", Teil I, „The Unknown", Kap. IV). Dies ist einer jener vertrauenerweckenden und oberflächlich überzeugenden Ausrufe, die oft aufgrund scheinbar in ihnen enthaltener Vernunft faszinieren und infolge ihrer Kürze anziehend wirken. Spencer war zu seiner Zeit ein großer Mann und hatte in mancher Hinsicht einen wohlverdienten, weiten Ruf. Viele nehmen klangvolle Sätze dieser Art, sofern sie dem Gehirn eines Menschen von hohem Ruf entstammen, an, als beinhalteten sie eine tiefe Aussage. Doch versuchen wir einmal, diesen Satz zu analysieren! Unfraglich gibt es eine Anpassung zwischen Kraft oder Energie und der Umwelt, in der sie wirksam ist, oder in bezug auf den Menschen, zwischen der Seele und ihrer Umwelt. Ist aber eine „Anpassung" dieser Art das *Leben selbst?* Sicher nicht, es sei denn, das Leben wird in der Weise aufgefaßt, wie es in den vorhergehenden Abschnitten dargelegt wurde: als ein „Prozeß". Ganz offensichtlich handelt es sich jedoch um einen Prozeß, den die Wesenheit in Gang setzt und durchmacht, und diese ist, wie sehr sie auch hiervon betroffen sein mag, nichtsdestoweniger Ursprung und Ursache der Prozesse der Anpassung an die Umwelt, in der sie sich befindet. Dieser Ausspruch Spencers ist daher beschreibend, aber nicht erklärend: Er beinhaltet eine kurze, unvollkommene Beschreibung eines Prozesses, bei der die Hauptelemente oder -faktoren der Gleichung weggelassen sind. Er sagt in keiner Weise etwas über den ursächlich oder ursprünglich Handelnden aus.

Andererseits enthält „The Encyclopaedia Britannica" einen Artikel über „Leben", der von Dr. Peter Chalmers Mitchell, auf seinem Gebiet eine wohlbekannte Autorität, geschrieben ist; er sagt:

„Bis ein umfangreicheres Wissen über das Protoplasma und besonders über die Proteine erlangt worden ist, ist in der Wissenschaft kein Raum für die Vermutung, daß es einen mysteriösen Faktor gibt, der lebende Materie von anderer Materie und Leben von anderen wirkenden Kräften trennt. Wir müssen erst die Mauern abklopfen, die Fenster öffnen und das „Schloß" erforschen, bevor wir ausrufen, es sei so wunderbar, daß es Geister enthalten müsse."

Bd. XVI, S. 601 (Ausgabe von 1911)

Dieser Auszug aus Dr. Mitchells Artikel enthält nicht wenig, womit der Verfasser dieses Werkes von Herzen übereinstimmt. Er hat immer den Eindruck gehabt, daß schon seit Newtons Zeit der Hauptfehler der europäischen Wissenschaft in der Annahme lag, daß „Leben" etwas „Absolutes", ein „Ding an sich" sei und daher im wesentlichen und grundsätzlich nicht nur anders sei als Materie, sondern sich auch gründlich von ihr unterscheide. Dies ist eine vollkommen irrige Annahme, die von der Esoterischen Philosophie zurückgewiesen wird. Ihrer Lehre gemäß ist das, was die moderne Wissenschaft gewöhnlich „Materie" nennt, ob im allgemeinen oder im besonderen betrachtet, eine unveränderliche Manifestation oder Blüte des kosmischen Jîva, oder noch genauer gesagt, die Manifestation der unermeßlich großen Zahl bewußter Monaden, die in allen möglichen Graden oder Stufen evolutionärer Entwicklung existieren und die materielle Sphäre nicht nur erfüllen und beleben, sondern die materielle Sphäre in ihrer verwirrenden Mannigfaltigkeit tatsächlich *sind*. Mit anderen Worten: Die gesamte Reihe der hierarchischen materiellen Welten oder Sphären, die physische Sphäre daher mit eingeschlossen, ist

Leben in Theorie und Praxis – I

ein Gewebe von aufeinander wirkenden und untereinander verwobenen Brennpunkten oder monadischen Bewußtseinspunkten. Eine jede solche Monade oder jedes Jîva ist ein Zentrum oder Brennpunkt dessen, was moderne Wissenschaftler „Geist-Stoff" nennen. Da diese Monaden oder Brennpunkte des Geist-Stoffes in unvorstellbar verschiedenen Graden oder Stadien evolutionärer Entwicklung existieren und in Funktion sind und die Gesamtheit von einfach allem, was ist, umfassen, so wird es verständlich, daß selbst das chemische Atom mit seinen winzigen elektronischen Brennpunkten Ausdruck eines monadischen Zentrums in der mineralischen Sphäre ist. Demnach ist das „Leben" also nicht etwas von der Materie Abgesondertes und Verschiedenes, das als Außenseiter auf sie einwirkt. Vielmehr machen die aufeinander wirkenden und untereinander verwobenen Ausdrucksformen dieser Scharen monadischer Zentren die Materie in all ihren Phasen und Graden aus – und jede dieser Monaden ist eine Quelle der Lebenskraft.

Aus diesem Grunde stimmt der Verfasser dieses Werkes Dr. Mitchells Aussage von Herzen zu: „In der Wissenschaft ist kein Raum für die Vermutung, daß es einen mysteriösen Faktor gibt, der lebende Materie von anderer Materie und Leben von anderen wirkenden Kräften trennt."

Ganz abgesehen von der Tatsache, daß Dr. Mitchell es aufgrund seiner scheinbar materialistischen Einstellung wahrscheinlich ablehnen würde, den Standpunkt der Lehren der Esoterischen Philosophie einzunehmen, hindert dies den Schüler in keiner Weise daran, eine wahre Feststellung anzuerkennen, die von einem eminenten Wissenschaftler gemacht wird. Dennoch fühlt sich der Schüler der Esoterischen Philosophie natürlich durchaus nicht durch irgendeine andere Aussage gebunden, die diese wissenschaftliche Autorität vielleicht vertritt.

Außerdem ist die Welt mit Recht der Vorstellung überdrüssig, daß die Materie „tot", gefühllos und essentiell nicht intelligent sei und daß man, sofern man nach „Leben" forscht, erwarten sollte, es außerhalb seines eigenen Lebensbereiches zu finden. Dieser Lebensbereich ist zum einen das eigentliche Sein des Lebens und zum anderen dessen Aufblühen in materiellen Formen. Man braucht nicht „Geistern" nachzujagen, weil man die Natur und die Lebensessenz der Materie nicht versteht und deren Funktionen sowie charakteristische Merkmale so phantastisch findet, daß sie nach der alten, materialistischen Theorie unerklärbar sind, und zwar völlig.

Wollen wir also die Natur *selbst* gründlich verstehen und nicht nur das, was sich Menschen über sie erdacht haben, dann sollten wir aufhören, in mentalen Ausdrücken und Gebilden von nichtmateriellen „Geistern" und „Seelen" zu denken, die sich essentiell absolut von der Essenz der Materie unterscheiden. Wir sollten diese sinnlosen Imaginationen durch Tatsachen und Wirklichkeiten ersetzen, die auf der Natur selbst basieren. Die äußerst unglückliche Gewohnheit, Worte falsch anzuwenden, beruht auf Unkenntnis der Gesetze der Natur und ebenso auch auf der wachsenden Annahme der Wissenschaftler, „Seele" und „Geist" seien durch Studium und Forschung nirgendwo zu finden. Dies alles beschwor den groben, alles verneinenden Materialismus des jüngsten europäischen Denkens herauf. Das Bedauerliche dabei war, daß die früheren westlichen Wissenschaftler „Seele" und „Geist" so zu erforschen versuchten, als wären diese etwas von der Materie Abgesondertes, etwas außerhalb von ihr Stehendes und in

Leben in Theorie und Praxis – I

der Essenz etwas völlig anderes, anstatt sich vorzustellen, daß die gesamte Materie, von jedweder Art und jedem Typ, und alle ihre Funktionen sowie Attribute die Produkte oder Blüten innerer, unsichtbarer Hierarchien hochintelligenter, halbintelligenter und halbbewußter, aber „lebender" Wesen sind. Mit anderen Worten: Die Natur wird überall in allen ihren Reichen von innen nach außen in Bewegung gesetzt und aktiviert. So sind alle Körper, Vehikel oder Ausdrucksformen dieser inneren, unsichtbaren, aktivierenden und antreibenden Wesenheiten die Variationen und mannigfaltigen Differenzierungen der materiellen Sphären.

Selbst Herbert Spencer hatte eine gewisse Vorstellung davon, daß die kosmischen Prozesse von intelligenten, vitalen und wirkenden Kräften ausgehen, denn er schrieb:

„Unter den Geheimnissen, die immer geheimnisvoller werden, je mehr man über sie nachdenkt, wird immer die *eine* absolute Gewißheit bleiben, daß wir uns stets und ständig in der Gegenwart einer unendlichen Energie befinden, von der alles ausgeht" – und zu der, während die Zeitalter dahinrollen, schließlich alles zu seiner Zeit zurückkehrt, in seine pralayische Ruheperiode – um, möchten wir hinzufügen, später wieder daraus hervorzugehen.

Die obigen Bemerkungen bedeuten nun aber nicht, daß so etwas wie Seelen, Gespenster und Geister nicht existiere. Im Gegenteil, sie existieren sehr wohl, doch nicht so, wie dies normalerweise angenommen wird. Die Esoterische Philosophie mit ihren universalen Lehren erklärt Natur, Aufenthaltsorte und Charakter von Seelen, Gespenstern, Geistern und dergleichen, und zwar mit der gleichen Präzision und philosophischen Tiefgründigkeit, die sie auch in bezug auf andere Tatsachen der Natur anwendet.

6. Kapitel

Leben in Theorie und Praxis – II

Während der Renaissance des wissenschaftlichen Denkens des Mittelalters, das sich durch Leichtgläubigkeit und Unreife auszeichnete, war es nur natürlich und unvermeidlich, daß die Menschen nach einer universalen Norm oder einem allgemeinen Maßstab suchten, um die von Zeit zu Zeit auftauchenden Ideen und Intuitionen experimentell und auch auf andere Weise nachprüfen zu können. Bei der Suche nach einem universalen Maßstab wandten sich Forscher und Denker nach der einzigen Richtung und an die einzige Instanz, die die erforderlichen Bedingungen der Universalität und Unpersönlichkeit gewährte und gleichzeitig auch die physikalische Grundlage bildet, auf, in und aus der heraus alles Physische existiert, nämlich an die Natur selbst. Was konnten sie jedoch erwarten, da sie mit der ihrer Zeit inhärenten psychologischen Bürde und Voreingenommenheit an die Natur herangingen – was konnten sie bei einem solchen einleitenden und fast gänzlich unvorbereiteten Studium der Natur zu finden hoffen (in diesem Fall nicht vorbereitet durch früheres, jahrhundertelanges, beobachtendes Studium und die sich daraus ergebenden Überlegungen)? Ungeleitet und unbelehrt von seiten irgendeiner anderen Lebensphilosophie als der des religiös-scholastischen mittelalterlichen Denkens, ja in gewissem Sinne von diesem irregeführt und falsch belehrt, und aufgrund des Einflusses des umgebenden sozialen Milieus und der starken psychologischen Kraft ihrer Umwelt, näherten sie sich in ihrem Gemüt unbewußt einem Studium der Natur, das schon in gewissen Denkgleisen festgefahren und kristallisiert war. So war es fast unvermeidlich, daß Tatsachen oder Wahrheiten, Halbwahrheiten und Viertelwahrheiten, die der erwachende Verstand entdeckte oder enthüllte, mißverstanden und in späteren Jahrhunderten weiter mißdeutet wurden. Der Einfluß dieser Wahrheiten, Halbwahrheiten und Viertelwahrheiten rief in den Gemütern der Menschen verschiedene Systeme philosophischen und wissenschaftlichen Denkens ins Leben, die damals in den frühen wissenschaftlichen Spekulationen vorherrschten und tatsächlich aus den verschiedenen Versuchen entstanden, die Naturerscheinungen auf eine Weise zu erklären, die jener Zeit äußerst vernünftig erschien.

So trat neben anderen Theorien auch der sogenannte Vitalismus auf, der aufgrund der vielen verschiedenen Ideen, die unter diesem Ausdruck zusammengefaßt wurden, nicht leicht zu beschreiben ist. Der allgemeine Gedanke aber scheint der gewesen zu sein, daß hinter und jenseits oder innerhalb der physikalischen und chemischen Prozesse in Tier- und Pflanzenkörpern etwas Andersgeartetes existiere, das man „Leben" nennt. Von diesem „Leben" wurde angenommen, es sei eine aktive Kraft, die getrennt von der Materie existiere und sich scheinbar gänzlich von ihr unterscheide. Vom Tode aber wurde angenommen, er bedeute das Zurückziehen des mysteriösen „Lebens" aus der Materie oder aus den physischen Körpern. Die Schlußfolgerung hieraus ist ziemlich offensichtlich und exakt: Die grundlegende Idee des Vitalismus war die, daß das

Leben in Theorie und Praxis – II

sogenannte „Leben" völlig immateriell, unsubstantiell und in keinem Sinne identisch mit der Materie und auch nicht irgend etwas sei, was die Materie selbst ist; daß das Leben aber trotz alledem durch die Materie wirke und der letzteren ihre unterschiedlichen Attribute und Qualitäten gebe, außer vielleicht den innewohnenden Attributen oder Qualitäten, die die chemischen Elemente der Materie selbst besitzen könnten.

Die philosophischen und wissenschaftlichen Fragen und Probleme, die natürlicherweise aus einer Theorie wie dieser erwuchsen und von vielen eminenten Gelehrten tatsächlich für unlösbar erachtet wurden, erschreckten Denker von anderer Mentalität und stießen sie daher zurück. Nachdem sich die letzteren vom Vitalismus zurückgezogen hatten, wurden sie „Mechanisten", wie sie im Gegensatz zu den „Vitalisten" genannt wurden. Die ersteren sagten, daß es so etwas wie „Leben" *an sich* nicht gebe, daß es nichts anderes als physikalische und chemische Kräfte gebe und daß es die Wechselwirkungen dieser Kräfte oder Energien seien, die die Mannigfaltigkeit des Tier- und Pflanzenlebens erzeugen, wobei die Menschen natürlich zu den Tieren gezählt wurden – zumindest in späteren Zeiten.

Die Theorie des „Mechanismus" war der führende wissenschaftliche Glaube bis zu einer Zeitperiode, die etwa um 1900 endete. Noch heute ist der Mechanismus der Glaube einer nicht unbedeutenden Anzahl von Menschen, die aufgrund ihres Glaubens mit Recht als Materialisten bezeichnet werden können. Aber ebenso wie der Vitalismus seine Zeit gehabt hat, weisen alle Anzeichen darauf hin, daß auch der Mechanismus seinen Lauf beendet oder seine Zeit hinter sich hat.

Prof. George C. Scott, Ph. D., außerordentlicher Professor der Biologie am College der Stadt New York, schrieb folgendes:

„Die Ideen in bezug auf das Protoplasma sind untrennbar mit dem Wirken des Protoplasmas verbunden. Untrennbar verbunden mit dem Zellverband muß es eine integrierende Aktivität der ganzen Masse als einer Einheit geben. Diese Organisation kann nicht seziert werden; sie kann auch nicht mit Hilfe eines Mikroskops gesehen werden – sie ist im gewöhnlichen Sinne des Wortes immateriell. Dies hat zur Entwicklung von zwei allgemeinen Ideen- oder Denkrichtungen geführt: des ‚Vitalismus' und des ‚Mechanismus'. Der Vitalist sagt, daß das Leben mehr als bloße physikalische und chemische Kräfte sei und daß wir bisher noch nicht zu erklären imstande seien, was Leben ist. Der Mechanist behauptet, die Lebenstätigkeiten seien nicht mehr als Bekundungen bekannter physikalischer und chemischer Gesetze. Der Mechanist der Biologie, der vertrauensvoll versichert, daß die Lebensprozesse bloße Zurschaustellungen von Phänomenen seien, die sich gemäß bekannter physikalischer und chemischer Gesetze vollziehen, ist der Kritik ebensosehr ausgesetzt wie der Vitalist. ... Wenn man die Lebensphänomene wirklich versteht, könnte die sogenannte Lebenskraft oder der ‚vitale Geist' mit einer Form von Energie identifiziert werden."*

Der letzte Satz dieses Zitats stellt in mancher Hinsicht eine Annäherung an das von der Esoterischen Philosophie Gelehrte dar, vorausgesetzt, ihm wird die in der Esoterischen Tradition

---

* „The Science of Biology", S. 38 f.

gelehrte Grundansicht hinzugefügt, daß alle Formen von Kraft oder „Energie" – ob allgemein oder im besonderen, kosmisch oder global, ob global oder in sogenannten „beseelten" Wesen manifestiert – im Innern nicht nur „vital", sondern auch intelligent sind. Denn Intelligenz, oder allgemeiner gesprochen, das „Denkvermögen" wohnt der Materie inne und bringt sich in den verwirrend mannigfaltigen Arten zum Ausdruck, in denen die Materie selbst in Erscheinung tritt. Diese Feststellung zeigt deutlich, daß der Vitalismus der esoterischen Lehre in mancher Hinsicht nähersteht als der Mechanismus. Die vitalistische Idee wird jedoch absolut verworfen, wenn sie besagt, daß sich das „Leben" in seiner Essenz radikal von der zugrundeliegenden Substanz, aus der die Materie gebildet ist und auf der sie basiert, unterscheidet.

Ein weiteres Zitat aus „The Encyclopaedia Britannica" soll dazu dienen, eine weitere Anschauung über diese interessante Kontroverse heranzuziehen, die nicht ganz so akademisch ist, wie von einigen vielleicht angenommen wird. Dieses Zitat wurde einem Artikel von Dr. Max Verworn, Professor der Physiologie an der Universität Bonn, Deutschland, entnommen. Nachdem dieser ausgezeichnete Schriftsteller die in Europa heranwachsenden Ideen über den Vitalismus und die Natur von „Seele" und „Geist" in allgemeiner Form dargestellt hat, wie sie sich im europäischen Denken von den Griechen bis in seine Zeit entwickelt haben, fährt er fort, die weitere Entwicklung wissenschaftlicher Ideen in dieser Richtung zu schildern; er schreibt:

> „Allmählich tauchte wieder einmal die Neigung auf, vitale Phänomene durch mystische Mittel zu erklären, was – um ein Beispiel anzuführen – im ‚Animismus' von Stahl seinen Ausdruck fand. In der zweiten Hälfte des 18. Jahrhunderts

begann der ‚Vitalismus', der seinen Ursprung in Frankreich nahm, seinen Siegeslauf durch die gesamte wissenschaftliche Welt. Wieder wurde die Ansicht in Erwägung gezogen, daß die Ursache vitaler Phänomene eine mystische Kraft (force hypermécanique) sei, jene ‚vitale Kraft', die ihrer Natur nach weder physikalisch noch chemisch sei und von der man annahm, sie wäre nur in lebenden Organismen aktiv. Der Vitalismus blieb bis etwa zur Mitte des 19. Jahrhunderts die herrschende Idee der Physiologie ..., in der zweiten Hälfte des 19. Jahrhunderts wurde die Lehre von der Lebenskraft endgültig fallengelassen, um die Bahn für den Triumph der natürlichen Methode, vitale Phänomene zu erklären, freizumachen. ... Es hat wahrhaftig den Anschein, als seien heute, nach der Zeitspanne von einem halben Jahrhundert, wieder mystische Tendenzen dazu geneigt, bei der Erforschung des Lebens aufzutauchen. Hier und da hört man wieder das Schlagwort ‚Vitalismus'."*

Der Schreiber denkt offensichtlich, fünfzig Jahre seien eine sehr lange Zeit für menschliches Denken und eine Theorie hätte sich, da sie fünfzig Jahre lang bestand, als eine Naturtatsache erwiesen und würde daher offenbar für immer bestehen bleiben. Dieser Gedanke ist ebenso erstaunlich wie unbegründet, denn auf keinem Gebiet menschlichen Denkens folgen Änderungen mit einer derart verwirrenden Schnelligkeit aufeinander, und zwar Änderungen, die oft auf diametrale Gegensätze oder gar Umkehrungen im Denken hinauslaufen, wie es in wissenschaftlichen Kreisen der Fall ist und immer war. Die Neigung zu ändern ist an sich ausgezeichnet, weil sie das wissenschaftliche Denken sozusagen in Fluß

---

* Bd. 21, S. 554 (Ausgabe 1911).

Leben in Theorie und Praxis – II

hält und die Kristallisation wissenschaftlicher Ideen zu bloßen wissenschaftlichen Dogmen verhindert. Nichtsdestoweniger zeigt jede Auswahl wissenschaftlicher Lehrbücher ohne weiteres, daß wissenschaftliche Ideen stark dahin tendieren, dogmatisch zu werden. Obwohl nun die Erfahrung lehrt, daß eine wissenschaftliche Hypothese oder Theorie, die gerade in Mode ist, ebenso vergänglich und dem Wechsel unterworfen ist wie die Marotten und Theorien auf anderen Gebieten menschlichen Lebens, scheint dies die Kristallisation von Ideen trotzdem nicht zu verhindern, die hier ebenso stark ist wie anderswo.

Es kann ferner wohl gefragt werden, ob die in den Theorien enthaltenen Ideen des abendländischen Vitalismus wie auch des abendländischen Mechanismus nicht im Gegensatz zu der gesamten Richtung ultramodernen wissenschaftlichen Denkens und Forschens stehen. Denn eine der neuesten Ansichten und scheinbar allgemein anerkannten Überzeugungen moderner Wissenschaftler ist die, daß Kraft oder Energie und Materie fundamental und essentiell *eins* sind und nicht zwei verschiedene Dinge.

I

Selbst führende Wissenschaftler sagen heute, daß es keine Materie *an sich* gäbe, das heißt, „Materie" könne nicht an sich oder als Wesenheit existieren, essentiell verschieden von „Energie" oder, wie auch gesagt werden kann, von Kraft oder besser von Kräften. Nach Ansicht der modernen Naturwissenschaft scheint essentiell alles „Energie" zu sein, und die Materie tritt nur als Form oder Aspekt kosmischer Energie in Erscheinung, die zumindest einige der vorausschauendsten Naturwissenschaftler tatsächlich mit Geist-Stoff gleichsetzen. Mit dieser letztgenannten Idee nähern sie sich den Aussagen der Esoterischen Philosophie: Was Materie genannt wird, ist in Wirklichkeit eine Verhärtung, ein Festwerden oder eine Kristallisation von Kräften, eine riesige, unbegreiflich große Konkretion von Monaden, die spirituelle Zentren, das heißt Individuen von Bewußtsein, und somit Lebenszentren, ja richtige Lebensquellen sind, denn sie sind individuelle Quellen strömender Kraft oder Kräfte. Wie in dem vorliegenden Werk schon erwähnt wurde, schrieb H. P. Blavatsky vor über hundert Jahren, daß Materie verdichtete oder konkretisierte Strahlung ist – was damals als „Licht" bezeichnet wurde. Wer die neuesten wissenschaftlichen Entdeckungen und die bewundernswerten Schlüsse, die daraus gezogen werden, im Auge hat, erkennt sofort, daß die obige Feststellung richtig ist. Diese wurde jedoch zur Zeit ihrer Veröffentlichung durch H. P. Blavatsky allgemein als Erklärung eines verirrten Idealisten betrachtet, die keinerlei Grundlage in der Natur habe, keinen wirklichen Beweis zulasse und die unmöglich wissenschaftlich oder mathematisch demonstriert werden könne. Heute würde man ihre Aussage wahrscheinlich nicht nur als wissenschaftlich zulässig, sondern sogar als wissenschaftlich orthodox betrachten.

Was ist Licht? Licht ist eine elektromagnetische Vibration, und es gibt viele Arten elektromagnetischer Wellen, wie wissenschaftlich versichert wird. „Welle" scheint das volkstümliche Wort zu sein, um die Methode der Ausbreitung dieser elektromagnetischen Energien durch den Raum zum Ausdruck zu bringen. Wenn ein elektromagnetischer Impuls, eine elektromagnetische Energie, mit außerordentlich schneller Frequenz vibriert, die sich in einer menschlichen Sekunde auf Milliarden und Billionen, ja sogar auf noch höhere Frequenzen beläuft, wobei gleichzeitig die Länge der individuellen Welle abnimmt, dann ist offensichtlich, daß ein derartiges Verdichten oder Kondensieren sich bewegender Kraft oder „Energie" auf das menschliche Sinnesorgan genau und exakt den Sinneseindruck machen muß, der als eine Form der Materie bezeichnet wird. Diese kurz dargestellte und offensichtlich wissenschaftlich orthodoxe Illustration übermittelt dem Verständnis des Durchschnittsmenschen zumindest eine Vorstellung davon, daß eine mit enorm hoher Frequenz vibrierende Kraft den Eindruck eines „Körpers" oder einer materiellen Masse hervorbringen kann. Zweifellos ist es richtig, wie noch hinzugefügt werden kann, daß diese wissenschaftliche Auffassung von der Natur der Materie, wie sie hier beschrieben wurde, ganz zutreffend ist.

Die folgende Tabelle der verschiedenen Frequenzen bestimmter Strahlungsarten, die in wissenschaftlichen Lehrbüchern als Annäherungswerte angegeben werden, ist für diejenigen interessant und anregend, die wissenschaftliches Denken gern den Lehren der Esoterischen Philosophie gegenüberstellen:

Technischer Wechselstrom	16,66 –	60	Hz
Tonfrequenzen	16 –	20 000	Hz
Hertzsche Wellen (Radio, Fernsehen, Radar)	150 000 – ca.	300 Milliarden	Hz
Infrarotes Licht	ca. 300 Milliarden – ca.	390 Billionen	Hz
Sichtbares Licht	ca. 390 Billionen – ca.	780 Billionen	Hz
Ultraviolettes Licht	ca. 780 Billionen – ca.	20 Billiarden	Hz
Röntgenstrahlen	ca. 20 Billiarden – ca.	500 Trillionen	Hz
Gammastrahlen	ca. 10 Billiarden – ca.	10 Trilliarden	Hz
Kosmische Strahlen	ab ca.	10 Trilliarden	Hz

1 Hz = 1 Hertz = 1 Schwingung in einer menschlichen Sekunde

Was bedeutet nun diese ungeheure Vibrationstätigkeit in Wirklichkeit, die mittels dieser Tabelle dargestellt wird? Vom Standpunkt der Lehre der Esoterischen Philosophie aus betrachtet, bedeutet sie, daß es in bezug auf die Materie eine absteigende Skala gibt, die vom Ätherischen zu fortgesetzt zunehmender Materialität übergeht, was aus der Tabelle der Vibrationsfrequenzen deutlich ersichtlich ist. Dabei stößt man auf eine sehr interessante Tatsache: Je höher die Frequenz und je kürzer die Welle ist, desto dichter und kompakter ist die Materie. Das bedeutet, daß wir von den elektrischen Wellen bis hinunter zu den „Kosmischen Strahlen" immer tiefer in immer dichtere Materie hinabsteigen oder untertauchen, weil die Vibration an Frequenz oder Schnelligkeit zunimmt, die Verdichtung also vollkommener, die Kristallisation sozusagen vollständiger wird. Da nun das gewöhnliche oder sichtbare Licht nur einen Ausschnitt oder eine gute Oktave dieser Skala elektromagnetischer Vibrationstätigkeit bildet, ist bewiesen, daß Licht Materie ist. Denn kann Materie anders benannt werden als eine Verdichtung und Kondensation von Kräften oder „Energien", die mit unvorstellbarer Geschwindigkeit in den Bereichen dieser Skala vibrieren? Es könnte noch hinzugefügt werden, daß es keinen einleuchtenden Grund dafür gibt, die Reihe der Strahlungsoktaven zu begrenzen und elektrische und Gehörschwingungen an das eine Ende und „kosmische Strahlen" an das andere Ende der Schwingungsskala zu setzen. Ebenfalls ist offensichtlich, daß die Tabelle nur die Strahlungen angibt, die zur Zeit bekannt oder entdeckt sind. Außerdem handelt es sich lediglich um Schätzungen, und es wäre sehr unwahrscheinlich, ja dem Verstand unbegreiflich, ohne seiner Natur Gewalt anzutun, daß dies die einzigen aktiven Vibrationen sein sollten, die der Raum enthält, oder anders ausgedrückt, die es im grenzenlosen Universum geben könnte, und zwar auf inneren wie auf äußeren Plänen. Der menschliche Intellekt wird bei dem Gedanken zurückgestoßen und enttäuscht, daß eine solche Reihe aktiver Strahlungen im sogenannten leeren Raum, sozusagen schwebend oder hängend, mit „nichts" an ihren beiden Enden, existieren könnte! Diese Unzufriedenheit ist die Stimme der Intuition!

Führende Vertreter der modernen Wissenschaft scheinen „Energie", wie sie sie nennen – in der Esoterischen Philosophie eher mit dem älteren Ausdruck „Kräfte" benannt –, als die einzige existierende Wesenheit oder Aggregation von Energie-Wesenheiten im Universum zu betrachten, die das, was „Materie" genannt wird, als ihr Kind oder „alter Ego" hervorbringen. Der Schüler, der hinlänglich mit den universalen und außerordentlich tiefgründigen Lehren der Esoterischen Philosophie bekannt ist, muß diese moderne wissenschaftliche Auffassung einerseits als unzulänglich und andererseits als nur beschreibend und nicht tatsächlich erklärend zurückweisen. Werden daher in der Esoterischen Philosophie das Wort „Energie" oder öfter noch die Worte „Kraft" oder „Kräfte" angewandt, dann ist der Ausdruck gleichbedeutend oder auswechselbar mit den verschiedenen Formen intelligenter Substanz. Wird von Materie gesprochen, dann ist der Sinn des Ausdrucks gleichbedeutend oder auswechselbar mit Kräften (oder Kraft), die als durch besondere „Phasen" ihrer Aktivität oder auch ihres essentiellen Wesens gehend betrachtet werden. Die Worte „Kraft" oder „Kräfte" und auch „Materie" werden deshalb angewandt, weil sie gebräuchlich und mehr oder weniger volkstümlich und daher für den allgemeinen Gebrauch als Ausdruck passend

sind. Die beiden Worte aber, die der sorgfältige Schriftsteller der
Esoterischen Philosophie vorzieht, sofern es ihm auf Präzision des
Ausdrucks und auf Genauigkeit der Definition ankommt, heißen
„Geist" anstatt „Kraft" oder „Energie" und „essentielle Substanz"
anstatt „ursprüngliche Materie" – obwohl der letztere Ausdruck
gewisse nützliche Attribute besitzt, die es oft ratsam erscheinen
lassen, ihn anstelle des mehr abstrakten Ausdrucks „Substanz" zu
benutzen.

Wenn wir jedoch das wissenschaftliche Wort „Energie" mit seinen
es begleitenden modernen Nebenbedeutungen in bezug auf die sogenannte zugrundeliegende Realität anwenden, dann müssen wir
die veraltete Auffassung des früheren Materialismus entschieden
zurückweisen. Die herrschende Weltanschauung war die, daß in
Raum und Zeit ein aufs Geratewohl oder zufällig aufgebautes Universum existiere, das sich ohne zweckmäßiges oder theologisch-ursächliches Wirken und sich daraus ergebende Tätigkeit auf- und abrollt, also ohne von Göttern oder kosmischen Geistern
herrührende Verursachung oder das, was auch die intelligenten
aktiven Kräfte göttlicher Wesen genannt werden könnte. Eine so
durch und durch materialistische Auffassung von Natur, Struktur
und Funktion des Universums ist für uns wie ein Alptraum eines
Wahnsinnigen.

Ein weiterer Grund für das Ablehnen dieser gänzlich unfundierten, materialistischen, alles negierenden Idee ist die Tatsache,
daß man sie, wenn genau analysiert, als eine „Nonplusultra"-Auffassung erkennt. Sie wird durch den bequemen Prozeß geboren, Ideen aus der eigenen unvollkommen entwickelten und
unsteten Vorstellungskraft zu entwickeln. Diese werden dann an

eine vertrauensvolle, arglose und leichtgläubige Welt unwissenschaftlich denkender Menschen als bewiesene Naturwahrheiten weitergegeben – was sie jedoch ganz entschieden nicht sind. Kein Wunder also, daß ein derart materialistisches Theoretisieren und Hypothetisieren heute fallengelassen wird, und die beste Art und Weise ist die, solche imaginären Verfahren durch „unauslöschliches Gelächter" zurückzuweisen, wie Homer sagte. Bei jedem Versuch, Struktur und Funktion der Welt in Worte zu kleiden, müssen selbstverständlich der Name oder die Namen der Realität einigermaßen entsprechen. Diese Realität muß allumfassend sein. Sie muß sowohl das, was gewöhnlich Energie, Materie, Bewußtsein, Inspiration, Intuition, Liebe und Haß genannt wird, als auch alle kosmischen Prozesse einschließen, kurz, alles und jedes, was irgendwo manifestiert ist. Es ist heute nicht mehr möglich, die imaginären kosmischen Theorien der Wissenschaftspropheten von unvollkommener menschlicher Kenntnis und Erfahrung einfach mit der toleranten Geduld früherer Zeitalter in einer Art anzunehmen, die seit der Wiedergeburt unabhängiger wissenschaftlicher Entdeckung und Forschung am Ausgang des Mittelalters üblich geworden ist.

II

Was ist nun Leben *an sich,* wenn wir mit diesem Ausdruck die Ursache oder den Urheber der Prozesse, die sogenannte vitale Faktoren beinhalten, bezeichnen wollen? Wird es für den Augenblick nicht mehr als ein vitaler Prozeß betrachtet, der ergänzende oder untergeordnete Prozesse des Aufbaus oder der Zusammensetzung umfaßt – wie auch seinen anderen Aspekt, den „Tod", das heißt den Prozeß der Zersetzung und des Auseinanderfallens der Teile –, was ist dann diese essentielle, fundamentale Realität in und hinter den von ihr hervorgebrachten Strukturen und ihren jeweiligen Phänomenen? Die Antwort ist kurz: Leben *an sich* ist intelligente substantielle spirituelle Kraft, die sich in Myriaden Formen als die verschiedenen Arten von „Energie" – um den populärwissenschaftlichen Ausdruck zu benutzen – kundtut. Als Ganzes gesehen, ist es die intelligente, immer-aktive und inhärente vitale Kraft bzw. Kräfte eines jeden Wesens. Leben ist ein ätherisches Fluidum, genau gesagt ein vitales Fluidum, und somit ist es auch Substanz, aber ätherische Substanz. Ferner ist das Leben inhärent aktiv auf all und jedem Plan in den sichtbaren und unsichtbaren Welten, die in ihrer Gesamtheit das Universum zusammensetzen, ja es in Wirklichkeit *sind*. Tatsächlich sind Kraft und Substanz fundamentale essentielle Aspekte oder Phasen der zugrundeliegenden universalen Realität, des kosmischen Hintergrundes des Seins: der ewig fortdauernden kosmischen Leben-Substanz-Intelligenz.

Geburt und Tod sind offensichtlich Anfang und Ende einer vorübergehenden Lebensphase eines Wesens oder einer Wesenheit, einer menschlichen oder einer anderen. Leben *an sich* dagegen ist als kosmischer kausaler Urheber die intelligente, treibende, drängende Kraft-Substanz hinter Geburt und Tod; diese werden von ihr verursacht und sind nur ihre Ausdrucksformen. Es sollte hierbei sorgfältig beachtet werden, daß Worte oder Ausdrücke wie „Leben" Abstraktionen sind, die – was leicht bewiesen werden könnte – keine Wesenheiten an sich sind, sondern für abstrakte

Aggregate „lebender Wesen" stehen. Ein Beispiel: Die „Menschheit" ist kein Wesen, keine Wesenheit an sich, sondern sie ist aus Menschen, aus menschlichen Wesen, zusammengesetzt. In ähnlicher Weise kann gesagt werden: So etwas wie „Kraft" *an sich* oder „Substanz" *an sich* gibt es nicht. Es gibt aber ungeheure Heerscharen von Lebewesen, deren Manifestationen oder Ausdrucksformen als Kraft und Substanz bzw. als Kräfte und Substanzen in Erscheinung treten. Beim Schreiben muß man also bemüht sein, sich vor Augen zu halten, daß ein derartiger Gebrauch von Abstraktionen nicht ohne weiteres die tatsächliche Existenz wesenhafter Individuen erklärt, sondern daß Worte dieser Art nur als Abstraktionen mit der Absicht benutzt werden, die Heerscharen von Lebewesen mit einzubeziehen, die als innere Attribute oder Eigenschaften die charakteristischen Merkmale verkörpern, die mental, also abstrakt, zusammengefaßt werden.

Es mag einige Leser interessieren, wenn zwei der bekanntesten Naturerscheinungen in bezug auf die obige Tatsache aufgezeigt werden, zum Beispiel das Licht: Sichtbares Licht ist eine Strahlungsform; es emaniert oder strömt aus einem strahlenden Körper, der nicht nur sein kausales Elter ist, sondern ohne welchen – der auf diese Weise seine vitale Strahlungskraft zum Ausdruck bringt – das Licht nicht existieren würde. Mit anderen Worten: das Licht ist das vitale Fluidum einer lebenden Wesenheit, das von dieser ausströmt. Wenn aber die Wesenheit nicht existierte, könnte das vitale Fluidum nicht aus ihr emanieren, und das Licht wäre nicht existent.

Es ist ein Fehler, anzunehmen, daß das Licht als Strahlung eine Wesenheit sei, die in dem sogenannten „leeren Raum" einfach „zufällig" vorhanden ist und „eben existiert". Früher oder später wird das vitale Fluidum, das wir Licht nennen und das aus der Sonne emaniert wurde – nachdem es fast unzählige Veränderungen und Modifikationen der Integration und Desintegration durchgemacht hat –, zu dem Elter-Körper zurückkehren, der es ursprünglich erzeugte oder aussandte. Der bekannte Ausspruch des christlichen Mystikers: „Die Seele kehrt zu Gott zurück, der sie gegeben hat", könnte in etwas abgeänderter Form lauten: „Das Leben kehrt zur Quelle zurück, die es gab."

Als weiteres Beispiel mag die Elektrizität dienen, die lediglich eine Strahlung anderer Art oder einer anderen Oktave in der Strahlungsskala darstellt. Kann wirklich gesagt werden, Elektrizität sei etwas anderes als emanierte Wesenheiten oder die elterliche Quelle, die sie hervorbrachte, und das ausgestrahlte elektrische Fluidum könnte erschienen sein, wenn die Elter-Quelle nicht existent wäre? In der Esoterischen Philosophie ist die Antwort ein entschiedenes „Nein". Elektrizität in dem normalerweise angewandten Sinn ist eine Abstraktion oder ein abstrakter Ausdruck, der unter diesem Namen die verschiedenen „elektrisch"-vitalen Strahlungen aus einer oder verschiedenen Quellen zusammenfaßt. Elektrizität ist tatsächlich eine der Formen kosmischer Vitalität. Sie besteht somit aus Wesenheiten, denn diese haben Existenz als ein vorübergehend dauerhaftes vitales Fluidum, das wir als eine Art Strahlung erkennen. Ihren Ursprung aber haben sie in und aus dem geheimen vitalen Herzen, dem Quellborn lebender Wesen von kosmischer Größe; mit anderen Worten: aus den verschiedenen Sonnen im Raum.

Es sollte jedoch noch folgendes hinzugefügt werden: Obwohl diese Sonnen insgesamt die Hauptquelle oder der Urquell kosmischer Elektrizität sind, bildet nichtsdestoweniger jedes Wesen der unzähligen Hierarchien, die den Raum erfüllen, ja ihn bilden, ebenfalls eine Quelle von geringerer Größe. Denn während der Zeit seiner manifestierten Existenz sendet jedes Wesen seinerseits aus seinem vitalen Quellborn im Innern seine eigenen Ströme oder Strömungen elektrischer und magnetischer Flut oder Strahlung aus. Es darf aber nicht vergessen werden, daß hinter und in diesen vitalen Aktivitäten die führende und alldurchdringende kosmische Intelligenz steht; bei den geringeren Wesen ist die Intelligenz von geringerer Größe, deren evolvierende Verkörperungen die ersteren sind.

Jedes Wesen, das existiert, hat seine Geburt und seinen Tod, seinen Anfang und sein Ende. Denn jedes existierende Wesen ist eine zusammengesetzte Wesenheit, ein Kompositum. Ihr Vehikel muß – wie alle Zusammensetzungen – früher oder später, wenn ihre sogenannte „Lebens"-Zeit, ihre vitale Aktivität, auf diesem oder einem anderen Plan abgelaufen ist, zerfallen, oder anders ausgedrückt, es muß sich in seine komponenten Elemente auflösen. Wie hieraus ersichtlich ist, beziehen sich Anfang und Ende nur auf Körper, das heißt auf physische oder ätherische Vehikel, die die betreffenden kausativen monadischen oder spirituellen Strahlen umschließen.

In bezug auf den größeren Maßstab kosmischen Lebens sind Anfang und Ende nichts weiter als illusorische Träume, sofern wir uns nicht dem Prozeß des Lebens und dem des Todes sowie den zusammengesetzten Organismen, den sogenannten Körpern und Vehikeln, zuwenden, sondern jenem inneren unaufhörlichen Strom intelligenter vitaler Essenz, der ununterbrochen durch die Tore der Geburt zu einem Schauplatz seiner Evolution, zu irdischer Existenz, hindurchgeht und durch das andere Tor, das wir Tod nennen, zu einem anderen Schauplatz des „Lebens" auf einem anderen, ihm folgenden Plan in einer anderen, etwas höheren Welt übergeht. Denn diese vitale Essenz, dieser Lebensstrom, ist sozusagen eine lebendige, kontinuierliche Kraft kosmischen Ursprungs, die, weil sie von der Essenz des Universums ist, ewig fortdauert, das heißt bis zum Ende des Sonnen-Manvantaras. Dann verschwindet sie aus oder von den Plänen niederer Manifestation oder wird in die Sonnen-Monade eingezogen, in einen Zustand, der als Sonnen-Nirvâṇa bezeichnet werden kann. Nach dem Verlauf zukünftiger langer Zeitalter aber wird sie in den verschiedenen Plänen und Welten wieder manifestiert erscheinen, wenn jenes Nirvâṇa sein Ende erreicht hat. Um das Bild des hinduistischen Denkens zu benutzen: Dann wird Brahman aus seiner eigenen Essenz heraus das neue Sonnenuniversum wieder ausatmen, sozusagen die „Produktion" oder wiederholte Verkörperung des früheren Sonnenuniversums, das einmal war.

Anfang und Ende sind somit, da sie nicht absolut sind, tatsächlich illusorische Träume. Können wir je auch nur in Gedanken ein Ende erreichen, hinter dem nichts ist? Niemals! Was für eine grauenhafte Qual würde es für Herz und Gemüt sein, wenn es anders wäre. Die Natur strebt immer dem Unerreichbaren zu, und der Mensch als Kind der Natur tut dies ebenso. Die Natur strebt auch einem erhabenen Letzten nach dem anderen zu, und sie erreicht ein erhabenes Letztes nach dem anderen. Sie verläßt ein jedes wieder, wenn es erreicht wurde, und geht weiter zu einem noch erhabeneren Letzten. Dieses unaufhörliche Weitergehen oder Vorwärtsschreiten in immer größere Bereiche sich entfaltenden Wachstums oder der Evolution, bei dem ein Letztes nach dem anderen zurückgelassen wird, ist das Streben nach dem Ewig-Unerreichbaren. Genauso ergeht es uns Menschen: Wenn wir das, was wir für ein Letztes halten, erreicht haben, sehen wir, daß es nur eine Stufe ist, die vorwärts und aufwärts zu etwas noch Größerem und Erhabenerem führt.

Viele Menschen sagen, und zwar jeder in seiner eigenen Ausdrucksweise: „In meinem Herzen ist etwas so Schönes, daß ich es nie verlieren möchte." An diese wunderbare Schönheit im Herzen klammert sich der Mensch, er klammert sich *um seiner selbst willen* daran. Hierdurch aber bereitet er sich unfehlbar einen zukünftigen Pfad voller Kummer, Schmerz und Herzeleid. O nein! Auf diese Art und Weise wachsen Wesen nicht! Es ist schon richtig, das Schöne zu suchen, ja auch dem Unerreichbaren zuzustreben, denn dadurch gelangt der göttliche Hunger in unserem Herzen zur Herrschaft und befreit uns aus den Fesseln der Persönlichkeit, die an die materiellen Reiche ketten. Dennoch liegt das

Geheimnis des Erfolges unter keinen Umständen in dem Anklammern unserer Vorstellungskraft an das Schöne, das wir so schwach bemerken, und auch nicht in der Identifikation unseres Herzenshungers mit dem Unerreichbaren, welche lediglich relative Erfüllung bringt. Denn das hieße: ein Netz unheilbringender Illusion um den Geist zu weben, das aus den Sehnsüchten nach Besitz und Werden gewoben ist. Seltsames Paradoxon! Es ist richtig, nach dem Schönen und Unerreichbaren zu streben, doch nur dann, wenn wir dabei vergessen, daß es ohne ein Gefühl für persönlichen Gewinn geschehen muß, denn das persönliche Verlangen stellt eine sofortige und augenblickliche Begrenzung dar, ja das Errichten eines Gefängnisses um unsere Seele. Es sollte ununterbrochen nach dem Schönen, dem Unerreichbaren gestrebt werden, doch mit der immer klarer werdenden Erkenntnis, daß es hinter der höchsten Imagination in bezug auf Schönheit und den erhabensten Höhenflügen dem Unerreichbaren entgegen sich ständig weitende Schönheiten und „Unerreichbarkeiten" gibt. Hierauf beruht das Paradoxon, von dem die Rede ist, und hierin liegt der Grund, weshalb alle großen Seher und Weisen aller Zeitalter gelehrt haben, daß wir keine Gefängnismauern um uns bauen sollen, selbst nicht einmal durch die erhabensten Höhenflüge des Denkens und Fühlens. Das würde Selbstidentifizierung mit den Gefängnismauern bedeuten – der tragische Irrtum aller exoterischen Religionen und Philosophien, die in der Tempelvorhalle der göttlichen Weisheit geboren wurden.

Wesen wachsen und werden größer durch das Erlangen sich weitenden Verständnisses, durch dessen umfassendere Ausdehnung sowie durch Verzicht auf das Unvollkommene zugunsten eines ständig zunehmenden „Vollkommeneren". So wachsen die Wesen durch Entsagung, was das gleiche bedeutet wie das Wachsen durch Empfangen von etwas Größerem. Es sollte niemals gesagt werden, etwas sei so schön, daß Schöneres nicht existiert oder existieren könnte. Die Natur zerstört bei all ihren Operationen, um etwas Besseres hervorzubringen, obwohl uns ihre Wege zuzeiten falsch erscheinen, uns unvollkommenen Menschen, die wir so kurzsichtig sind, daß uns das Zerstören als „Tod" erscheint, als ein „Ende". Die Natur zerstört oder zersetzt in unaufhörlichem Wechsel; denn Wechsel ist Wachstum, der Übergang von einer Entwicklungsstufe zu einer anderen.

Selbst dann, wenn kummervolle Notzeiten über uns kommen, können wir stets daran denken, daß es an uns liegt, in ihnen neue Tore zu sehen, die sich zu etwas Besserem, etwas Erhabenerem, etwas weit Höherem öffnen. Wenn das erste winzige Flämmchen unpersönlicher Liebe das Herz eines Menschen wärmt und erfreut, wenn er beginnt, mit anderen zu fühlen und mitzuempfinden, und wenn dann etwas unaussprechlich Schönes und Zartes in ihm zu entstehen beginnt, dann ist es nur allzu menschlich, dieses Neue und Schöne für sich festhalten zu wollen, sich glühend daran zu klammern, weil dann vielleicht das ganze Leben und alles Sein weniger wichtig zu sein scheint, als dieses Neue für sich allein zu besitzen.* Doch es muß losgelassen werden; denn sonst

---

* „Wer eine Freude an sich bindet,
zerstört das beflügelte Leben;
doch wer eine Freude küßt im Flug,
lebt im Morgenrot der Ewigkeit."

William Blake

Leben in Theorie und Praxis – II

schließt sich der Mensch nur davon aus, mit der Zeit etwas unaussprechlich Größeres zu empfangen. Um zu wachsen, *muß* er sich wandeln. Um zu evolvieren, das heißt, sich zu entfalten, *muß* er das, was er hat, aufgeben um etwas Besseren willen. So kommt es, daß die Natur unaufhörlich gebiert, sich in ewig währenden Geburtswehen der Reproduktion befindet, indem sie sich wandelt und wieder wandelt, sich formt und wieder formt, hervorbringt und wieder hervorbringt, wobei sie sich das Unerreichbare sozusagen immer vor Augen hält. Es ist wie das Schauen des Sehers, wie die Sehnsucht des Dichters, wie die Liebe des Liebenden. In diesen allen sind die Intuitionen und Ahnungen von etwas Weiterem, Größerem und Besserem lebendig. Während der Törichte die empfangene Offenbarung festhält und sich aus Angst, sie zu verlieren, darin einkerkert, nimmt der Weise die Geschenke und Schönheiten des Lebens als frohe Begleiter auf dem Pfade an. Er ist sich dabei aber lebhaft bewußt, daß sie aus ihm selbst heraus geboren wurden und Kinder seiner eigenen Seele sind. Er vergegenwärtigt sich, daß selbst das, was er liebt, ihn mit diamantharten Mauern einkerkern kann, wenn er nicht sorgsam darüber wacht. Darum schult er sich nicht nur, nach etwas Besserem zu streben, und zwar unentwegt, sondern er zerbricht die Illusion relativer Vollkommenheit und Zufriedenheit bedachtsam und mit Überlegung. Denn er weiß, daß außerhalb der Gefängnismauern der Selbstheit die unvorstellbaren Herrlichkeiten existieren, die sein Geist seiner aufmerksamen Seele einhaucht.

Es wäre wahrhaft furchtbar, wenn es ein Ende gäbe, über das wir nicht hinaus könnten; wenn etwas für immer enden würde, selbst dann, wenn ein solches Enden durch den Zauber des schon erlangten, erworbenen Schönen und Erhabenen verursacht worden wäre. Früher oder später würde der menschliche Geist, das Kind des Unendlichen, in Entsetzen und verbleibender Furcht vor diesen einzäunenden Illusionen zurückweichen. Wahrlich, wo sehen wir ein derart entsetzliches Trugbild eines vollständigen Endes? Es ist nirgendwo. Im Gegenteil, wir sind ununterbrochen Zeuge von Wechsel, von Bewegung, sich allenthalben ändernden Szenen und sich eröffnenden Visionen. Der christliche Kirchenlieddichter sah dies falsch und schrieb daher: „Wechsel und Verfall seh' ich überall." Es gab eine Zeit, da dies sehr schön und tief empfunden wurde, doch es ist bedauerlich, daß die kalten Herzen, die nicht darüber hinaussehen konnten, nicht verstanden, daß Wechsel und Verfall nur eine Vorbereitung und das Aufgeben von etwas Untergeordnetem um etwas unvergleichlich Besseren willen bedeuten.

Es kann kein Leben geben ohne Tod. Es kann keinen Tod geben ohne Leben. Leben und Tod sind *eins* – die zwei Phasen ein und desselben Prozesses. Es sind zwei Worte für die beiden Seiten ein und derselben Sache: des unaufhörlichen Wechsels; sie sind wie die Ober- und Unterseite einer Münze, sozusagen die Vorder- und Rückseite der Funktionen kosmischen Lebens. Niemand aber kann sagen, welche die wichtigere oder die Vorderseite ist und welche die weniger wichtige ist oder die Kehrseite. Der weiseste Mensch würde es für unmöglich halten zu sagen, wo wahres Leben endet und wo es beginnt, oder wo Tod oder Wechsel endet und wo er beginnt. Denn nur aufgrund von Blindheit und Gewohnheit, aufgrund einer launenhaften Tätigkeit des Denkens und infolge von Unwissenheit können die beiden Seiten willkürlich getrennt werden. Verfall und schließlich Auflösung des physischen Körpers, die den sogenannten Tod bewerkstelligen, sind

Leben in Theorie und Praxis – II 275

tatsächlich ebenso starke Tätigkeiten der Lebensfunktionen und
ebensosehr Leben wie das Heranwachsen des mikroskopisch kleinen menschlichen Samens zu einem 1,70 m großen Menschen,
was für das sich verkörpernde Ego „Tod" bedeutet, den Übergang
aus einer „anderen" Welt in die diesseitige.

Damit die Sätze im obigen Abschnitt nicht so verstanden werden, als besagten
sie, daß eine unveränderliche Seele oder ein unveränderliches „Ego" oder eine
menschliche Marionette von ätherischer Art von Leben auf Leben, von Welt
zu Welt, von Sphäre zu Sphäre übergeht, erscheint es notwendig, den Leser
auf frühere Teile dieses Kapitels hinzuweisen, in denen dieses Mißverständnis
oder dieser Fehler hinsichtlich der Natur des sich ewig verändernden, da
evolvierenden und revolvierenden, sich wiederverkörpernden Egos zumindest
teilweise erklärt ist.

Vor allem ist es nicht das sich wiederverkörpernde Ego, das sich nicht ändert,
denn Veränderung gehört zur Essenz seines Wesens. Es sind die Prozesse, die
es durchmacht, auf die sich die Bemerkungen im obigen Abschnitt beziehen. Diese Prozesse, oder allgemein gesprochen, dieser Prozeß beinhaltet ein
unaufhörliches Herumwirbeln des Lebensrades, das viele Phasen durchläuft
und dadurch viele unaufhörlich wechselnde Veränderungen der Szenerie und
des Milieus herbeiführt. Eben diese wiederholten, ständig wiederkehrenden
Veränderungen sind es, die die Menschen in ihrer engstirnigen Kurzsichtig-
keit „Leben" und „Tod" nennen. Die richtigen Ausdrücke sind „Geburt" und
„Tod", wobei Geburt die Eingangsszene in einem neuen Akt darstellt und
Tod die Schlußszene des gleichen Aktes. Das Lebensdrama geht mittlerweile
in seinen langsamen, majestätischen Zirkulationen weiter durch die noch
verbleibenden Akte, bis das letzte Wort gesprochen, die letzte Szene gewech-
selt ist. Dann, am Ende des kosmischen Manvantaras, kehrt der Geist oder
die Monade in den Schoß der Sonnen-Göttlichkeit zurück, um auszuruhen;
sie wurde nicht von ihr geschaffen, sondern ist zu Beginn des kosmischen
Manvantaras aus ihr hervorgegangen.

Das Mißverständnis in bezug auf den Vitalismus oder die vitalistische Hypothese lag oder scheint trotz seiner vielen anziehenden philosophischen Züge
an der engen Beschränkung der Ausdrücke „Leben" oder „vitale Aktivität" zu
liegen und an dem, was in westlichen Ländern gewöhnlich „beseelte Wesen"

genannt wird, das heißt Menschen, Tiere und wahrscheinlich auch Pflanzen. In diesem Punkt, ja gerade hier, ist die vitalistische Hypothese fehlerhaft, denn nach Ansicht der Esoterischen Philosophie, der Alten Weisheit, gibt es nichts „Totes". Alles ist von Leben erfüllt und lebt; und das, was moderne Vertreter der europäischen Naturwissenschaft „tote Materie" nennen, ist ebenso mit „Leben" oder „vitaler Aktivität" erfüllt und aus „Leben" zusammengesetzt wie die sogenannten beseelten Wesen. Es könnte noch wesentlich weiter gegangen werden: Die Kritik und das Mißverstehen in bezug auf den „Animismus" kann mit der Mißachtung zurückgewiesen werden, die sie verdient. Denn es kann gemeinverständlich dargelegt werden, daß „Animismus", sofern er lediglich bedeutet, daß alle Wesen und Wesenheiten „Seelen" besitzen oder „Seelen" sind, von denen jede ihre eigene Entwicklungsart hat und ihren besonderen Platz oder ihre besondere Stellung auf dem Lebensrad einnimmt, eine der grundlegenden Naturwahrheiten ist, die weder mit unentschlossenen Worten noch mit psychologischen Hemmungen aufgrund gewohnheitsmäßigen Glaubens je wegargumentiert werden kann.

Es ist durchaus kein vernünftiger Grund vorhanden, warum bestimmte Teile der Natur „lebendig" oder „beseelt" und andere Teile der Natur „tot", das heißt der vitalen Aktivität ihrer Art beraubt sein sollten. Das wäre allerdings ein unlösbares Problem – und gerade das ist es geworden, weil es fälschlicherweise als eine Naturwahrheit angenommen worden ist. Der Animismus primitiver Völker aber bedarf einer Erklärung.

Es kann keinen Aufbau des Körpers, kein Wachstum, keine evolvierende Aktivität irgendwelcher Art geben ohne das unentrinnbare Auseinanderbrechen, ohne die Auflösung dessen, was abgetragen ist und seinem Zweck in dem Prozeß der Evolution gedient hat – doch nur um für etwas Neueres und letzten Endes für etwas Besseres und Größeres Platz zu machen; denn das ist Fortschritt, ist Evolution. Unter diesem Prozeß oder Verfahren ist das unaufhörliche, immerwährende Auswickeln oder Entfalten von Fähigkeiten und Attributen, von Kräften und Organen zu verstehen, die einander folgen, sobald die früheren unbrauchbar geworden sind und daher beiseite gelegt werden, um Platz zu machen für bessere und höhere. Mit anderen Worten: Wachstum ist Wandlung. Da Wachstum Evolution bedeutet, bedeutet Wandlung evolutionären Fortschritt. Hiervon ausgenommen sind jene relativ seltenen Fälle, in denen Wandlung Rückgang ist. Auf diese sehr seltenen Vorkommnisse wird Bezug genommen, wenn von Degeneration oder entartender Tätigkeit die Rede ist.

Dem Verfasser wurde bei mehreren Gelegenheiten zur Last gelegt, er habe in seinen veröffentlichten Werken die Neigung zu „Wiederholungen". Dieser Kritik gegenüber bekennt er sich für absolut und positiv „schuldig" und möchte hierzu ein für allemal folgendes sagen: Derart wiederholte Hervorhebungen fundamentaler und sehr wichtiger Schlüssellehren der Esoterischen Philosophie sind in jedem Fall vorsätzlich angewandt, und die Taktik wurde mit voller Absicht verfolgt. Es ist verwunderlich, daß intelligente Menschen die Tatsache noch nicht erfaßt haben, daß Wiederholungen zur eigentlichen Seele des Lernens wie auch des Lehrens gehören. Auch sind sie – und diese Tatsache möge die Imagination gewisser Leute anfeuern – die wahre Seele der Werbung. Erfolgreiche Werbung beruht weder in erster Linie auf der Schönheit der Reklame noch auf der geschickten Art, in der sie dargeboten wird, auch wenn diese beiden Faktoren zweifellos zum großen Teil zum Erfolg beitragen. Das wahre Geheimnis erfolgreicher Werbung liegt im Einhämmern dessen, was der Inserent zu sagen hat, und dieses Einhämmern geschieht durch Wiederholung. So schön oder geschickt eine Reklame die Imagination auch einfangen mag, sie wird doch bald aus dem Gedächtnis der meisten Menschen verschwinden. Wird sie aber beständig wiederholt, wird die Wirkung der Suggestion verstärkt und schließlich „Erfolg bringen".

Der Verfasser ist sich durchaus dessen bewußt, daß Wiederholungen oft mißfallen, und zwar sowohl dem literarischen Kritiker als auch dem oberflächlichen Beobachter. Diese scheinen daraus zu schließen, man halte sie nicht für intelligent genug und das Geschriebene müsse ihnen eingebleut werden. Doch schließlich sind Bücher dieser Art nicht zu dem Zweck geschrieben, sich einen Ruf durch literarische Eleganz und gefällige, richtig angewandte und abgerundete literarische Ausdrucksweise zu sichern, sondern zu dem Zweck, den Fortgang des Werkes, das übernommen wurde, sicherzustellen.

Diese Tatsache wurde von dem Schriftsteller Tobias Matthay, in seinem Buch „The Visible and Invisible" („Das Sichtbare und das Unsichtbare", Oxford University Press, England), gut zum Ausdruck gebracht:

> „Während sich der Gelegenheitsleser an Wiederholungen stoßen mag, sind sie für den wirklich Studierenden unumgänglich notwendig. Nur durch Wiederholung desselben Punktes unter verschiedenen Aspekten werden Tatsachen schließlich beigebracht und begriffen, und die Vision des Ganzen wird im Verfolg der Einzelheiten der Struktur nicht aus den Augen verloren. Ein Genie mag ein solches Vorgehen nicht nötig haben; es kann die Dinge in einem Geistesblitz sehen. . . . Ein Werk dieser Art jedoch ist dazu bestimmt, dem Durchschnittsleser und Wahrheitssuchenden zu helfen. Ja selbst das Genie kann Jahre an Zeit sparen und sich auf seinem Grund sicherer fühlen, wenn es sich die Mühe macht, die Tatsachen auf diese Weise sowohl intellektuell als auch durch Intuition zu meistern."

Fortschritt wird durch dieses Abwechseln oder Pendeln von Pol zu Pol, vom sogenannten „Leben" zum sogenannten „Tod" und wieder zurück vom sogenannten „Tod" zum sogenannten „Leben", erzielt, wenn Leben-Tod als ein Prozeß betrachtet wird – und dies ist nachdrücklichst der Fall.

III

In Hinblick auf die vorangegangenen Ausführungen, denen wahrscheinlich kein vernünftiger Mensch zu widersprechen versuchen würde, da sie so augenfällig richtig sind, kann die Frage gestellt werden: Wie kann es angesichts des sogenannten Todes wirkliches Grauen geben? Dies ist lediglich eine bloße Auslegung, ein Schreckensbild der vielen Phantasien menschlicher Unwissenheit. Es ist jedoch fair zu sagen, daß etwas Realität in ihnen

Leben in Theorie und Praxis – II

enthalten ist: der natürliche Trennungsschmerz und das Leid, das Menschenherz und Menschensinn der Überlebenden erfahren, wenn sie jenen, den sie lieben, hinscheiden sehen. Während dieses Gefühl ganz natürlich und in gewissem Sinne lobenswert ist, zeigt uns die Überlegung eines Augenblicks nichtsdestoweniger mit gleicher Kraft, wie begrenzt die Vision ist, die wir bis jetzt hervorevolviert haben. Gebt den Menschen Licht in dieser Sache, und im gleichen Maße, wie das Licht in das Bewußtsein einströmt, werden Kummer und Sorgen und die Schmerzen durch die zeitweilige Trennung – bis zur nächsten oder einer folgenden Reinkarnation – von jenen, die wir lieben, alle wirkliche Bedeutung und dauernde Wirkung verlieren. Liebe leidet nicht unter Wissen, denn wahres Wissen ist das Kind wahrer Liebe, und da es mit seinem Elter eng verwandt ist, befindet es sich nie in Opposition zu ihm. So kommt es, daß Liebe größer, reiner und edler wird, wenn sie vom Licht der Wahrheit erhellt wird, die in Form von gut verstandenem Wissen zum Ausdruck gebracht wird.

Es gibt Sphären und Welten im Universum, in denen die in und auf ihnen lebenden Wesen und Wesenheiten, deren Bewohner, nicht so sterben wie wir Menschen. Sie gehen vielmehr durch allmähliche, unwahrnehmbare Stadien der Veränderungen in ein umfassenderes Wachstum oder Entfalten von bisher latenten Fähigkeiten, Attributen und Kräften über – genauso, wie gesagt werden könnte, wie im menschlichen Leben das Kleinkind zum Schulkind und das Schulkind zum Erwachsenen wird. Wenn für ein Individuum dieser Art, für den Bewohner einer solchen Welt oder Sphäre, während seiner Wanderung das Ende eines vorübergehenden Aufenthaltes kommt, gleitet er leicht und sanft aus „seinem" sichtbaren Bereich in die unsichtbaren Reiche, ohne

Unterbrechung des Bewußtseins oder den Verlust des physischen Vehikels. Und ferner: Wenn unsere Menschheit fortschreitet und ihr Geschick evolviert oder entfaltet, das in den fernen, fernen Äonen der Zukunft liegt, wird der „Tod" als Auflösung der dann existierenden Hülle oder des Körpers nicht mehr so stattfinden wie heute.

Diese Behauptung mag vielen unglaubhaft erscheinen, anderen dagegen erscheint sie als vollkommen natürlich und einfach – vielleicht den wenigen. Die Erfahrungen jedoch, die aus den uns umgebenden Vorgängen sogar auf unserer physischen Erde gemacht werden, sollten vertraute Beispiele oder zumindest Andeutungen für das sein, wovon hier die Rede ist. Der Sinn dieser Aussage ist folgender: Naht der „Tod" oder das Ende der Verkörperung heran, wird das „physische Vehikel" *gleichzeitig* mit dem Ätherartigwerden der inneren Konstitution des verkörperten Wesens selbst auch ätherhaft, das heißt, es wird fortschreitend weniger „materiell" oder „physisch". So gibt es also in Wirklichkeit keinen „Tod", keine Auflösung der „physischen" Hülle. Dieser Prozeß wird vielmehr durch ein allmähliches Aufgehen in die Substanz der höheren Welt oder Sphäre oder durch ein Verschmelzen mit deren Materie ersetzt. Mit Hilfe der Imagination könnte dieser Vorgang vielleicht veranschaulicht werden als das Verdunsten von Wasser, das Übergehen des Wassers in unsichtbares Gas, oder auch als die Umwandlung von Eis in Wasser sowie die Umwandlung von Wasser in Dampf.

Jene in unseren Augen „bevorzugten" Individuen haben jedoch zweifellos ihre eigene Meinung darüber, ob ein derartiger Prozeß dem Prozeß vorzuziehen sei, den wir als Menschen erleben. Denn soweit wir wissen, sehnen auch sie sich nach dieser Zwischenzeit gesegneter Ruhe, die wir gewinnen, wenn wir durch die mystischen Tore des Todes in das Devachan eingehen. Es ist leicht zu verstehen, daß diese erwähnten Individuen dessen aufrichtig müde werden, was ihnen als nie endende Fortdauer des „persönlichen" Bewußtseins erscheinen mag – es sei denn, sie sind weiser als wir, was bei manchen von ihnen bestimmt der Fall ist. Was wir auch Gegenteiliges sagen könnten, ihre Stimmen mögen sich – falls sie welche haben – in Klagegebeten um das Beenden ihrer scheinbar endlosen Existenz zum „Himmel" erheben, da diese ja mit der Sehnsucht nach Ruhe und dem glücklichen Vergessen der

Unvollkommenheiten verbunden ist, die allen manifestierten Wesen anhaften und untrennbar von verkörperter Existenz sind.

Daher wollen wir nicht über das „schreckliche" Schicksal klagen, das uns befällt, wenn der große Befreier uns zumindest etwas von jener schönen, unsagbar erhabenen Ruhe schenkt, die ein inhärentes Charakteristikum gewisser Phasen spiritueller Aktivität ist. Eines der erstaunlichsten Dinge im menschlichen Leben ist die Art und Weise – philosophisch gesprochen –, wie wir unser Herz an die Pein, die Schmerzen, Gifte und Stacheln hängen, die all unser Leid und Weh zuwege bringen. Fortgesetzt und unaufhörlich erheben wir Klage gegen sie und sehnen uns nach Befreiung. Naht diese aber heran, sind wir gegen ihr Kommen und ertragen lieber das Leid und den bitteren Schmerz, als daß wir den Frieden und die Glückseligkeit annehmen, nach denen wir uns sehnten. Dies sind Anzeichen unvollkommener Wesen, die im Grunde wirklich weder wissen, was sie wollen, noch was zu ihrem Besten dient! Das menschliche Leben ist von Kummer und Sorgen nicht zu trennen, und zwar deshalb, weil es unvollkommen und illusorisch ist.

Im Hinblick auf die im ersten Teil dieses Einschubs erwähnten Wesenheiten, die keinen „Tod" erleben wie wir, sollte nichtsdestoweniger bedacht werden, daß es für diese – wie für alle in manifestierten Welten verkörperten Wesenheiten – eine Zeitspanne, also eine Begrenzung dessen gibt, was der menschlichen Lebensspanne entspricht. Nach dieser müssen auch sie, wie gesagt werden könnte, „sterben" und in Sphären oder Welten eingehen, die höher als diejenigen sind, in denen sie sich jetzt befinden und in denen „Tod", wie wir ihn verstehen, nicht existent ist.

In jenen fernen, künftigen Äonen werden die Körper von uns – die zukünftigen Menschen, die einmal sein werden –, wenn das Ende von dem kommt, was dann „Leben" genannt wird, langsam verschwinden. Vielleicht werden sie auch fast ohne Unterbrechung des innewohnenden Bewußtseins, in diesem und ohne das Ablegen des physischen Vehikels, sehr schnell entschwinden. Der Grund hierfür ist der, daß dieses Vehikel während des Herannahens des Todes selbst fortschreitend ätherischer und feiner wird, so daß es sich dazu eignet, in die inneren Reiche überzugehen, in sie hineinzugleiten oder sich mit ihnen zu verschmelzen. Lange Äonen vor dieser Stufe in ferner, ferner Zukunft wird der Tod in Gestalt eines ruhigen „Einschlafens" eintreten. Zu dieser Zeit wird der physische Körper so, wie er dann ist, eher verdunsten als zerfallen, wie dies bei unserer gegenwärtigen groben physischen Hülle der Fall ist.

Das alte griechische Sprichwort lautet: $υπνος$ $και$ $θάνατος$ $άδελφοί$, „Schlaf und Tod sind Brüder", und darin liegt nicht wenig Wahrheit. Doch die Esoterische Philosophie geht darüber hinaus und betont, daß Schlaf und Tod nicht nur Brüder sind, aus demselben Schoß des Bewußtseins geboren, sondern daß beide *eins* sind, und zwar tatsächlich in dem strikten und „wörtlichen" Sinn des Wortes „Identität". Der Tod ist ein vollkommener Schlaf mit einer Art des Erwachens im Devachan und dem vollständigen Erwachen in der folgenden Reinkarnation zu einem neuen Erdenleben. Schlaf hingegen ist ein unvollkommener Tod, durch den uns die Natur, die uns die Zukunft voraussagt, über diesen Zusammenhang zu belehren versucht und damit vertraut macht, daß wir, wenn wir nachts schlafen, allnächtlich teilweise sterben. Es könnte noch weitergegangen und – obwohl hier verbotener esoterischer Grund betreten wird – gesagt werden, daß „Tod" und „Schlaf" sowie die verschiedenartigen Gegebenheiten oder Tatsachen der Einweihung nur verschiedene Formen derselben Sache oder desselben Prozesses sind.

Der einzige, alleinige Unterschied zwischen „Tod" und „Schlaf" liegt in dem Grad der Unterteilung. Jeder, der einmal an dem Sterbebett eines Menschen gestanden hat, muß von der außerordentlichen Ähnlichkeit zwischen dem Herannahen des Todes

Leben in Theorie und Praxis – II

und dem des Einschlafens stark beeindruckt worden sein. Im Schlaf wird das Gemüt oder das Bewußtsein des Schläfers zum Sitz oder aktiven Brennpunkt innerer mentaler Aktivitätsformen, die wir gewöhnlich Träume nennen und die auf eine vorübergehende Zeitspanne vollständigen Vergessens oder vollkommener Bewußtlosigkeit folgen. In gleicher Weise folgen auch dem Tode „Träume", und zwar aus denselben Gründen. Sie treten nach einer längeren oder kürzeren menschlichen Zeitspanne nach der augenblicklichen, aber vorübergehenden Zeit vollkommener Bewußtlosigkeit oder vollständigen Vergessens ein, die kennzeichnend sind für den Moment des Hinscheidens.

Auch für uns Menschen ist der Tod tatsächlich kein Feind, im Gegenteil, er ist ein gütiger Freund, ein großer, stärkender Helfer. Poetisch gesprochen, wenn auch ohne Bezugnahme auf ein Gedicht als angewandte Hilfe, könnte mit Genauigkeit gesagt werden, daß der Tod auch heute für uns sowie für die anderen Wesenheiten des Tierreiches, und selbst für die des Pflanzenreiches, der Gehilfe des Lebens und von diesem untrennbar ist.

In weiter, ferner Zukunft wird der Tod auf unserer Erde so stattfinden, wie er schon dargestellt wurde, weil sowohl das Menschengeschlecht als auch der Planet, auf dem die Menschen leben, also unsere gegenwärtige materielle Erde, so viel ätherischer sein werden als heute, daß es dann keine physische Auflösung, wie sie jetzt verstanden wird, mehr geben wird. Mit anderen Worten: es wird dann kein Abwerfen des physischen Körpers mehr geben zwecks Auflösung in seine komponenten chemischen Elemente, und was noch sehr viel wichtiger ist, das Zerreißen der Kette oder der Verbindung der individuellen, einander folgenden Bewußtseinsphasen vollziehen sich nicht plötzlich. Statt dessen wird es dann ein selbstbewußtes Übergehen in etwas Schöneres geben. In jenen fernen künftigen Zeitaltern wird das „menschliche" Wesen, wenn es sein Lebensende erreicht hat, vergehen oder von dieser Ebene verschwinden. Dieser Vorgang wird aber so milde und sanft, so schmerzlos und unwahrnehmbar erfolgen, wie ein Nebelstreif in der Morgensonne vergeht, doch ohne Verminderung des individuellen Bewußtseins und ohne Unterbrechung desselben.*

Warum findet diese Art des Hinscheidens nicht auch heute statt? Aus dem einfachen Grunde, weil wir derzeit in einer sehr groben, dichten und äußerst materiellen Sphäre leben, auf dem untersten Globus der planetarischen Erdkette, und weil unsere Körper als Kinder oder Abkömmlinge dieses grob physischen, materiellen Globus notwendigerweise entsprechend dicht sind, denn sonst würden sie, ja könnten sie nicht als sich aktiv manifestierende physische Wesenheiten hier existieren. Unsere gegenwärtigen Körper sind für die ätherischen, inneren Reiche der Natur nicht geeignet, und sie können diese daher auch nicht betreten. Die Natur kennt keine Sprünge von Stufe zu Stufe. In ihrem gesamten Verlauf und in ihren mannigfaltigen Welten und Sphären schreitet sie in all

---

* In „Das verlorene Paradies", Buch V, beschreibt Raphael die zukünftige Menschheit wie folgt:

„Mag sein, daß eure Körper einst in Geist sich wandeln,
verbessert im Verlauf der Zeit wie wir,
ätherisch durch beschwingte Höhenflüge.
Mag sein, sie wollen hier mit uns dann leben
im Himmelsparadies."

ihren Bewegungen Schritt für Schritt voran, so auch beim Wachstum und bei der evolutionären Entwicklung und gleichfalls auch in den verfeinernden Prozessen des Lebens. Ferner sind unsere materiellen Körper offensichtlich nur belebte Organismen, komplizierte, zusammengesetzte Wesenheiten, die ihrer Natur und Eigenart nach vollkommen ungeeignet sind für unveränderliche Fortdauer.

IV

Der gesamte Prozeß des Todes ist ein Zerfallsprozeß, doch das Leben fließt unaufhörlich fort. Nicht nur der physische Körper stirbt oder löst sich in seine komponenten Atome auf, sondern auch das Energiebündel, die Garbe der Kräfte, die der Mensch ist, das heißt seine gesamte Konstitution, zerfällt nach dem Tode des physischen Körpers allmählich in ihre niederen Bestandteile. Während des Erdenlebens wirkte diese Garbe der Kräfte oder das Energiebündel im Körper und durch diesen, denn der Körper liefert auf unserer Erde das Feld für die vollständigste Manifestation dieser Energien. Zu diesem Energiebündel gehört aber ein *Kern,* und er ist es, der beim Tode seinen belebenden Strahl zurückzieht, wodurch er sich aus seiner Verankerung in unserer niederen, unvollkommenen Sphäre freimacht. Dieser zurückgezogene Teil oder Kern umfaßt das Edelste und Höchste, das Feinste und Beste vom Menschen; er ist der schon beschriebene, inspirierende, vergeistigende, belebende „monadische Strahl".

Ein Beispiel aus dem Alltag kann vielleicht helfen, diese Gedanken etwas klarer zu machen: Um uns mit elektrischer Kraft oder Licht zu versorgen, bedarf es einer Zentrale, in der Elektrizität erzeugt wird und von der aus diese durch Drähte oder durch die Atmosphäre zu auswärtigen Bezirken geleitet und dort an die vielen Verbrauchereinheiten verteilt wird. Wir können die Elektrizität dann entweder benutzen oder abschalten, indem wir einen Schalter bedienen. Durch diese einfache Handlung wird der Strom, der den Draht entlangfließt, entweder anwendbar, oder er hört auf zu fließen. Sollte dann, wenn der Abnehmer den Strom abschaltet, gesagt werden, der Strom werde augenblicklich in das Kraftwerk zurückgezogen? Oder sollte einfach gesagt werden, der Strom hätte zu fließen aufgehört? Es spielt ganz und gar keine Rolle, welches Sprachbild angewandt wird.

Wenn diesem Beispiel – und zwar nur als einem Beispiel – gefolgt wird, kann die Monade, unsere spirituelle Essenz, unser essentielles Selbst, als spirituelles Kraftwerk unserer Konstitution bezeichnet werden. Die Monade – dies sei mit Nachdruck gesagt – befindet sich nicht *im* Körper, sondern sie überstrahlt diesen. Ihr Strahl aber, der monadische Strahl, läuft durch alle Zwischenteile der Konstitution hinab zum menschlichen Körper, der somit ihr letztes Vehikel, ihr Träger ist. Kann nun gesagt werden, er erreicht den Körper entlang eines spirituellen oder psycho-elektro-magnetischen Stromweges, eines inneren, psychischen Drahtes oder Kanales? Es könnte so ausgedrückt werden, doch dieser Gedanke stellt lediglich eine Metapher dar. Solange also die spirituelle Elektrizität – um bei dem bildlichen Ausdruck zu bleiben – in der letzten und niedrigsten Einheit aktiv ist, dauert der „Leben" genannte Prozeß an. Der Tod tritt aber in dem

Moment ein, in dem der monadische Strahl zu seiner Quelle, der Monade, zurückgezogen wird, und zwar so schnell wie ein Gedanke, weit schneller noch als ein Blitz.

Wie aus dem Vorhergehenden wohl ersichtlich wird, bedeutet der Tod eine Befreiung; er öffnet eine immer neue Tür zu den unsichtbaren Räumen und Wohnstätten der Natur. Der müde Körper, das verbrauchte Herz und das erschöpfte Gehirn sind nun nicht mehr in Funktion. All das Beste des gewesenen Menschen wird in dem Moment des Todes sofort aus den jeweiligen Organen, die es im Körper zum Ausdruck gebracht haben, zurückgezogen und geht in sein uneingeschränktes Bewußtsein ein. Hier erlebt es die volle Verwirklichung des Glanzes spirituellen Lebens und die Erhabenheit unpersönlichen Denkens. Denn jede dieser Funktionen befindet sich nun uneingeschränkt und frei in voller Aktivität, eine jede in ihrem eigenen kausalen Bereich. Dies bezieht sich auf die göttliche Monade; alles unterhalb von ihr Befindliche wird devachanisch, geht in den devachanischen Zustand ein, während sich die niederen Elemente der siebenfältigen oder zehnfältigen menschlichen Konstitution inzwischen bereits in ihre komponenten Lebensatome aufgelöst haben – doch das ist „eine andere Geschichte".

Demnach ist Leben, ob als eine Wesenheit oder als ein Prozeß betrachtet, nichts Mysteriöses, es ist in der Welt der Menschen vielmehr etwas durchaus Vertrautes. Wenn wir es in seinen Grundprinzipien oder Elementen beobachten, werden wir uns sogleich der Tatsache bewußt: Leben ist *alles, was ist,* da es die Wurzel, die Basis oder die Essenz von allem Seienden ist. Diese Wurzel oder Basis aber hat weder einen denkbaren Anfang noch ein vorstellbares Ende. Was ist es aber, das jeglicher Wesenheit ihr

„Leben" gibt? Es ist die vitale Elektrizität in dem Wesen selbst. Richten wir jedoch unseren Blick auf die ätherischeren, kausalen Teile der zusammengesetzten Konstitution einer Wesenheit, so könnten wir das „Leben" dieser Wesenheit noch richtiger als die spirituelle Elektrizität ihrer Monade bezeichnen. Spirituelle Elektrizität aber ist nur eine andere Bezeichnung für das vitale Charakteristikum oder die vitale Individualität der Monade, die aus der Monade hervorströmt und sich dadurch auswickelt oder entfaltet und so das Swabhâva, das individuelle Charakteristikum der Wesenheit, hervorbringt, gleich ob diese nun ein Apfelbaum oder eine Bananenpflanze, eine Stachelbeere, Feige oder Pflaume ist, ob Tier, Mineral oder Mensch, Himmelskörper oder Gott. Leben ist folglich in einem gewissen Sinne Geist-Substanz.

Leben ist außerdem auch der Träger des Bewußtseins. Leben könnte mit Recht die Kristallisation, die Verdichtung des Bewußtseins genannt werden, denn es ist nicht etwa ein abstraktes, unbestimmtes Etwas. Bewußtsein ist ebenso wie Leben das, was die Wissenschaft, die lediglich seine Manifestation im physischen Universum in all den Myriaden Formen sieht, „Energie" nennt. Bewußtsein und Leben sind in Wirklichkeit eins – nicht zwei. Bewußtsein ist der Urheber, und dieser Urheber bringt aufgrund der ihm innewohnenden Kräfte und Energien, Fähigkeiten und Attribute aus sich selbst Leben hervor, und das nicht nur zu einer besonderen Zeit, sondern unaufhörlich während der Dauer seiner Existenz. Bewußtsein und Leben bringen gemeinsam das aus sich hervor und erzeugen das, was die Manifestationen von Kraft oder Energie genannt werden, die ihrerseits die Materien und Substanzen des Universums sozusagen niederschlagen oder absetzen wie der Wein seine Hefe. Dieser Gedanke ist überaus wichtig und von tiefer, weitreichender Bedeutung, und es sollte beim Studium nicht flüchtig darüber hinweggegangen werden. Wir müssen außerordentlich vorsichtig sein und dürfen niemals den Gedanken aufkommen lassen, daß Bewußtsein etwas von Leben Getrenntes sei und gesondert von ihm existieren könne; oder diesem entsprechend, daß Leben von Kraft oder Energie getrennt sei und daher gesondert existieren könne; daß Materie von Kraft oder Energie getrennt sei und daher gesondert existieren könne. Alle diese Wesenheiten oder Elemente sind lediglich Namen oder Spielmünzen, die angewandt werden, um die verschiedenen Formen der ursprünglichen Basis kosmischen Seins und ihre unaufhörliche Aktivität zu unterscheiden und genauer darzustellen – kosmisch oder wesenhaft, wenn auf Individuen angewandt, die die verschiedenen Hierarchien zusammensetzen, wie es gerade der Fall sein mag.

Diese primordiale Basis des Seins kann demnach auch kosmisches Leben, oder gleichbedeutend damit, kosmisches Bewußtsein genannt werden. Es ist unendlich, schrankenlos und ohne Grenzen, es ist der Träger all der edleren, höheren Teile der kosmischen Wesenheit, die die kosmische Gestalt während endloser Dauer in Gleichgewicht und ununterbrochener Existenz hält. Doch „kosmische Wesenheit" ist auch nur ein verallgemeinernder Ausdruck, der nicht „Gott" in dem Sinne bedeutet, in dem dieses Wort im Abendland mißverstanden wird. Sie ist vielmehr das Aggregat, die Totalsumme, der riesige kosmische Ozean, der aus all den individuellen Lebenströpfchen, den unzähligen kosmischen Leben oder individuellen Wesenheiten, zusammengesetzt ist, die in ihrer unvorstellbar großen Summe oder Totalität das Universum bilden, ja es *sind*. Es ist jedoch keineswegs zu leugnen, daß dieses kosmische Aggregat eine eigene Individualität haben kann; es hat tatsächlich eine. Doch auch dann ist dieses kosmische Aggregat, so unermeßlich und umfassend es in seiner Größe auch sein mag, verglichen mit der grenzenlosen Unendlichkeit nur ein kosmisches Partikelchen, verloren im Ozean der Unendlichkeit, und nur eine von zahllosen anderen Vielheiten, von unberechenbaren Heerscharen, von anderen Gleichartigen.

Der Mensch ist in seiner begrenzten Beschaffenheit oder Konstitution nur eine kleine Welt, ein Mikrokosmos der großen Welt, des Makrokosmos. Die Basis seines individuellen Seins als menschliches Wesen ist der Hintergrund, das Herz seiner individuellen Monade. Dieses essentielle Selbst eines jeden von uns – die Quelle von Leben, Bewußtsein und Intelligenz in uns und der Betätigung unseres inneren Moralgefühls, unser innerer Gott – geht durch die Zwischenpläne zunehmender Stofflichkeit, die zu unserer inneren, unsichtbaren Konstitution gehören, hindurch oder wird durch sie „heruntergeschaltet". Somit geht es auch (und nun kosmisch gesprochen) durch die inneren, unsichtbaren Welten der grenzenlosen Natur, bis der herabfließende Bewußtsein-Intelligenz-Leben-Energie-Strom unseren physischen Plan erreicht – der bis dahin nicht-existent war – und aus seiner eigenen Substanz oder seinem Wesen die physische Welt erzeugt, die wir kennen, in der wir leben und unsere bewußte Existenz als Individuen haben – Blüten der innewohnenden, ewig fortdauernden monadischen Essenz.

Anhang

Literarischer Leitfaden

I. Einführende Literatur

1. Esoterische Philosophie – Weisheit der Zeitalter – EINFÜHRUNG. 92 S., ISBN 3-924849-39-0.
2. Amneus, Nils A.: *Regiert Zufall oder Gerechtigkeit unser Leben?* 151 S., ISBN 3-924849-06-4.
3. Purucker, Gottfried von: *Spirituelles Erwachen.* 192 S., ISBN 3-924849-43-9.
4. Purucker, Gottfried von: *Wind des Geistes.* 236 S., ISBN 3-924849-48-X.
5. Purucker, Gottfried von: *Goldene Regeln der Esoterik.* 196 S., ISBN 3-924849-23-4.
6. Purucker, Gottfried von: *Fragen, die wir alle stellen – Eltern & Kind.* 260 S., ISBN 3-924849-42-0.
7. Judge, William Quan: *Das Meer der Theosophie.* 240 S., ISBN 3-924849-01-3.
8. Tingley, Katherine: *Der Pfad des Mystikers.* 166 S., ISBN 3-924849-27-7.
9. Kursus „Anders Denken". 12 Lektionen, ISBN 3-924849-30-7.

II. Weiterführende Literatur

1. Purucker, Gottfried von: *Studien zur Esoterischen Philosophie.* 2 Bände, 1187 S., ISBN 3-924849-24-2.
2. Purucker, Gottfried von: *Sichtbare und unsichtbare Welten.* 380 S., ISBN 3-924849-33-1.
3. Purucker, Gottfried von: *Der Mensch in der Unendlichkeit.* 348 S., ISBN 3-924849-34-X.
4. Purucker, Gottfried von: *Mit der Wissenschaft hinter die Schleier der Natur.* 354 S., ISBN 3-924849-35-8.
5. Purucker, Gottfried von: *Geburt und Wiedergeburt.* 293 S., ISBN 3-924849-36-6.
6. Purucker, Gottfried von: *Tod – was kommt danach?* 296 S., ISBN 3-924849-37-4.
7. Purucker, Gottfried von: *Mysterienschulen und Lehren.* 356 S., ISBN 3-924849-38-2.
8. Purucker, Gottfried von: *Die Meister und der Pfad des Okkultismus.* 92 S., ISBN 3-924849-03-X.
9. Purucker, Gottfried von: *Esoterische Philosophie – Wörterbuch.* 288 S., ISBN 3-924849-40-4.
10. Judge, William Quan: *Die Bhagavad-Gita.* 148 S., ISBN 3-924849-25-0.
11. Judge, William Quan: *Studien über die Bhagavad-Gita.* 252 S., ISBN 3-924849-26-9.

III. Studienliteratur

1. Purucker, Gottfried von: *Grundlagen der Esoterischen Philosophie.* 2 Bände, 1046 S., ISBN 3-924849-28-5.

2. Blavatsky, Helena Petrowna: *Die Geheimlehre.*
   4 Bände, 2560 S.
3. Blavatsky, Helena Petrowna: *Isis Entschleiert.*
   2 Bände, 1277 S.
4. Blavatsky, Helena Petrowna: *Lexikon der Geheimlehren.*
   ISBN 3-924849-46-3
5. Blavatsky, Helena Petrowna: *Die Stimme der Stille –*
   Jubiläumsausgabe. 148 S., ISBN 3-924849-41-2.

IV. Übergreifende Literatur

1. Tingley, Katherine (ed.): *Helena Petrowna Blavatsky – Ein Genius verändert die Welt.* 326 S., ISBN 3-924849-44-7.
2. Blavatsky, Helena Petrowna: *Unheimliche Geschichten.*
   174 S., ISBN 3-924849-32-3.
3. Zeitschrift: Esoterische Philosophie – Weisheit der Zeitalter – DAS FORUM. Vierteljährlich. ISSN 0179-5317.
4. Kursus „Anders Denken".
   12 Lektionen, ISBN 3-924849-30-7.

Das spirituelle Fundament...!

Der „Wind des Geistes" berührt die tiefsten existenziellen Fragen unseres Daseins. Werden Sie Zeuge spiritueller Realitäten, denn ohne Einbeziehung der unsichtbaren Welten lassen sich unsere Lebensprobleme nicht mehr lösen.

ISBN 3-924849-48-X
236 S., geb.

* ...für den neuen Zeitgeist!

Verlag
Esoterische Philosophie
Hannover

VERLAGSPROGRAMM

Gottfried von Purucker – Die Esoterische Tradition

Sichtbare und unsichtbare Welten

Außergewöhnliche Erklärungen der Kräfte hinter der sichtbaren Welt.
380 S., geb., ISBN 3-924849-33-1

Der Mensch in der Unendlichkeit

Quelle und Ursprung unseres Lebens, Ziel der Evolution.
348 S., geb., ISBN 3-924849-34-X

Mit der Wissenschaft hinter die Schleier der Natur

Neue Dimensionen der Naturerkenntnis
354 S., geb., ISBN 3-924849-35-8

Geburt und Wiedergeburt

Unumstößliche Gründe für die Wiedergeburt als Naturtatsache.
293 S., geb., ISBN 3-924849-36-6

Tod – was kommt danach?

Die inneren Zusammenhänge des Lebens. Der Tod als Tor zum Leben.
296 S., geb., ISBN 3-924849-37-4

Mysterienschulen und Lehren

Die Geheimlehren aus den „Universitäten der Seele" in nie gekannter Offenheit.
356 S., geb., ISBN 3-924849-38-2

VERLAGSPROGRAMM

Gottfried von Purucker

Grundlagen der Esoterischen Philosophie

Die moderne „Geheimlehre".
Mensch, Natur und Kosmos.
2 Bände, 1046 S., geb., ISBN 3-924849-28-5

Studien zur Esoterischen Philosophie

Ein unerschöpflicher Themenbogen,
unbekannte Bereiche des Denkens.
2 Bände, 1187 S., geb., ISBN 3-924849-24-2

Spirituelles Erwachen

Das Leben besser verstehen –
zu innerem Frieden gelangen.
192 S., geb., ISBN 3-924849-43-9

Wind des Geistes

Das spirituelle Fundament für den
neuen Zeitgeist.
236 S., geb., ISBN 3-924849-48-X

Wörterbuch – Esoterische Philosophie

Der unentbehrliche Ratgeber für
ursprüngliche Grenzwissenschaften.
288 S., geb., ISBN 3-924849-40-4

Verlag
Esoterische Philosophie

VERLAGSPROGRAMM

Gottfried von Purucker

Fragen, die wir alle stellen: Eltern & Kind

Ursachen erkennen: Charakter, Vererbung, Behinderung, Tod – warum?
260 S., geb., ISBN 3-924849-42-0

Goldene Regeln der Esoterik

Eines der inspirierendsten Bücher für das tägliche Leben. Ein Meisterschlüssel!
196 S., geb., ISBN 3-924849-23-4

In russischer Sprache:
Goldene Regeln der Esoterik
119 S., kart., 3-924849-47-1

Die Meister und der Pfad des Okkultismus

Helfer der Menschheit.
Wer sind die großen Weisen?
92 S., kart., ISBN 3-924849-03-X

Kursus

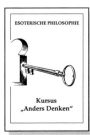

Kursus „Anders Denken"
Zum Selbst-Studium.
12 Lektionen plus Einführungsheft.

ISBN 3-924849-30-7

Handbuch

Esoterische Philosophie – Weisheit der Zeitalter – EINFÜHRUNG

Eine grundlegende Einführung in die Esoterische Philosophie.
92 S., kart., ISBN 3-924849-39-0

In Blindenschrift:
Esoterische Philosophie – Weisheit der Zeitalter – EINFÜHRUNG
100 S., Halbgew., 3-924849-45-5

VERLAGSPROGRAMM

Helena Petrowna Blavatsky

Die Stimme der Stille
– Jubiläumsausgabe –

Ein einzigartiges Juwel für den Pfad, der nach *innen* führt.
148 S., geb., ISBN 3-924849-41-2

Katherine Tingley

Helena Petrowna Blavatsky – Ein Genius verändert die Welt

Leben und Wirken H. P. Blavatskys, mit historischer Bilddokumentation.
326 S., 63 Abb., ISBN 3-924849-44-7

Unheimliche Geschichten

Verborgene Gefahren der Astralwelten – aufschlußreich und fesselnd dargestellt.
174 S., geb., ISBN 3-924849-32-3

Der Pfad des Mystikers

Wie wir zu Frieden und innerer Harmonie gelangen können.
166 S., geb., ISBN 3-924849-27-7

Lexikon der Geheimlehren

Lexikon der Geheimlehren

Ca. 2760 Begriffe sowie umfassender Index zur inhaltlichen Erschließung.
geb., ISBN 3-924849-46-3

Weitere lieferbare Bücher von H. P. Blavatsky (ungekürzte Originalausgaben):

Die Geheimlehre
Originalausgabe, 4 Bände, zus. 2560 S., geb.
Bd. I: Kosmogenesis · Bd. II: Anthropogenesis · Bd. III: Esoterik · Bd. IV: Index

Isis Entschleiert
Originalausgabe, 2 Bände, zus. 1277 S., geb.
Bd. I: Wissenschaft · Bd. II: Theologie

Verlag
Esoterische Philosophie

VERLAGSPROGRAMM

William Quan Judge

Die Bhagavad-Gita

Schätze menschlicher Weisheit.
Der Pfad der Unsterblichkeit.
148 S., geb., ISBN 3-924849-25-0

Studien über die Bhagavad-Gita

Unentbehrlicher Kommentar!
Tiefere Aspekte der „Bhagavad-Gita".
252 S., geb., ISBN 3-924849-26-9

Das Meer der Theosophie

Eine ausführliche Einführung in die Lehren der Theosophie.
240 S., kart., ISBN 3-924849-01-3

Nils A. Amneus

Regiert Zufall oder Gerechtigkeit unser Leben?

„Warum gerade ich?" –
Äußerst hilfreiche Antworten zu zentralen Lebensfragen.
151 S., kart., ISBN 3-924849-06-4

Zeitschrift

DAS FORUM

Esoterische Philosophie
– Weisheit der Zeitalter –

Immer aktuell: Die Zeitschrift für ganzheitliches Denken. Hintergrundwissen für die ursächlichen Realitäten von Mensch, Natur und Kosmos.
vierteljährlich, brosch., ISSN 0179-5317

Verlag Esoterische Philosophie